JN269197

業種別会計シリーズ

小売業

新日本有限責任監査法人
小売業研究会　編

ERNST & YOUNG
Quality In Everything We Do

第一法規

業種別会計シリーズ発刊にあたって

　わが国で現在営まれている事業は多岐にわたり、総務省の日本産業分類では大分類で19、中分類97、小分類420、細分類1,269にも区分されています。同じ分類に属する事業を営む会社であって、個々の会社ごとに事業内容や経営上の抱える課題は当然異なります。しかし、同じ分類に属する事業を取り巻く経営環境や事業の特徴などは業種ごとに似たような傾向があると私どもは考えています。

　そのため、弊監査法人は、業種ごとの業界動向、事業の特徴、会計や監査上の留意点、業務の流れと内部統制のポイントなどを検討する『業種別研究会』を以前より立ち上げております。当該研究会は、弊監査法人の構成員の中から、それぞれの業種について会計監査や内部統制監査、内部統制アドバイザリー業務を実際に展開している実務担当者を中心にメンバーが編成されており、極めて専門的かつ実践的な実務研究を行っています。

　本書は、当該研究会のメンバーを中心に、研究成果をベースとして、専門内容によっては弊監査法人のグループ会社も含め、それぞれの業種ごとに実務に役立つ内容を中心に執筆したものです。業種ごとに、それぞれ重要となる会計、監査、内部統制などの実務上のポイントも網羅しております。

　特に、会計面において、近年ではさまざまな改正がなされてきており、大きな流れとしては、平成20年4月より内部統制監査、四半期レビューが開始され、さらに近い将来には国際財務報告基準（IFRS）の導入が予定されるなど、基準・ルールの改正は今後も続くことが予想されています。

　このような状況の中で、本書は各業種の動向、特徴、会計・監査・内部統制のポイント等を業種別にわかりやすく最新の解説を行う目的で発刊することとなりました。

本書の特色としては業種ごとに
- 業種の特色・取引慣行・ビジネスリスク・業界動向を記述し、
- 主要なビジネスプロセスに沿って、内部統制・税務を含む会計処理・留意事項をコンパクトにまとめています。
- さらに業種特有の監査上の留意点に加え、主要財務指標についても解説を行い、各業種の特色をより深く把握できるような構成としています。

　本書の利用によって、当該業種に係わっている人はもちろん、当該業種以外の読者にとっても業種の特徴をわかりやすく把握できるはずです。今後、本シリーズが業種別に実務を深く考える読者の皆様の参考になることを期待してやみません。

　本書が、各業種に携わる会社の経営者・監査役・経理担当者の皆様、また当該業種について理解を深めたい会社・金融機関・個人の方々、あるいは職業専門家として業界に係る公認会計士、税理士、コンサルタントの方々のお役に立てることができれば幸いであります。

　最後に、本書の刊行にあたって、執筆者各位の労苦に対し深謝の意を表すると共に、発刊に協力いただきました第一法規株式会社の編集諸氏には大変お世話になりましたことを心からお礼申し上げます。

平成23年7月

アーンスト・アンド・ヤング
ジャパンエリア・マネージング・パートナー
新日本有限責任監査法人　理事長

加藤　義孝

発刊にあたって

　最終消費者へ直接販売を行う小売業は、景気動向・気候変動やライフスタイルの変化に伴う消費者の需要動向の影響を直接受ける業界です。買い控えや多様化・個性化する顧客ニーズに応えるために、品揃えや顧客サービス、商品開発などの面で付加価値を創造し競争優位を確保する工夫が業界内で激化しています。また、生き残りをかけて業界再編が繰り広げられ、大型の合併や提携が相次ぎ、また各企業内においては、グループ事業の構造転換なども積極的に図られています。

　会計面においては、日本の会計基準と国際財務報告基準（IFRS）とのコンバージェンスに向けた作業が取り進められ、新しい会計基準の導入が相次ぎ、それらへの迅速な対応が求められています。

　このような流れの中にあって、企業の営む事業活動の実態を財務諸表に適切に反映させて、投資家等の利害関係者に役立つ投資情報を開示するためには、会社法や会計基準の理解だけでなく、事業内容や取引慣行の理解が欠かせないものとなります。

　本書では、小売業を業態別にとらえ、百貨店業、スーパーマーケット業、コンビニエンスストア業、ドラッグストア業、家電量販店業の5つの面から事業内容や取引慣行について、さらには主要な取引に関する会計処理、内部統制などについても解説します。

　本書の執筆者は、弊監査法人内の小売業研究会メンバーの中から、実務の第一線にいるパートナー、マネージャークラスを中心に選抜しており、本書には弊法人の小売業ナレッジを凝縮しております。

最後に、本書の企画から発刊までご尽力いただいた第一法規株式会社の芝田敏昭氏、井上絵里氏にこの場をお借りしてお礼を申し上げます。

　平成23年7月

新日本有限責任監査法人
小売業研究会
代表　永澤　宏一
松尾　浩明

執筆者一覧

新日本有限責任監査法人

浅野寿美	安達誠二	五百蔵由里
池田　学	石井隆之	魚橋直子
内橋　孝	小澤敏宏	陰地圭子
片上真理子	木住野由美子	衣川清隆
小林謙一郎	佐藤尚市	髙木陽一郎
多田聖美	津田昌典	土屋　憲
中川由紀子	塙健一郎	葉山良一
藤田健吾	堀井秀樹	水沢理絵
南　育広	湯川喜雄	

（50音順）

＜編　集＞
多田聖美、永澤宏一、松尾浩明、宮下　毅、吉田　剛

凡　例

　解説中に引用した法令、会計基準等は、正式名称または以下の略称を用いて、条名は数字のみで引用した（例えば、金商法5Ⅱ③は、金融商品取引法第5条第2項第3号の意味）。

〔略　語〕	〔正式名称〕
会社法	会社法（平成17年法律第86号）
会社計算規則	会社計算規則（平成18年法務省令第13号）
金商法	金融商品取引法（昭和23年法律第25号）
財務諸表等規則（財規）	財務諸表等の用語、様式及び作成方法に関する規則（昭和38年大蔵省令第59号）
財務諸表等規則ガイドライン（財規ガイドライン）	「財務諸表等の用語、様式及び作成方法に関する規則」の取扱いに関する留意事項について（金融庁総務企画局）
原則	企業会計原則（企業会計審議会）
原則注解	企業会計原則注解（企業会計審議会）
棚卸資産会計基準	棚卸資産の評価に関する会計基準（企業会計基準第9号）
金融商品会計基準	金融商品に関する会計基準（企業会計基準第10号）
金融商品実務指針	金融商品会計に関する実務指針（会計制度委員会報告第14号）
リース会計基準	リース取引に関する会計基準（企業会計基準第13号）
リース適用指針	リース取引に関する会計基準の適用指針（企業会計基準適用指針第16号）

凡　例

実務対応報告第17号	ソフトウェア取引の収益の会計処理に関する実務上の取扱い（実務対応報告第17号）
資産除去債務会計基準	資産除去債務に関する会計基準（企業会計基準第18号）
資産除去債務適用指針	資産除去債務に関する会計基準の適用指針（企業会計基準適用指針第21号）
減損意見書	固定資産の減損に係る会計基準の設定に関する意見書（企業会計審議会）
減損会計基準	固定資産の減損に係る会計基準（企業会計審議会）
減損適用指針	固定資産の減損に係る会計基準の適用指針（企業会計基準適用指針第6号）
連続意見書	企業会計原則と関係諸法令との調整に関する連続意見書（企業会計審議会）
過年度遡及会計基準	会計上の変更及び誤謬の訂正に関する会計基準（企業会計基準第24号）
収益認識研究報告	我が国の収益認識に関する研究報告（中間報告）―IAS第18号「収益」に照らした考察―（会計制度委員会研究報告第13号）
監査・保証実務委員会報告第42号	租税特別措置法上の準備金及び特別法上の引当金又は準備金並びに役員退職慰労引当金等に関する監査上の取扱い（監査・保証実務委員会報告第42号）
監査第一委員会報告第32号	耐用年数の適用、変更及び表示と監査上の取扱い（監査第一委員会報告第32号）
法令	法人税法施行令
法基通	法人税基本通達

目　次

業種別会計シリーズ発刊にあたって
発刊にあたって
執筆者一覧
凡　例

第 1 章　小売業の概要 …………………………………… 1

第1節　小売業の概要 ——————————————— 3
1　小売業の定義・分類 ………………………………………… 3
　(1)　小売業の定義　3
　(2)　小売業の分類　3
2　全体像と分類 ………………………………………………… 4
　(1)　小売業の歴史　4
　(2)　各業態の紹介と位置づけ　6
　(3)　業界ランキング　8
4　経営環境の特色 …………………………………………… 10
　(1)　消費動向に直結　10
　(2)　顧客ニーズへの対応　10
　(3)　IT による管理　10
　(4)　コスト戦略　11
　(5)　業界再編と事業戦略　13
　(6)　社会的貢献活動　13
5　法令および規制 …………………………………………… 14
　(1)　大規模小売店舗立地法　14
　(2)　中心市街地活性化法（中心市街地の活性化に関する法律）　14

- (3) 都市計画法 *15*
- (4) 中小小売商業振興法 *15*
- (5) 独占禁止法（私的独占の禁止及び公正取引の確保に関する法律） *15*
- (6) 独占禁止法に基づく「大規模小売業者による納入業者との取引における特定の不公正な取引方法」（大規模小売業告示） *16*
- (7) 酒類販売業免許 *16*
- (8) たばこ免許 *16*
- (9) 容器包装リサイクル法（容器包装に係る分別収集及び再商品化の促進等に関する法律） *17*
- (10) 食品リサイクル法（食品循環資源の再生利用などの促進に関する法律） *17*
- (11) 家電リサイクル法（特定家庭用機器再商品化法） *17*
- (12) 薬事法 *18*
- (13) 個人情報保護法 *18*
- (14) パートタイム労働法 *18*
- 6 ビジネスリスクの分析……………………………………18

第2節　百貨店業の概要　　　　　　　　　　　　　　20
- 1 百貨店業とは……………………………………………20
- 2 百貨店業の沿革…………………………………………21
  - (1) 百貨店業の起源 *21*
  - (2) 百貨店業の発展とその後 *21*
- 3 百貨店業のビジネスモデル……………………………22
  - (1) 概　要 *22*
  - (2) 高額商品販売とその見直し *22*
  - (3) ブランドイメージ戦略 *24*
  - (4) 百貨店における仕入慣行 *25*
  - (5) 顧客の囲込戦略 *26*

(6)　情報システムの利用　*27*
　4　業界動向……………………………………………………27
　　　(1)　百貨店業界の概要　*27*
　　　(2)　百貨店業界ランキングの推移と業界再編　*28*
　　　(3)　百貨店業における取組み　*29*
　　　(4)　業界団体（日本百貨店協会）　*30*
　5　百貨店業におけるビジネスリスクと経営課題……………30
　　　(1)　ビジネスリスク　*30*
　　　(2)　経営課題　*32*

第3節　スーパーマーケット業の概要 ―――――34

　1　スーパーマーケット業とは………………………………34
　　　(1)　スーパーマーケット業の定義　*34*
　　　(2)　業態の紹介　*34*
　2　スーパーマーケット業の沿革……………………………36
　3　スーパーマーケット業のビジネスモデル………………37
　　　(1)　概　要　*37*
　　　(2)　チェーンストアによる多店舗展開　*37*
　　　(3)　大量販売による低価格戦略　*38*
　　　(4)　大量仕入によるコスト削減　*39*
　　　(5)　情報システムへの投資　*40*
　　　(6)　商社との提携　*40*
　　　(7)　従業員に対する対応　*40*
　　　(8)　食品の安全性への対応　*41*
　　　(9)　新たな業態やサービスへの参入　*41*
　4　業界動向……………………………………………………42
　　　(1)　スーパーマーケット業界の概要　*42*
　　　(2)　業界ランキング　*43*
　　　(3)　業界再編　*43*
　　　(4)　業界団体　*44*

目次

  5 ビジネスリスクと経営課題……………………………………………45
   (1) ビジネスリスク *45*
   (2) 経営課題 *47*

第4節 コンビニ業の概要 ——————————————————49

  1 コンビニ業とは………………………………………………………49
  2 コンビニ業の沿革……………………………………………………49
  3 コンビニ業のビジネスモデル………………………………………50
   (1) 概　要 *50*
   (2) フランチャイズ契約による多店舗展開 *50*
   (3) 日用品の定価販売 *54*
   (4) 差別化およびさまざまなサービスの拡充 *55*
   (5) パート、アルバイトの利用 *57*
   (6) 情報システムへの投資 *57*
   (7) 他業態との提携 *58*
  4 業界動向………………………………………………………………58
   (1) 業界の概要 *58*
   (2) 業界ランキング *58*
   (3) 業界再編 *59*
   (4) 業界団体 *60*
  5 コンビニ業におけるビジネスリスクと経営課題…………………60
   (1) ビジネスリスク *60*
   (2) 経営課題 *61*

第5節 家電量販店業の概要 ————————————————63

  1 家電量販店業とは……………………………………………………63
   (1) 概　要 *63*
   (2) 家電量販店の分類 *63*
   (3) 家電量販店の取扱商品の分類 *64*
  2 家電量販店業の沿革…………………………………………………65
   (1) 沿革の概要 *65*

（2）家電流通の成り立ち（メーカー系列）　65
　　　（3）家電量販店の誕生　66
　　　（4）日本大型電気店連合会（NEBA）の成長と解散　66
　　　（5）コジマ、ヤマダ電機の店舗戦略　66
　　　（6）レールサイド型式店舗の躍進から現在へ　67
　　3　家電量販店のビジネスモデル……………………………………67
　　　（1）概　要　67
　　　（2）多店舗展開　68
　　　（3）大量販売による低価格戦略　69
　　　（4）リベートの受取り　71
　　　（5）商品による差別化の困難性　72
　　　（6）顧客の囲込戦略　73
　　　（7）組織構造と業界再編　74
　　4　業界動向……………………………………………………………74
　　　（1）業界の概要　74
　　　（2）業界ランキング　75
　　　（3）業界再編　76
　　　（4）業界団体　76
　　5　家電量販店業におけるビジネスリスクと経営課題……………77
　　　（1）ビジネスリスク　77
　　　（2）経営課題　79

第6節　ドラッグストア業の概要─────────────82
　　1　ドラッグストアとは………………………………………………82
　　　（1）ドラッグストアの意義　82
　　　（2）平成21年改正薬事法　83
　　2　ドラッグストア業の沿革…………………………………………84
　　　（1）米国の歴史　84
　　　（2）わが国におけるドラッグストア業の沿革　84
　　3　ドラッグストア業界のビジネスモデル…………………………85

v

目 次

   (1) 概　要　*85*

   (2) ドラッグストア業界の多店舗戦略　*85*

   (3) ポートフォリオ戦略　*86*

   (4) 仕入に関する取引慣行　*87*

   (5) 情報システムの利用　*88*

   (6) 新たなビジネスモデル　*88*

   (7) 組織構造の特徴と持株会社　*89*

 4　業界動向 ·· 89

   (1) ドラッグストア業界の概要　*89*

   (2) 業界ランキング　*91*

   (3) 今後の展望　*91*

   (4) 業界団体　*92*

 5　ドラッグストア業のビジネスリスクと経営課題 ····················· 92

   (1) ビジネスリスク　*92*

   (2) 経営課題とその対処　*94*

第7節　SPAの概要─────────────────96

 1　SPAとは ··· 96

   (1) SPAとは　*96*

   (2) 品揃型の小売とSPA　*96*

   (3) PBとSPA　*97*

 2　SPAの沿革 ··· 97

   (1) SPAの誕生　*97*

   (2) わが国におけるSPAの歴史　*98*

   (3) SPAの現在　*98*

 3　SPAのビジネスモデル ··· 99

   (1) 概　要　*99*

   (2) 適時に行われるサプライチェーン　*99*

   (3) 企画・開発の専門性　*100*

   (4) 低コスト生産　*100*

4　業界動向 ··101
　　　(1)　SPAの現状　*101*
　　　(2)　業界ランキング　*101*
　　5　SPAにおけるビジネスリスクと経営課題 ·····················103
　　　(1)　ビジネスリスク　*103*
　　　(2)　経営課題　*104*

第8節　IPOにおける留意点 ―――――――――――106
　　1　小売業におけるIPOの動向 ·································106
　　2　小売業におけるIPOの留意事項 ·····························108
　　　(1)　利益管理体制　*108*
　　　(2)　在庫管理　*113*
　　　(3)　店舗管理（現金管理、固定資産管理など）　*114*
　　　(4)　人事労務管理　*115*
　　3　これからIPOを目指す企業が心がけること ·················115

第2章　会計と内部統制 ·······················117

第1節　小売業におけるビジネスプロセスと会計につながる業種の特徴 ――――――――――――――――――119
　　1　概　要 ···119
　　　(1)　店舗出店　*120*
　　　(2)　購　買　*120*
　　　(3)　在庫管理　*120*
　　　(4)　販売（債権管理）　*121*
　　　(5)　店舗維持、退店　*121*
　　2　業態ごとの会計処理の特徴 ································121
　　　(1)　百貨店業　*121*
　　　(2)　スーパーマーケット業　*125*

目　次

　　　(3)　コンビニ業　*127*

　　　(4)　家電量販店業　*130*

　　　(5)　ドラッグストア業　*132*

　第2節　購買プロセス────────────────────*135*

　　1　小売業における購買プロセスの概要と特徴 ……………*135*

　　　(1)　小売業における仕入方法　*135*

　　　(2)　購買活動の特徴　*137*

　　　(3)　購買戦略の特徴　*138*

　　2　購買プロセスの概要 ……………………………………*140*

　　　(1)　購買プロセスのフロー概要　*140*

　　　(2)　内部統制上の留意事項　*144*

　　　(3)　会計処理　*146*

　　3　リベート管理 …………………………………………*149*

　　　(1)　リベート（仕入割戻し）の概要　*149*

　　　(2)　リベート管理プロセスの概要　*152*

　　　(3)　内部統制上の留意事項　*153*

　　　(4)　会計処理　*155*

　第3節　在庫管理────────────────────*159*

　　1　小売業における在庫管理プロセスの概要と特徴 …………*159*

　　　(1)　在庫管理プロセスの構成　*159*

　　　(2)　在庫管理プロセスの特徴　*161*

　　2　受払管理 ………………………………………………*162*

　　　(1)　業務フロー　*162*

　　　(2)　内部統制上の留意事項　*163*

　　3　棚　卸 …………………………………………………*165*

　　　(1)　棚卸方法の種類　*165*

　　　(2)　棚卸の業務フロー　*166*

　　　(3)　内部統制上の留意事項　*168*

　　4　在庫分析プロセス ………………………………………*170*

(1)　在庫分析の必要性　*170*

　　　(2)　分析手法　*170*

　5　評　価 …………………………………………………172

　　　(1)　評価業務フローの概要　*172*

　　　(2)　内部統制上の留意事項　*173*

　　　(3)　会計処理　*174*

　　　(4)　売価還元法の計算方法　*176*

　6　商品保証 ………………………………………………181

　　　(1)　取引の概要　*181*

　　　(2)　商品保証プロセスの業務フロー　*182*

　　　(3)　内部統制上の留意事項　*184*

　　　(4)　会計処理　*185*

第4節　販売プロセス ――――――――――――――――191

　1　小売業における販売プロセスの概要と特徴 …………191

　　　(1)　小売業における販売方法の概要　*191*

　　　(2)　現金および金券類管理の重要性　*193*

　　　(3)　POSの利用　*193*

　2　店頭販売 ………………………………………………194

　　　(1)　店頭販売におけるプロセスの概要　*194*

　　　(2)　内部統制上の留意点　*198*

　　　(3)　会計処理　*200*

　3　外商販売 ………………………………………………208

　　　(1)　外商販売におけるプロセスの概要　*208*

　　　(2)　内部統制上の留意事項　*210*

　　　(3)　会計処理　*212*

　4　ギフト販売（中元・歳暮）……………………………213

　　　(1)　ギフト販売プロセスの概要　*213*

　　　(2)　内部統制上の留意事項　*215*

　　　(3)　会計処理　*215*

目 次

- 5 値引管理 ……………………………………………………………216
  - (1) 値引管理プロセスの概要 *216*
  - (2) 内部統制上の留意事項 *217*
  - (3) 会計処理 *218*
- 6 現金管理 ……………………………………………………………219
  - (1) 現金管理プロセスの概要 *219*
  - (2) 内部統制上の留意事項 *221*
  - (3) 会計処理 *223*
- 7 商品券管理 …………………………………………………………225
  - (1) 商品券ビジネスの取引概要 *225*
  - (2) 商品券管理プロセスの概要 *228*
  - (3) 内部統制上の留意事項 *229*
  - (4) 会計処理 *231*
- 8 ポイント管理 ………………………………………………………238
  - (1) ポイント制度の概要 *238*
  - (2) ポイント管理プロセスの概要 *239*
  - (3) 内部統制上の留意事項 *240*
  - (4) 会計処理 *242*
  - (5) 税務上の取扱い *247*
- 9 POSシステムによる売上集計 ……………………………………248
  - (1) 小売業のPOSシステム *248*
  - (2) POSシステム導入のメリット、デメリット *248*
  - (3) JAN型POSシステムの普及状況 *250*
  - (4) POSシステムを利用した売上集計の流れ *252*
- 10 調剤売上 ……………………………………………………………255
  - (1) 調剤売上とは *255*
  - (2) 調剤売上プロセスの概要 *255*
  - (3) 内部統制上の留意事項 *256*
  - (4) 会計処理 *257*

第5節　固定資産管理―――――――――――――――――――259

- 1　小売業における固定資産管理プロセスの概要と特徴 …………259
  - (1)　固定資産管理プロセスの概要　*259*
  - (2)　固定資産管理の特徴　*259*
- 2　出店管理（資産の取得） ……………………………………………261
  - (1)　出店管理プロセスの概要　*261*
  - (2)　内部統制上の留意事項　*263*
  - (3)　会計処理　*265*
- 3　出店管理（賃貸借取引） ……………………………………………268
  - (1)　賃貸借取引の概要　*268*
  - (2)　内部統制上の留意事項　*274*
  - (3)　会計処理　*275*
  - (4)　開　示　*282*
  - (5)　税　務　*282*
- 4　出店管理（リース取引） ……………………………………………283
  - (1)　リース取引の概要　*283*
  - (2)　内部統制上の留意事項　*284*
  - (3)　会計処理および表示　*285*
  - (4)　リース取引の税務　*289*
- 5　店舗の維持（減価償却） ……………………………………………290
  - (1)　減価償却の概要　*290*
  - (2)　内部統制上の留意事項　*292*
  - (3)　会計処理　*292*
- 6　固定資産の減損処理 …………………………………………………294
  - (1)　減損プロセスの概要　*294*
  - (2)　内部統制上の留意事項　*297*
  - (3)　会計処理　*298*
- 7　資産除去債務 …………………………………………………………302
  - (1)　取引フローの特徴　*302*

(2) 内部統制上の留意事項　303
　　　(3) 会計処理・表示・税務　305
　8　店舗閉鎖 …………………………………………………………312
　　　(1) 店舗閉鎖に係る取引フローと支出の種類　312
　　　(2) 内部統制上の留意事項　314
　　　(3) 会計処理・表示・税務　315

第6節　友の会会計――――――――――――――――――――319
　1　友の会事業の取引概要 …………………………………………319
　　　(1) 友の会事業の主な目的および仕組み　319
　　　(2) 友の会が遵守すべき割賦販売法上の事項　320
　2　友の会事業プロセス ……………………………………………320
　3　内部統制上の留意事項 …………………………………………322
　4　会計処理 …………………………………………………………323
　　　(1) 会員による積立入金　323
　　　(2) 会員の満期手続完了による商品券発行（ボーナス分を含む）　323
　　　(3) 商品券の回収　324
　　　(4) 商品券の雑益処理および負債計上を中止した項目に関する引当金　326

第7節　フランチャイズチェーンの概要―――――――――――327
　1　小売業におけるフランチャイズビジネスの概要 ……………327
　　　(1) フランチャイズの定義　327
　2　フランチャイズの業務プロセス ………………………………328
　　　(1) 業務フロー　328
　　　(2) 内部統制上の留意事項　333
　3　フランチャイズビジネスにおける会計処理と開示 …………335
　　　(1) 売上金　336
　　　(2) ロイヤルティ（家賃、広告宣伝費等を含む）　336
　　　(3) 加盟店の商品仕入　336

(4)　仕訳例　337
　　　(5)　開示例　338
　　　(6)　会計上の留意事項　339
第8節　IFRS導入が小売業に与える影響──────────340
　1　小売業の特徴とIFRS上の論点 …………………………340
　2　個別の論点の解説 ………………………………………341
　　　(1)　収益認識のタイミング（IAS18）　341
　　　(2)　総額表示と純額表示　344
　　　(3)　値引き・リベート　345
　　　(4)　棚卸資産の評価（IAS 2）　345
　　　(5)　引当金（IAS37・IFRIC13）　346
　　　(6)　広告宣伝費の会計処理（IAS38）　347
　　　(7)　固定資産、リース（IAS16・17・23・36）　348
　3　まとめ …………………………………………………351

第3章　監査　……………………………………353

第1節　会計監査の種類──────────────────355
　1　会計監査の目的 …………………………………………355
　2　監査の種類 ………………………………………………356
　3　法定監査 …………………………………………………357
第2節　会社法監査────────────────────359
　1　会社の機関 ………………………………………………359
　2　会社が作成すべき書類と会計監査 ……………………361
第3節　金融商品取引法監査────────────────362
　1　財務諸表監査 ……………………………………………362
　2　内部統制監査 ……………………………………………364
　　　(1)　内部統制とは　364

(2) 内部統制監査　*366*

　　　(3) 会社法における内部統制と監査　*367*

第4節　内部監査─────────────────────369
　1　内部監査の定義 ……………………………………………369
　2　内部監査の機能 ……………………………………………369
　3　内部監査の実施 ……………………………………………371

第5節　小売業における監査の着眼点────────────372
　1　現金・金券類の取扱い ……………………………………373
　　　(1) 内部統制評価上の留意点　*373*
　　　(2) 実証手続実施上の留意点　*374*
　2　棚卸資産の取扱い …………………………………………375
　　　(1) 内部統制評価上の留意点　*376*
　　　(2) 実証手続実施上の留意点　*377*
　　　(3) 棚卸終了後　*380*
　3　ITの利用 …………………………………………………381
　　　(1) IT全般統制　*382*
　　　(2) IT業務処理統制　*383*

第4章　経営分析 …………………………… 387

第1節　KPI────────────────────────389
第2節　全業種平均と業界平均の比較──────────390
　1　概　要 ………………………………………………………390
　2　売上高粗利益率 ……………………………………………391
　3　売上高営業利益率、販売費及び一般管理費比率 …………392
　　　(1) 人件費　*393*
　　　(2) 広告宣伝費　*393*
　　　(3) 賃借料　*393*

4　売上債権回転率、仕入債務回転率 ……………………………393
　5　自己資本利益率（ROE）・自己資本比率・借入金依存度・固
　　定長期適合率 …………………………………………………395
　6　固定資産回転率・減価償却比率 ………………………………396

参考文献　*397*
参考ウェブサイト　*400*
事項索引　*402*

第1章

小売業の概要

第1節
小売業の概要

1 小売業の定義・分類

(1) 小売業の定義

　小売とは、生産者や卸売企業から仕入れた商品を最終消費者に販売することをいい、小売を行う企業を小売企業という。一般的な流通経路における小売業の位置づけは次のようになる。

図表1-1-1　流通経路の一般例

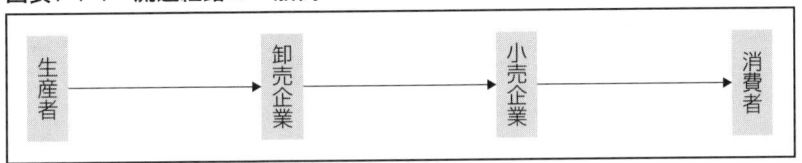

生産者 → 卸売企業 → 小売企業 → 消費者

　ただし、近年では㈱ファーストリテイリング（ユニクロ）、㈱良品計画など、自社で商品企画および生産を行う「製造小売業（SPA）」が消費者の支持を集めている。これらの企業は中国を中心としたアジア地域を生産拠点としてコスト削減を図り、低価格で品質の高い商品を消費者に提供している。

(2) 小売業の分類

　小売業の分類にあたっては、何を売るかという業種別分類と、どのよ

うに売るかという業態別分類とに大別される。

- 業種別分類…肉屋、魚屋、八百屋、菓子屋、花屋、酒屋等
- 業態別分類…百貨店、スーパー、コンビニ、家電量販店等

　小売業では、古くから「業種」で分類されてきた。しかし、消費者のニーズやライフスタイルの多様化により、単一の商品カテゴリーを取り扱う伝統的な業種店では消費者のニーズを満たしきれなくなり、「業態」という考え方が生まれてきたといえる。

2　全体像と分類

(1) 小売業の歴史

　わが国における近代的な小売業は、次のように法整備とともに変化・発展してきたといえる。

図表1-1-2　小売業の歴史概要

年代	小売業の主な動向	関連する主な出来事
1900年代〜	㈱三越による「デパートメントストア宣言」〜近代的百貨店の完成 マーチャンダイジングの改革（化粧品・衣料品・鞄・靴・傘など、「百貨」を扱う小売店の誕生）とサービスの革新（従来ないサービスの実施、買物の楽しみを提供）により、百貨店は大都市から地方都市へと急速に拡大。	百貨店法施行（1938）
1960〜70年代	第一次流通革命〜スーパーマーケットの台頭：流通経路と価格決定権が小売主体へ。 大量生産・大量消費時代へ 売り方の革新：商品を顧客自らが選び、精算するセルフサービスが導入。	新百貨店法施行による出店規制強化（1956） 第一次・二次オイルショック 大規模小売店舗法（大

	マネジメントの革新：チェーンストアオペレーションを導入し、本部主導による管理コストの圧縮、一括購入による仕入価格低減を実現。	店法）施行（1974）
1980年代	**郊外ロードサイドショップの繁栄〜日本独自の専門店業** 1982年：㈱セブン-イレブン・ジャパンがPOSシステムを導入し、POSデータを駆使した商品管理の効率化と大幅な収益改善を実現。わが国の小売業はPOS化が進む。 1980年代後半：総合スーパーや百貨店のシェアが縮小し、対照的に低価格専門店がシェアを拡大。	バブル景気
1990年代	**第二次流通革命〜専門化、情報化、製造小売業化：コンビニエンスストアの定着、家電量販店の台頭** 消費者の価値観の多様化を背景に、専門的な情報提供、目新しい商品やサービスの提供、ニッチで奥深い品揃えが望まれるようになる。また大店法の規制緩和の影響で、大規模店舗が急増。 食品・衣料などのスーパーと専門店が一体化し、映画館などを加えた複合型商業施設へと展開。	バブル崩壊 大店法の規制緩和（1994）
2000年代	**流通業界大再編〜大型小売店の急増、大型合併・提携、店舗閉鎖** 百貨店、総合スーパーの低迷で、食品スーパー、家電量販店をはじめとする専門特化型業態が上位を占める構造に変化。近年では、ファストファッション専門店の進出が目立つ。	大店法の廃止（2000）と大規模小売店舗立地法の施行

(2) 各業態の紹介と位置づけ

　経済産業省では、商業統計表として「業態」別の集計を行っている。これは、「百貨店」、「総合スーパー」、「専門スーパー」、「コンビニエンスストア」、「ドラッグストア」、「その他のスーパー」、「専門店」、「中心店」、「その他の小売店」などの販売形態別に集計を行うものである。

　商業統計表では、業態区分を「セルフサービス方式を採用しているか否か」、「取扱商品の販売割合」、「売場面積」、「営業時間」などで定義付けを行っている。

　主な業態別の定義および概要は次のとおりである。

図表1-1-3　各業態の定義および概要

セルフサービス方式を採用しない	百貨店	衣・食・住にわたる各種商品を販売し、そのいずれも小売販売額に対する割合が10%以上70%未満。従業者50人以上。売場面積指定あり。
	専門店	指定された品目のいずれかの小売販売額の割合が90%以上。
	中心店	衣・食・住のいずれかの小売販売額の割合が50%以上。
セルフサービス方式を採用	総合スーパー	衣・食・住にわたる各種商品を販売し、そのいずれも小売販売額の10%以上70%未満。従業者50人以上。売場面積指定あり。
	専門スーパー	衣・食・住のいずれかの小売販売額の割合が70%以上、売場面積250㎡以上。
	コンビニエンスストア	飲食料品を扱っていること。売場面積30㎡以上250㎡未満、営業時間指定あり。
	ドラッグストア	産業分類で医薬品・化粧品小売業となっている事業所のうち医薬品を扱っている。
	その他のスーパー	上記以外の商店。

（出典：経済産業省ホームページ「平成21年度　我が国の商業」）

① 百貨店
　人口が集中する都市部に生まれた大規模小売業であり、ファッション性の高い衣料や高級・高額商品を重点におき、高級感・重量感のある店舗において接客販売を行い、飲食、サービスなど、小売以外の機能も満載した総合的なサービスを提供する業態である。

② 総合スーパー
　大衆消費を支える社会的機能を果たしており、食品、衣料品、住関連（日用雑貨品、医薬、化粧品など）をすべて揃えており、生活必需品をワンストップ・ショッピングで提供する業態である。なお、食料品の販売を主に行うのが食品スーパーである。

③ コンビニエンスストア
　大型スーパーでは対応できない顧客のニーズに応える役割を果たしており、狭い店内に売筋商品を陳列し、長時間営業、アクセス、少量の食料品・日用品の品揃えなどの利便性を提供する業態である。

④ ドラッグストア
　薬局・薬店の多店化を図り、店舗を大型化し取扱商品を拡大していった。取扱商品には、医薬品、化粧品、日用雑貨、その他加工食品等が含まれ、それらを低価格で販売する生活総合ストアといえる業態である。
　なお、ドラッグストアの形態としては、薬局を併設する店舗と、大衆薬に特化する店舗の双方がみられる。

⑤ 家電量販店
　テレビ、パソコン、オーディオ等の家電製品を大量に安く仕入れ、これを安価で消費者に販売する薄利多売を主な販売戦略としている業態である。常に激しい規模と価格の競争が展開されている。

第1章　小売業の概要

郊外・ロードサイドの大型ディスカウント家電ストアや都心型大型店舗の業態開発が進む中、近年は、ゴルフ用品、高級ブランド品、ホビー、食品・酒などまで品揃えを広げ、総合ディスカウンターへと変化してきている。

以上をまとめると、次のようなイメージとなる。

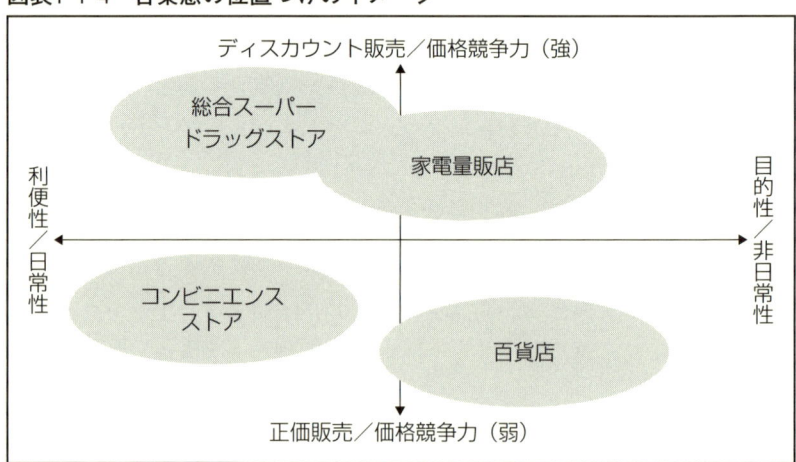

図表1-1-4　各業態の位置づけのイメージ

```
              ディスカウント販売／価格競争力（強）
                           ↑
         総合スーパー
         ドラッグストア
                        家電量販店
  利                                              目
  便                                              的
  性 ←─────────────────────────────────→ 性
  ／                                              ／
  日                                              非
  常      コンビニエンス                          日
  性        ストア                                常
                              百貨店              性
                           ↓
              正価販売／価格競争力（弱）
```

(3) 業界ランキング

ここで、わが国の小売業の売上ランキングをみてみる。世界のトップ企業と比較すると、日本企業の規模は非常に小さいことがわかる。日本はアメリカに次いで大きな消費市場を抱えているにもかかわらず、日本最大の流通企業である㈱セブン＆アイ・ホールディングスでさえ、世界順位は14位にすぎない。

① わが国の小売企業ランキング

わが国における売上高上位の小売企業ランキングは次のようになる。

第1節　小売業の概要

図表1-1-5　わが国の小売企業ランキング　2009年度　　　単位：百万円

順位	企業名	業態（主な子企業の業態含む）	本社	売上高	経常利益
1	㈱セブン＆アイ・ホールディングス	HD/HM/コンビニ	東京	5,111,297	226,950
2	イオン㈱	HD/HM/SM	千葉	5,054,394	130,198
3	㈱ヤマダ電機	家電	群馬	2,016,140	101,586
4	㈱三越伊勢丹ホールディングス	HD/DP	東京	1,291,617	19,730
5	ユニー㈱	HM/コンビニ	愛知	1,134,427	19,019

（注）DS：ディスカウントストア、DP：百貨店、SS：スーパーストア、HM：ハイパーマーケット、SM：スーパーマーケット、WC：ホールセールクラブ、GM：ジェネラルマーチャンダイジングストア、HD：ホールディングカンパニー

② 世界小売業ランキング

　世界のおける小売企業について、売上高上位企業のランキングは次のようになる。

図表1-1-6　世界の小売企業ランキング　2009年度　　　単位：百万ドル

順位	企業名	国	業態	グループ売上高	小売売上高
1	ウォルマート	アメリカ	DS/WC	408,214	405,046
2	カルフール	フランス	HM	125,861	119,887
3	メトロ	ドイツ	SM/SS/DP	91,389	90,850
4	テスコ	イギリス	SM	90,435	90,435
5	シュワルツグループ	ドイツ	HM/DS/SS	※77,221	※77,221
⋮	⋮	⋮	⋮	⋮	⋮
16	㈱セブン＆アイ・ホールディングス	日本	GM	54,741	52,508
18	イオン㈱	日本	GM	54,133	49,021

注1.　世界小売業ランキングの表中「グループ売上高（2008 group revenue）」には、小売売上高ではないものも含まれている。
　2.　※は見積り

4　経営環境の特色

小売業の経営環境の特色としては、次のものが挙げられる。

(1) 消費動向に直結

最終消費者へ直接販売を行う小売業は、景気動向に伴う消費者の需要動向の影響を直接に受けることとなる。したがって、事業展開する国内および海外各国における気候状況や景気動向、消費動向等の経済情勢に左右されやすいといえる。

(2) 顧客ニーズへの対応

小売企業が生き残るためには多様化・個性化する顧客ニーズに応え、需要喚起・差別化を図るような品揃えや商品開発を行う必要がある。各業態において付加価値の創造方法は異なり、各小売企業は競争優位を確保できるよう工夫している。

(3) IT による管理

① POS（Point of sale system）システムの利用

店舗で商品を販売するごとに商品の販売情報を記録し、集計結果を在庫管理やマーケティング材料として用いるシステムのことをいい、「販売時点情報管理」などとも訳される。緻密な在庫管理、受発注管理ができるようになるほか、複数の店舗の販売動向を比較したり、天候と売上を重ね合わせて傾向をつかんだりなど、他のデータと連携した分析等が容易になるというメリットがある。

POS の利用により、事務処理の自動化かつ迅速化を図ることができ、その収集データを経営管理活動に役立てることもできるため、POS は小売業で広く利用されており、SCM の実現にも不可欠といえる。

② EOS（Electronic Ordering System）

　EOSとは企業間のオンライン発注システムをいい、EOSを利用して小売店の端末から本部や卸売店へネットワーク経由で発注を行うことにより、迅速かつ正確な発注作業が実現できることになる。EOSを導入することにより、紙ベースでの帳票に比べ、発注から納品までのリードタイムの短縮や多頻度納品などを低コストで実現することができ、効率的な品揃えや在庫補充、商品管理が可能になる。

　さらに、POSシステムと連携することによって、単品ごとの売上データと在庫データをリンクさせ、より的確な発注判断や在庫管理を可能とすることもできる。

③ EDI（Electronic Data Interchange）

　EDIとは発注業務にとどまらず、見積りや請求に至る一連の購買業務について、統一の書式により企業間の通信回線を介してオンラインでやりとりすることで、情報の共有化および帳票類のペーパーレス化を図るシステムである。

　さらにPOSシステムと連動させたインタラクティブEDIによると、従来のバッチ処理ではなくリアルタイムで情報を交換することが可能となるため、各店舗からメーカーの在庫状況をみながら直接発注することができ、よりタイムリーな発注の実現と業務の効率化にもつながる。

　近年では、さらに次世代のEDIとして流通BMS(Business Message Standard）の導入の動きがみられる。流通BMSとは、インフラ基盤に高速インターネットを活用するものである。

(4) **コスト戦略**

① サプライチェーンマネジメント（SCM）

　サプライチェーンとは、原材料の調達に始まり、製造・卸・小売から顧客までの一連の供給連鎖のことをいう。

そして、個別企業の枠を超えサプライチェーン全体を一つの流れとしてとらえ、受発注から購買管理、生産管理、在庫管理、物流に至る一連のビジネス・プロセスについてITネットワークの活用により総合的に管理することで、全体としての最適を目指す経営手法がサプライチェーンマネジメントである。

なお、最近ではSCMよりさらに進んだ管理手法としてCPFR（Collaborative Planning Forecasting and Replenishment）が注目されている。これは、メーカー・小売・物流の各企業が共同で需要予測等を行うことで過剰在庫や欠品の防止を図る管理手法である。

また近年、SCMを一つの企業で実施しようとする、いわゆる「製造小売業」（SPA）とよばれる業態も生まれている。

② チェーンストア

大量仕入により、仕入先企業に対して価格交渉力を持つことで仕入単価の引下げやリベートの受取り、また規模のメリットにより経費節減を図ることができる。これを達成する手段の一つに、チェーンストアによる多店舗経営が挙げられる。

チェーンストア展開により、仕入機能と販売機能を区別して本部等の一括仕入によりコスト削減を図り、同時に各店舗では販売機能への特化が可能となる。チェーンストア形態をとる業態はスーパーが最も多いといえるが、他の業態でも展開されている。

③ プライベートブランド（PB）の開発

PBとはいわゆる自主企画品をいい、大手メーカーのブランド品（ナショナル・ブランド：NB）と比較し、一般的に仕入額を低く抑えることができる。すなわち、小売企業単独またはメーカーと共同で企画・開発を行い、その仕様に基づいてメーカーの工場やコストの低い海外工場などに生産を委託することにより、大手メーカーのNB商品を単に仕入れるよりも低コストで商品を調達することができる。なお、メー

カーに製造を委託する場合であっても、メーカー側に広告宣伝費や販売促進費がかからないため、小売企業側は低コストで調達することが可能である。

近年、各業態はPB商品の拡大・刷新を図ることで低価格品や高機能品を充実させ、集客力や収益性の向上に努めている。

また、メーカーにとっても、NBの場合は売れ残りにより在庫を抱えてしまうリスクがあるが、PBは通常小売企業がすべて買い取ることになるので、在庫リスクを負担せずにすむのである。

(5) 業界再編と事業戦略

小売業においても、生き残りをかけて熾烈な業界再編が繰り広げられている。大型の合併や提携が相次ぎ、各業態は大手に集約されつつあり、また業態を超えた再編なども見受けられる。近年は図表1-1-4のイメージ枠を超えるようなグループ事業の再構築、事業構造転換なども図られている。

(6) 社会的貢献活動
① 地域社会への貢献

地域社会に身近に存在して生活者のライフラインに密接に関係している各小売企業においては、その社会的機能・貢献は重要な役割の一つである。例えば、災害時には店舗が物資を供給する役割として活動することを自治体と協定を結んでいるケースや、食品を提供する立場から食育活動に積極的に取り組んでいる企業もある。

② 環境活動

小売業は、その店舗数の多さ、利用者の多さから、日々の活動が環境に与える影響は大きい。したがって、各小売企業は環境活動にも積極的に取り組んでいる。

身近なところでは、レジ袋削減の取組みや店頭における資源回収活

動等が挙げられる。さらには、容器・梱包の小型化や量り売りへの取組みは、環境への対応と同時に、運送費・管理費の削減効果も期待されている。

5 法令および規制

小売業に関わる法令および規制としては次のものが挙げられる。

(1) 大規模小売店舗立地法

2000年に施行されたまちづくり三法の一つで、出店に際し、売場面積が1,000㎡を超える場合には、大規模小売店舗立地法（以下「大店立地法」という。）に基づく規制を受ける。2000年5月に廃止された大規模小売店舗法（大店法）が中小商店の保護を目的としていたのに対し、大店立地法は、周辺地域の生活環境の保持を目的とする点が大きく異なっている。

具体的には、売場面積1,000㎡を超える新規出店や既存店舗の増床等について、駐車場、駐輪場の確保による交通渋滞の阻止、騒音対策、廃棄物対策などを行うこと、住民への説明が義務づけられた。

なお、この大店立地法に中心市街地活性化法、改正都市計画法を加えてまちづくり三法といい、それぞれの法律は連携して制定されている。

(2) 中心市街地活性化法（中心市街地の活性化に関する法律）

まちづくり三法の一つである。近年、消費者のライフスタイルの変化等を背景として、中心市街地の空洞化が深刻化している。このような状況に対応するため、中心市街地における都市機能の増進および経済の活力の向上を総合的かつ一体的に推進することを目的とし、快適で魅力ある生活環境の形成、都市機能の集積、創造的な事業活動の促進を目指して、2006年6月に改正、公布された。

(3) 都市計画法

まちづくり三法の一つである。中心市街地の空洞化という問題に地域の主体的な判断により的確に対応するため、都市構造に広域的に大きな影響を与える大規模集客施設（法律では「特定大規模建築物」と定義）や公共公益施設について、その立地に際し都市計画の手続を経ることを通じて、地域の判断を反映させた適切な立地を確保することを目的とし2006年5月改正、公布された。

(4) 中小小売商業振興法

商店街の整備、店舗の集団化、共同店舗等の整備等を通じて、中小小売商業者の経営を近代化することで、中小小売商業の振興を図り、それにより、多様化する消費者のニーズに応えることを目的として1973年9月施行されたのが中小小売商業振興法である。

同法は、中小小売商業の経営近代化を図る有効な手段として、連鎖化事業を位置づけている。この連鎖化事業のうち、加盟者に対して特定の商標や商号などを使用させ、加盟者から加盟金や保証金などを徴収するものを特定連鎖化事業（同法11）といい、「フランチャイズ」がこれにあたるとされている。

(5) 独占禁止法（私的独占の禁止及び公正取引の確保に関する法律）

公正かつ自由な競争を促進し、事業者が自主的な判断で自由に活動できるようにすることを目的とするのが独占禁止法である。

具体的な規制内容には、私的独占の禁止、不当な取引制限（カルテル）の禁止、事業者団体の規制、企業結合の規制、独占的状態の規制、不公正な取引方法の禁止などがある。

また、独占禁止法の特別法として、下請事業者に対する親事業者の不当な取扱いを規制する「下請法」がある。

第1章　小売業の概要

(6) 独占禁止法に基づく「大規模小売業者による納入業者との取引における特定の不公正な取引方法」（大規模小売業告示）

　公正取引委員会は、百貨店、スーパー、ホームセンター、専門量販店、コンビニエンスストア本部等の大規模小売業者による納入業者に対する優越的地位の濫用行為を効果的に規制する目的で、独占禁止法2条9項の規定に基づき、「大規模小売業者による納入業者との取引における特定の不公正な取引方法」（以下「大規模小売業告示」という。）を2005年11月に施行した。

　具体的には、大規模小売業者は不当な返品、不当な値引き、納入業者の従業員等の不当使用、不当な経済上の利益の収受等の行為が禁止されている。

(7) 酒類販売業免許

　酒類販売業免許とは、酒税法に規定されている酒類の販売を行うための免許であり、ビール、日本酒、ワインなど酒類を販売するには、その販売場ごとにその所在地の所轄税務署長から免許を受ける必要がある。酒税はその負担が高率であるため、製造者から酒税を徴収し、その税負担が販売価格を通じて消費者へ円滑に転嫁される仕組みを確保する必要がある。したがって、製造者と消費者との間の流通段階に位置する酒類販売業者に免許制を採用している。

(8) たばこ免許

　たばこも販売するためには国の許可が必要である。営業所ごとに財務局から製造たばこ小売販売業許可を受けなければならない。新規で販売するには、例えば人口50万人以上の都市の市街地であれば、最寄りのたばこ店との距離が100メートル以上なければならないなど、厳しく制限されている。

第1節　小売業の概要

(9) 容器包装リサイクル法（容器包装に係る分別収集及び再商品化の促進等に関する法律）

　家庭ごみの約6割（容積比）を占める容器包装廃棄物について、リサイクル制度を構築することにより、一般廃棄物の減量と再生資源の十分な利用等を通じて、資源の有効活用の確保を図る目的で制定されたのが容器包装リサイクル法である。

　2000年4月に完全施行された後、改正が進み、現在の容器包装リサイクル法となっている。

　続いて、循環型社会形成推進基本法、家電リサイクル法、食品リサイクル法、建設リサイクル法、自動車リサイクル法も制定され、これらが循環型社会を実現させるための法体系をつくっている。

(10) 食品リサイクル法（食品循環資源の再生利用などの促進に関する法律）

　食品リサイクル法とは、食品廃棄物について発生抑制と減量化により最終的に処分される量を減少させるとともに、飼料や肥料等の原材料として再生利用するため、食品関連事業者（製造、流通、外食等）による食品循環資源の再生利用等を促進することを目的として定められたものである。

　食品関連事業者に対する定期報告義務が創設されるなど、食品関連事業者に対する指導監督が強化され、再生利用等の取組みの円滑化措置が講じられた。

(11) 家電リサイクル法（特定家庭用機器再商品化法）

　家電リサイクル法とは、一般家庭や事務所から排出された家電製品から有用な部分や材料をリサイクルし、廃棄物を減量するとともに資源の有効利用を推進するために2001年4月に施行された。家電リサイクル法では、家電小売店に家電製品の収集・運搬の義務を、家電メーカー等にリサイクルの義務を課し、家電製品を使った消費者（排出者）がそのための費用を負担するという役割分担により、循環型社会を形成していく。

⑿ 薬事法

現在の薬事法は2009年度に施行されたものである。医薬品販売の規制緩和を中心に改正され、コンビニなどでも一般医薬品の販売ができるようになった。すなわち、2007年4月に厚生労働省が定めた一般医薬品の3分類のうち、第二類医薬品と第三類医薬品について、薬局・薬店の薬剤師でなくとも、実務経験1年以上で、都道府県が実施する試験に合格した「登録販売者」であれば販売できるようになった。

⒀ 個人情報保護法

誰もが安心してIT社会の便益を享受するための制度的基盤として制定されたのが個人情報保護法である。この法律は、個人情報の有用性に配慮しながら、個人の権利利益を保護することを目的として、個人情報取扱事業者が、個人情報を取り扱ううえでのルールを定めている。

⒁ パートタイム労働法

パートタイム労働者の待遇は、一般に通常の労働者と比較して働きや貢献に見合ったものとならず低くなりがちであるため、パートタイム労働者の就業の実態を考慮して雇用管理の改善に関する措置を講ずることにより、通常の労働者との均衡のとれた待遇を確保することを目指して制定されたのがパートタイム労働法である。

6 ビジネスリスクの分析

小売業においてビジネスリスクとして認識される項目としては、どの小売業態においても共通するものがある。

前述の小売業の特色でも挙げたように、最終消費者へ直接販売を行う小売業は消費動向の影響を受けやすい。したがって、どの業態においても①や②を有価証券報告書の「事業等のリスク」の初めに記載している

企業が多く見受けられる。同様に、その事業の特色から多くの企業が③〜⑤のようなビジネスリスクを認識している。

① 需要動向におけるリスク
② 自然災害・事故に関するリスク
③ 商品取引や商品の安全性に関するリスク…提供する商品については、適正な商品であることや安全性等について消費者から十分な信頼を得ていることが必要であるため。
④ 顧客情報管理に関するリスク…事業の過程において多くの顧客等の個人情報を収集、保有しているため。
⑤ 法的・公的規制に関するリスク…事業がさまざまな法令等により規制されているため。

また、その戦略の違いから、百貨店については「海外での事業活動におけるリスク」を認識しているが、コンビニエンスストア、ドラッグストア、家電量販店については「国内での店舗展開に関するリスク」を認識する傾向にある。

各業態におけるビジネスリスクについては、各節においてそれぞれ解説を行うこととする。

第2節 百貨店業の概要

1 百貨店業とは

　百貨店とは、経済産業省の商業統計によれば次のような店舗をいうとされている。なお、セルフ方式とは、売場面積の50％以上でセルフサービス方式をとる、すなわち顧客が直接商品を選び、運搬し、購入する販売方式をいう。

- 従業員50人以上の商業事業所
- 衣食住の商品群の各販売額が小売販売総額の10％以上70％未満
- セルフ方式店に該当しない

　百貨店業は米国のデパートメント・ストアに相当する小売業態であるといわれており、その取扱商品構成は衣料品が3.5割、食品が2.5割、雑貨が1.5割のシェアを占めている。他の小売業態との差別化のキーワードとしては「都市立地」、「ファッション性」、「非日常性」、長年の歴史から来る「安心・安全性」などが一般的に挙げられる。

2　百貨店業の沿革

(1) 百貨店業の起源

百貨店の歴史は、㈱三越の前身である越後屋が1673年に百貨店の原点となる呉服店として創業したことに始まる。

その後、1904年において㈱三越呉服店の設立の際に「デパートメント・ストア宣言」を表明したことでわが国の百貨店事業が始まったといわれている。

百貨店の系統は成り立ちにより大きく呉服系と電鉄系という二つのパターンに分けられる。呉服系とは、前述のように呉服店から始まるものであり、㈱三越、㈱大丸、㈱高島屋などに代表されるものである。一方で、電鉄系とは、阪急電鉄㈱、西武鉄道㈱、東京急行電鉄㈱などの交通機関の発達に伴って電鉄会社が兼営に乗り出したターミナルデパートをいう。

(2) 百貨店業の発展とその後

その後、百貨店業は高級・高額商品を取り扱うビジネスモデルにより発展した。いわゆるバブル時代においては海外出店を行うなど、1990年代には百貨店市場は9兆円を超えた。しかしその後、バブル崩壊に伴い百貨店業界の統廃合や閉店が行われ、現在に至っている以上をまとめると、次の図表のようになる。

図表1-2-1　百貨店業の沿革概要

年　代	主な動向
1900年代〜	1904年に㈱三越呉服店が「デパートメント・ストア宣言」を行う。
〜1960年代	大正から昭和初期にかけて鉄道事業者（特に大手私鉄）が都市部のターミナル駅を中心として百貨店事業へ進出した。
〜1990年代初旬	いわゆるバブルといわれた好景気では地方都市や海外に出店拡大。1991年には百貨店市場規模は９兆円を超える。
1990年中旬以降	バブル崩壊後、百貨店の統廃合や閉店が相次ぐ。
2000年代	各百貨店で売上が減少、生き残りをかけて合併、業務提携などが進み業界再編が起きる（詳細は後述の「4　業界動向」）。

3　百貨店業のビジネスモデル

(1) 概　要

百貨店業のビジネスモデルの特徴には、主として次のものが挙げられる。

- 高額商品販売とその見直し
- ブランドイメージ戦略
- 百貨店における仕入慣行
- 顧客の囲込戦略
- 情報システムの利用

(2) 高額商品販売とその見直し

百貨店業は、ファッション性の高い衣料や高級・高額商品を重点におき、高級感や重量感のある店舗において接客する業態である。

各百貨店が主としてどの客層をターゲットとするのかによってその体制は異なるが、百貨店では法人向けや富裕層向けの「外商」という仕組みを整えていることが多い。外商とは店内での売買以外に、営業担当者

が顧客宅へ訪問し、直接に商品の販売を行うことをいう。

　しかし、昨今の百貨店市場の縮小を背景に、高額商品販売ビジネスを見直し、新規のビジネスモデルを模索する動きが出てきている。例えば、ある百貨店では若年層を取り込むため低価格戦略も強化している。また、ある百貨店では安定的な収益を獲得するために店舗運営自体を見直し、不動産賃貸事業や不動産開発事業を強化する動きもみられる。

① マーチャンダイジング（商品政策）の強化

　百貨店にとって、売筋商品を見極め、消費者ニーズに対応した魅力ある商品を揃えるような商品政策を行うことは重要である。

　多くの百貨店において、売上高構成比率として高いシェアを占める商品は衣料品である。すなわち、衣料品の売上の増減が、百貨店業全体の売上に大きく影響するということである。そのため、市場縮小状況下にあっては、各企業においては単に流行の商品を取り揃えるだけではなく、低価格商品の導入やPB商品の企画などの商品政策も重要となる。

　なお、このような商品政策は、「MD：マーチャンダイジング」といわれている。ここで、マーチャンダイジングには、一般的にさまざまな定義があるものの、百貨店業界においては、仕入、販売、管理などの業務フローについてのマネジメント・コントロールをいう。

② 不動産事業

　百貨店業の売上が落ち込む一方、各企業は比較的収益を安定的に見込むことができる不動産事業を強化する動きもみられる。

第1章 小売業の概要

図表1-2-2　セグメント別営業利益（㈱高島屋有価証券報告書より）

(単位：百万円)

	百貨店業	不動産業	その他	連結全体の営業利益
2002年	8,499	6,564	1,381	16,444
割合	51.7%	39.9%	8.4%	100%
2009年	5,098	6,491	1,839	13,428
割合	38.0%	48.3%	13.7%	100%

※（その他にはセグメント情報の「消去又は全社」が含まれる）

　さらに、近年では「ファストファッション」と呼ばれる低価格商品テナントにより顧客を集客するとともに、賃料収入による営業利益の底固めをする戦略もみられる。

(3)　ブランドイメージ戦略

　百貨店業では、高級感・重量感のあるブランドイメージを構築し、それを生かした販売促進戦略をとることが多い。

① 　改装（リモデル）

　百貨店は高額品やファッション性の高い商品を取り扱うため、売場の空間演出も非常に重要な販売促進の要素である。そのため店舗の改装、つまりリモデルの頻度が他の小売業態と比して多い。

　リモデルには店舗単位で多額な投資が行われる大規模なものと、テナント単位の小規模なシーズンリモデルがある。

　なお、リモデルにはテナントとタイアップするケースもある。この場合、テナントがいったんリモデル資産を取得後、百貨店に贈与する形をとる慣習がある（受贈取引）。

② 　広告宣伝

　百貨店はファッション性の高い商品や高額品を取り扱うため、他の

小売業態と比してその広告宣伝投資も多額になる。例えば、ダイレクトメールの作成一つにしても高品質な資材およびデザイン費用が多額になるケースも少なくない。この際も、テナントとタイアップするケースがある。

(4) 百貨店における仕入慣行
① 百貨店の仕入形態の特徴
　百貨店の仕入形態には、慣行的に主として次の3種類がある。

- 買取仕入
- 委託仕入
- 売上仕入（消化仕入）

　各仕入形態の違いは、それぞれにおいて百貨店が負担することとなる在庫リスクおよび商品保管リスクにおける違いであり、そのうち売上仕入についてはわが国独特なものであるともいわれている。なお、詳細については、第2章で後述することとする。

② 共同仕入機構
　百貨店業界には、商品仕入をベースとして、㈱伊勢丹を中心にした「全日本デパートメントストアーズ開発機構（A・D・O）」、㈱高島屋を中心とする「ハイランドグループ」、㈱三越を中心とする「ジョイントバイインググループ」という共同仕入機構が存在している。
　これらの「共同仕入機構」は、共同商品仕入や商品開発のほか、販売やオペレーションの共通化なども進めている。
　ただし、このような共同仕入機構は、㈱三越と㈱伊勢丹の経営統合により各加盟店と㈱三越伊勢丹ホールディングスの店舗が地方において競合店となる事態が発生するなどの影響を受けており、今後の動向が注目されている。

(5) 顧客の囲込戦略

同業他社、他の小売業態との競争が激化する中、百貨店においては次のようにして顧客の囲込みを行っている。

① **ハウスカード（ポイント制度）の利用**

ハウスカードとは発行企業グループの店舗および加盟店で使用できるクレジットカードのことをいい、ハウスカードを利用して顧客を囲い込むというビジネスを展開している。なお、近年はVISA等の国際ブランドが付いたものも多くなっている。

ハウスカードの利用により、顧客は、買上額に応じてポイントの付与や割引特典を受けることができるため、当該カード発行の百貨店にて購入しようという意欲向上につながる。また、百貨店は、年会費収入を得るのはもちろんのこと、マーチャンダイジングやマーケティングに有用となる顧客の購買データを入手することができる。

多くの百貨店がハウスカードを発行しており、売上シェアの5割程度をハウスカード売上が占める百貨店もある。

② **商品券**

ほとんどの百貨店が商品券を発行し、百貨店商品券を利用することで顧客を囲い込むことにつなげている。

代表的なものとして自社商品券のほかに、「全国百貨店共通商品券」という各加盟百貨店が発行し、顧客に利用され回収される共通商品券がある。

また、商品券以外にも、百貨店特有の金券として「仕立券」がある。例えば、顧客Aさんがワイシャツ生地付きの仕立券を百貨店で購入し、顧客Bさんに贈答した場合、Bさんは当該百貨店に仕立券を持っていくとオーダーワイシャツを仕立てることができる。

③ 友の会

　友の会の仕組みは、顧客が会員となって一定期間一定額の積立てを行うと、満期時において積立総額に加えてボーナスとして分をプラスしたお買い物券を利用できる制度である。

　例えば、毎月１万円積み立てるコースを選択した場合には、１年後に12か月分の積立総額（12万円分）に加えて１か月分のボーナス分をプラスした13万円分の買い物券を利用できることになる。

(6) 情報システムの利用

　「第１節　小売業の概要」において、多品種・多量の商品を取り扱う小売業の特徴としてPOSシステムが事務処理や経営管理データの入手に重要な役割を果たしている点に触れた。

　これに加えてハウスカード会員を多く獲得している百貨店では、ハウスカードの顧客情報システムと接続して、「いつ」、「どの店舗・売場」で、「どの商品」が「いくつ」売れたかという『商品』を基点とした販売データだけでなく、「誰が」買ったのかという顧客データを加えて把握できるため、年齢、性別、住所等『顧客』を基点とした分析ソースを多様にもつことができ、マーケティングやマーチャンダイジングに役立てている点が特徴的といえる。

4　業界動向

(1) 百貨店業界の概要

① 百貨店市場の変遷

　百貨店業界の市場規模は1991年度に９兆円を超えてピークであったが、その後縮小傾向にあり、2009年においては７兆円を割り込み６兆円台に至っている。

第1章 小売業の概要

図表1-2-3 百貨店の市場規模の推移 （単位：億円）

年度	1991	～	2007	2008	2009
全国百貨店売上高	9,713	～	7,683	7,174	6,478

② 百貨店業の現状

　経済産業省による2007年の商業統計によれば、百貨店は現在約7兆円の市場規模であるが、5年後には5兆円台になるという意見もある。このような中、各企業は企業再編、経費節減、新たなビジネスモデルの確立を模索している状況にある。

(2) 百貨店業界ランキングの推移と業界再編

　市場が縮小傾向にある中、各企業は生き残りをかけてさまざまな方策を講じている。その中の一つが企業再編である。

　図表1-2-4のように、2007年の㈱大丸と㈱松坂屋ホールディングスの経営統合を皮切りに老舗百貨店といわれる企業同士の大型経営統合が発表された。

　大型企業再編前後での売上推移は、図表1-2-5のようになる。

　なお、㈱高島屋は2008年10月にエイチ・ツー・オー リテイリング㈱と経営統合を目標とした業務提携および資本提携に合意したが、2010年3月に統合協議の打ち切りを発表している。

図表1-2-4 業界再編の流れ

2007年9月	㈱大丸と㈱松坂屋ホールディングス、共同持株会社Ｊ・フロント リテイリング㈱を設立して経営統合
2007年10月	㈱阪神百貨店と㈱阪急百貨店、共同持株会社エイチ・ツー・オー リテイリング㈱を設立して経営統合
2008年4月	㈱伊勢丹と㈱三越、共同持株会社㈱三越伊勢丹ホールディングスを設立して経営統合
2008年10月	㈱高島屋とエイチ・ツー・オー リテイリング㈱が経営統合を目標とした業務提携および資本提携に合意したと発表

| 2010年3月 | ㈱髙島屋とエイチ・ツー・オー リテイリング㈱との統合協議の打ち切りを発表 |

図表1-2-5　売上ランキングの推移　　　　　　　　　（単位：百万円）

	2006年	
1位	㈱髙島屋	1,049,405
2位	㈱大丸	837,032
3位	㈱三越	804,120

→

	2008年	
1位	㈱三越伊勢丹ホールディングス	1,291,617
2位	J・フロント リテイリング㈱	982,533
3位	㈱髙島屋	877,762

　㈱髙島屋とエイチ・ツー・オー　リテイリング㈱が経営統合を断念したことは、大型再編のハードルの高さを浮き彫りにしたといわれている。

(3)　**百貨店業における取組み**
　消費者の節約・低価格化志向の高まりや、ネット社会の進展など、従来の百貨店のビジネスモデルを揺るがす変化が見受けられる中、顧客層の拡大として各百貨店においてさまざまな取組みが行われている。

① 　**顧客の取込み**
　昨今、中国の富裕層のターゲットとした対策が実施されている。すなわち、「銀聯カード」といわれる中国の銀行が加盟するデビットカードによる決済を可能とし、購買機会を確保する店舗が増加している。

② 　**通信販売の拡大**
　通信販売の拡大を行い、自宅などで行えるネットショッピングもターゲットにすることで購買機会を増加させている。

③ 　**経費削減**
　市場縮小に対して、組織再編などによる規模の拡大・経費削減等を

行い、新たなビジネスモデルを模索しているといわれている。すなわち、百貨店は都市部に集中するため、その中で一番店になるために仕入れの交渉力を高め、品揃えにより他店との差別化を図ってきた。経営統合により規模の拡大を行うことで地域一番店となり、かつ経営資源の効率化を図っている状況にあるといえる。

(4) 業界団体（日本百貨店協会）

「日本百貨店協会」が百貨店業界の業界団体として存在する。

百貨店協会の目的は、百貨店業の健全な発達を図り、もって、国民生活の向上と国民経済の発展に寄与することとして、1948年3月に設立された。同団体は2010年5月時点で92社251店舗が会員となり、業界の主要な企業がメンバーとなっている。

5 百貨店業におけるビジネスリスクと経営課題

(1) ビジネスリスク

各企業の有価証券報告書の「事業等のリスク」を参考に、百貨店業において直面するビジネスリスクについて解説する。

① 需要動向

百貨店業のビジネスは消費者の需要動向に直結するものである。具体的なリスク内容としては、次のようなものがある。

　a 景気動向、消費動向

　　景気動向、消費動向はまさに小売業である百貨店にとって影響を受けるリスク要因である。

　　例えば、2008年秋のリーマンショックの影響で、景気の停滞、消費者の節約志向・低価格志向という変遷がみられた。図表1-2-6が示すように、リーマンショックまでの売上の推移は前年を下回っ

てはいるものの、ほぼ同水準であったが、以降の売上高は、前年同期と比較して継続して減少しており、景気動向や消費者動向が百貨店業界に影響を与えていることがわかる。

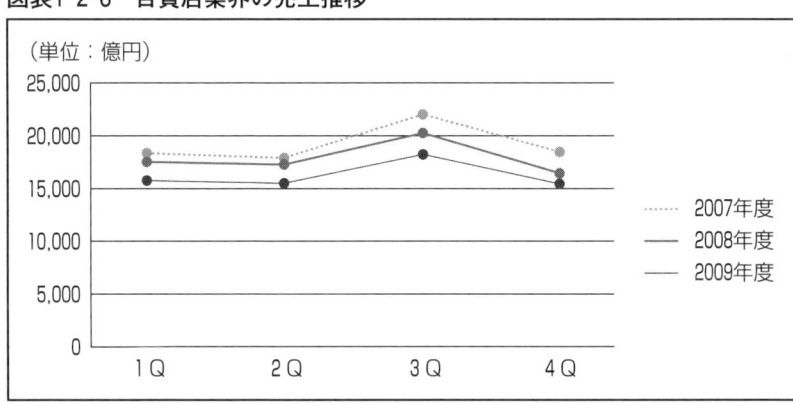

図表1-2-6　百貨店業界の売上推移

b　気候変動

　気候状況の観点からは、冷夏・暖冬などの天候不順により百貨店の主力商品である衣料品、食料品等の売上が左右される。例えば、天候不順により客数が減り、売上が減少することが挙げられる。

② 顧客情報管理

　多くのテナントが出店しているという百貨店の性質上、自社で管理している顧客情報のみならず、出店しているテナントが保管している顧客情報についても漏洩リスクにさらされている。顧客情報の漏洩は、漏洩に伴う後始末によるコスト負担だけでなく、企業イメージの低下により販売機会の喪失につながることなどが懸念される。

③ 災害・事故

　自然災害や火事等の事故が発生すると、開店していれば得られるは

ずの売上の機会損失が発生し、また後始末や修繕などが必要となるために業務遂行に支障をきたすことが想定される。

④ 海外での事業活動

海外における事業展開には、予期しない法律または規制の変更やテロ・戦争などの社会的混乱により企業活動が制約されるおそれがある。例えば、2010年3月期の㈱三越伊勢丹ホールディングスの有価証券報告書に記載されたタイ・バンコク中心部におけるデモがある。

また一般的に、外貨建取引を行っている企業または海外子会社を保有している企業については常に為替レートの変動リスクを負うこととなる。

⑤ 公的規制におけるリスク

百貨店業はさまざまな法規制を受けており、遵守しなかった場合には企業活動が制約されるおそれがある。また消費税の増税などにより業績に影響を及ぼすことが懸念される。

⑥ 商品取引

百貨店業のように消費者と商品取引を行っている業種では、瑕疵のある商品販売を行うと、企業全体の信用失墜や、提供する商品に対する不信感が高まることにより売上高が減少し、結果として企業の業績に影響を及ぼす可能性がある。

(2) 経営課題

長期にわたる経済不況および百貨店市場の縮小による売上減少状況の中、各企業はいかに収益を確保していくかが経営課題となっている。各企業は人件費を中心とした構造改革の実施により経費削減を行うほか、次のような対応をとっている。

① 消費者ニーズの把握と対応

　従来にも増して、顧客の消費者ニーズを適時適確に把握することが求められる。各企業は低価格商品やPB商品（百貨店独自の商品）などの商品の開発や消費者の購買行動を把握するためのシステムの開発を行うなどの対応を行っている。

② 新たなビジネスモデルの模索

　百貨店は比較的都市部の立地条件のよい物件を所有していることから、自社による店舗運営にこだわらず、安定した収益確保が期待できる不動産賃貸事業や、百貨店のテナント運営のノウハウを生かした不動産開発事業など、各企業グループにおいて独自の新たなビジネスモデルを模索している。

③ 海外需要の獲得

　成長戦略として、経済成長により富裕層が増加している中国を中心とした東南アジアへの新規出店や、日本国内において増加している中国人等の富裕層の観光客の取り込むため、銀聯カード対応や旅行会社とのタイアップ、通訳の常駐などの対応を行っている。

第3節
スーパーマーケット業の概要

1 スーパーマーケット業とは

(1) スーパーマーケット業の定義

　スーパーマーケット業とは、一般的に総合食品をセルフ方式により低価格販売する小売業態をいう。わが国においては、食料品や医療品、住関品（日用雑貨品、医薬・化粧品、家具・インテリアなど）を取り扱う総合スーパーとそれ以外のスーパーとに大きく区別される。スーパーの業態としては、次のようなものが考えられる。

(2) 業態の紹介

① 総合スーパー（GMS：General Merchandise Store）
　主に食品を取り扱うものの、大規模な店舗に雑貨・衣料・住関品など生活必需品を網羅し豊富な品揃えを実現している店舗をいう。経済産業省の商業統計によれば、次のような店舗をいうとされている。

- 衣・食・住にわたる各種商品を販売し、そのいずれも小売販売額の10%以上70%未満
- 従業員50人以上
- 売り場面積指定あり（大型は3,000㎡以上、中型は3,000㎡未満）

　わが国における実質乗用車保有率の上昇に伴い、1990年代から各地に大型のショッピングセンターが登場し、これらも総合スーパーの一

つとして位置づけられる。

なお、近年では、SPA化と専門店化が行われている。

② 専門スーパー

専門スーパーとは、経済産業省の商業統計によれば、次のような店舗をいうとされている。

- 衣・食・住のいずれかの小売販売額の割合が70％以上
- 売場面積250㎡以上。

例えば、食品スーパーでは生鮮食品や、店舗内や独自の製造工場で調理された惣菜などを取り扱っていることが多い。

③ 小型店スーパー

夫婦が数名のパートタイマーを雇用して経営を行う、いわゆるパパママ・ストアの店舗をいう。身近さや気軽さで、従来よりわが国において商店街などでみられる形態である。近年においては、大手企業の参入もみられるようになってきている。

④ ネットスーパー

インターネットを通じて注文を受け、その消費者の自宅まで商品を配達するというネットスーパー事業が普及し始めている。消費者にとっては、利便性の観点において大きな魅力があり、企業にとっては、新規消費者開拓の機会として大きな魅力があると考えられる。

一方で、特にシステム面において、構築の初期コストの負担や利用した顧客情報の管理といった対応等が課題として挙げられている。

第1章　小売業の概要

2　スーパーマーケット業の沿革

　わが国におけるスーパーマーケット業の沿革について触れる。1950年代におけるスーパー生成期から成長期を経て総合化・多店舗化し、成熟期を迎え現在に至っている（図表1-3-1参照）。

図表1-3-1　スーパーマーケット業の沿革概要

年　代	主な動向
生成期	
セルフ方式が導入され、スーパー台頭の基礎が確立。戦後の復興期から第一次高度成長期にかけて、食生活の変化に伴い消費行動も大きく変化。	
1953年	東京青山に㈱紀ノ国屋のセルフサービス店が開店。日本における最初のスーパーマーケットといわれている。
1956年	㈱西武ストアー（現・㈱西友）が設立。
1957年	大栄薬品工業㈱（現・㈱ダイエー）が設立。
1958年	㈱ヨーカ堂（現・㈱イトーヨーカ堂）が設立。 ㈱岡田屋（現・イオン㈱）が設立。
成長期	
第二次高度成長により市場が拡大。低マージン・高回転による低価格販売の実現により消費者の支持を受ける。商品総合化・多店舗化・店舗大型化により急成長。	
1972年	㈱ダイエーが売上高で㈱三越を抜いて小売業トップになる。
1974年	大規模小売店舗法（大店法）が施行。
成熟期〜近年	
経済成長の鈍化による消費の低迷や各種規制に伴い、POSシステムや物流システムの構築を中心とする経営改善が行われた。また、日本企業の海外進出が開始されるとともに、規制緩和に伴い海外企業の日本への進出が行われるようになった。 近年では、世界金融危機およびリーマンショックにより、わが国の経済も停滞化し、企業間の合併・統合を含めた取組みがなされている。	
1985年	イオン㈱（当時ジャスコ㈱）が海外1号店をマレーシアに開店。
2000年	大規模小売店舗立地法（大店立地法）が施行。

3 スーパーマーケット業のビジネスモデル

(1) 概　要

スーパーマーケット業は、大量仕入・大量販売による低価格販売指向型のビジネスを行う。

このビジネスモデルの特徴には、主として次のものが挙げられる。

- チェーンストアによる多店舗展開
- 大量販売による低価格戦略
- 大量仕入によるコスト削減
- 情報システムへの投資
- 新たな業態・サービスへの参入

(2) チェーンストアによる多店舗展開

① チェーンストアとは

スーパーマーケット業の最も大きな特色として、チェーンストアの採用が挙げられる。一般的に、単一資本で11店舗以上を直接経営・管理している小売業がチェーンストアと定義されている。

チェーンストアにおける経営の特色は、次のようになる。

- 標準化…一定のやり方を規格化し、それを適時に改善・修正し標準化を図ることで、異なる地域でも同様の商品やサービスの提供が可能。
- 単純化…単純化を図ることで、異なる担当者が実施しても同じ結果をもたらすことが可能。
- 専門化…専門化を図ることで、差別化を通じて顧客満足度を向上させることが可能。
- 集中化…特に本部と店舗間における業務の集中化を図ることで、作業の分担化を通じて、より効果的・効率的な経営を行うことが可能。

また、チェーンストア化によって、店舗側では多くの顧客に多数の商品やサービスが提供されることで、その利益拡大につながるという

メリットがある。さらには多店舗展開による大量販売によって価格交渉力を発揮し、有利な購買活動を展開することができる。

② 本部機能

チェーンストアは、一般的に本部機能とチェーンストア店舗機能から構成される。

本部においては店舗において実施するよりも効果的・効率的な業務を一括して担当する。具体的には、一括仕入や商品開発、販売促進活動の策定、資金調達などが主な本部業務として挙げられる。

③ 各店舗の機能

各店舗においては店長が総合的な権限を有したうえで、各分野（食品、衣料品、住居用品等）にその責任者が配置されている。また、複数の店舗を管轄するエリアマネージャーが地域の特性への対応や競合店対策のために置かれるケースもある。

ただし、その取扱商品や業態が多種多様であることから、組織構造も企業の特性を反映し、多様なものとなっている。また、近年においては業務の多角化が行われている企業も多く、企業ごとに経営資源の配分方法は異なり、組織構造も異なっている。

(3) 大量販売による低価格戦略

① 大量販売

日常雑貨、衣料品などの多品種の家庭用品について、低価格品での大量販売を行っていることが特徴として挙げられる。

その手法の一つとして、セルフ方式をとっている。この際、現金販売が一般的であるが、利便性からクレジットカードや電子マネーでの取引も多く導入されるようになっている。また近年は、セルフレジの導入など、販売形態も多様化している。

第3節　スーパーマーケット業の概要

② プライベートブランド商品（PB商品）の導入

　PB商品は、大量仕入や中間マージンの削除により、比較的高い粗利益率の確保が可能であり、また商品に自社の独自性を出し競争の差別化を図ることも可能である。

　近年、わが国でもPB商品の取扱高は増加しているが、欧米企業に比べると全売上高に占める割合は低い状態にあり、この割合が今後の重要な戦略的要素となるといわれている。

(4) **大量仕入によるコスト削減**

低価格販売を実現するために大量仕入を志向する。

① 仕入の効率化

　多くの店舗に多種多様な商品を日々配送する必要があるため、一般的に仕入の実施および管理は本部機能とされていることが多い。また、物流センター等を利用することで、効率的・効果的な管理を実施しているケースもみられる。

　適切に仕入を管理することによって、品切れを防ぎサービス水準を向上させるとともに、一方では在庫維持コストを削減することが可能となるのである。

② リベートの受取り

　仕入に応じてリベートの受取りがなされる商慣習がある。リベートの形態は多様であるが、契約により一定数量以上の購入がなされた場合に支払われる達成リベートなどが一般的である。リベートの詳細については、「第5節　家電量販店業の概要」や第2章を参照とする。

③ 共同仕入機構

　共同事業によりスケールメリットを生かすことを主な目的とした共同仕入機構も多くみられ、共同仕入のほか独自のPB商品の開発、ノ

ウハウの共有等を行っている。主な共同仕入機構としては次のものが挙げられる。

- CGC（Co-operative Grocer Chain）
- ニチリウ（日本流通産業株式会社）
- AJS（オール日本スーパーマーケット協会）

(5) **情報システムへの投資**

スーパーマーケット業においても、情報システムの利用は事務処理や経営管理データとして重要な役割を果たすことになる。

POSは、商品をバーコード処理することによって、迅速なレジ処理や商品売上実績の単品管理を実現することができる。POSデータの分析により、適切な品揃えや売価の見直し、効果的な販売促進の実施などの経営改善が期待できる。また、勤怠管理等に利用されることもある。

(6) **商社との提携**

近年、商社とスーパーとの資本提携や業務提携が多く行われるようになってきている。その背景には各々次のような事情がある。

まず、商社にとっては自社の食品原材料仲介ビジネスに、販売現場の情報をフィードバックして有効に利用することや、PB商品の開発、海外への進出拡大など、商社が機能を提供できる機会の増加につながる。他方でスーパーにとってはメーカーとの交渉力強化にもつながる。

(7) **従業員に対する対応**

多店舗展開に伴い従業員数も多いことに加え、特にパートタイム労働者の比率が高いという特徴がある。

各企業においては、従業員の働きやすい環境づくりに積極的に取り組んでおり、その一環として次世代認定マーク「くるみん」（次世代育成支援対策推進法14Iの厚生大臣の定める表示）を取得する企業も増えてきている。

一方で、企業にとって大きな負担ともなっている人件費への対応として、セルフレジの導入、各従業員の担当範囲の拡張化なども行われている。

(8) 食品の安全性への対応

　食品の安全性や原産地表示の妥当性などについて、消費者の関心は高まっている。その対策は、国や監督官庁における法律に厳格に従うことや、企業自らが一定の認証を取得することによって実施されている。

　衛生管理の一つの手法としてのHACCP（Hazard Analysis Critical Control Point）の概念を導入する企業がある。これは、食品原料の受入れから製造・出荷までのすべての工程において、危害の発生を防止するための重要ポイントを継続的に監視・記録する衛生管理手法である。異常が認められた場合に早急に対応し解決を図ることで、不良製品の出荷を未然に防ぐことができるシステムとされている。

　また、商品や原材料等のトレーサビリティ、すなわち生産過程や流通過程の追跡可能性を明らかにすることも食品の安全性への重要な対応の一つである。

(9) 新たな業態やサービスへの参入

① 電子マネー

　電子マネーについては、利用可能店舗の増加に加えて、スーパーが自社電子マネーを発行するケースも多くみられるようになってきている。割引やポイントを付与により顧客を囲い込むほか、個人認証とPOSデータとを組み合わせることで、より詳細な商品管理を実現することも可能である。また、レジの待ち時間の短縮化も期待できる。

② 銀行業への参入

　スーパーに足を運ぶ多くの顧客は潜在的銀行利用顧客といえ、小売業との相乗効果も見込まれることを背景に小売企業の銀行業への参入

がみられるようになってきた。

③ 薬事法改正の影響

　2009年の薬事法改正以降、スーパーにおける医薬品の取扱いも多くなってきている。

　また、スーパーと医薬品企業とが業務提携や資本提携を行い、共同出店やPB薬品の企画開発等を検討しているケースもある。

4　業界動向

(1) スーパーマーケット業界の概要

① スーパーマーケット市場

　経済産業省による2007年の商業統計によれば、小売業の年間販売額約135兆円のうち、総合スーパーの年間販売額は約7兆円、専門スーパーの年間販売額は約24兆円となっている。近年では店舗数の減少が著しく、これは少子高齢化や消費低迷などの経済的要因や、商店街の衰退、店舗の大型化などの構造的要因などが総合的に影響している。

② スーパーマーケット業の現状

　a　競争激化とその対応

　　国内における厳しい消費環境やデフレ状況、高齢化や人口の減少から、組織再編を含めた競争激化が進んでいる。

　　一部の企業においては、高い経済成長に伴い市場の成長が見込まれるアジア圏内への出店をより一層加速させている。ただし、治安問題や労務問題、幹線道路網等のインフラの整備状況など、現地における地理的・文化的な問題への対応が重要な課題となっている。

　b　外資系スーパーの参入

　　法律改正による規制緩和を契機に、巨大な外資系スーパーの日本

第3節　スーパーマーケット業の概要

進出が本格化した。これは、日本のスーパーの在庫管理手法や販売手法をとり入れたいという考えや、日本への進出を今後の他のアジア展開へ結び付けたいという考えもあった。

ただし、わが国においては、伝統的な取引慣習や複雑な流通経路、季節性・地域性といった特殊性があり、これが外資系スーパーの日本進出・発展を困難にしているといわれている。

(2) 業界ランキング

わが国におけるスーパーマーケット業界の売上高を基準にしたランキングは次のとおりである。

図表1-3-2　売上ランキング

順位	企業名	連結売上高（百万円）	決算期
1	㈱セブン＆アイ・ホールディングス	5,111,297	2010年2月
2	イオン㈱	5,054,394	2010年2月
3	ユニー㈱	1,134,427	2010年2月
4	㈱ダイエー	976,815	2010年2月
5	㈱イズミ	492,140	2010年2月

わが国におけるスーパーマーケット業界の規模は20兆円前後といわれている中、㈱セブン＆アイ・ホールディングスとイオン㈱が大きなシェアを占めている。ただし、図表1-3-2における連結売上高には、スーパーマーケット業以外の百貨店やコンビニエンスストア、金融等の売上高も含まれている。㈱セブン＆アイ・ホールディングスはイトーヨーカ堂とヨークベニマル、イオン㈱はイオンとマックスバリュを主要なスーパーとして展開している。

(3) 業界再編

消費不況の長期化や一定地域における出店過剰状態を背景に、価格競争が激化しており、スーパー各社は資本提携や業務提携を行うことで、

規模の利益を追求する動きが多くみられるようになってきている。近年では2010年に、ユニー㈱、イズミヤ㈱、㈱フジが提携関係を結び、共通のPB商品販売等を行っている。同じく2010年、イオン㈱と㈱マルナカも共同調達等を内容とした包括業務提携を結んでいる。

また、商社との関係については前述したとおりであるが、今後このような商社を中心とした業界再編が行われるとの見解もある。同時に、日本に進出している外資の今後の展開も、業界再編に大きな影響を与えると考えられる。

(4) **業界団体**

わが国における主な業界団体として、次のものがある。

① 日本チェーンストア協会

　チェーンストアの理念と事業活動を支援し、その健全な発展を図るために1967年8月に発足した。主な会員は、イオン㈱、イズミヤ㈱、合同会社西友、㈱ダイエー、ユニー㈱など（2010年11月現在）。

② 日本スーパーマーケット協会

　1999年7月、スーパーマーケットの健全な発展と普及を図ることにより、わが国食料品流通の近代化・合理化を促進することなどを目的として発足した。主な会員は、㈱イズミ、㈱平和堂、㈱マルエツなど（2011年2月現在）。

③ 新日本スーパーマーケット協会

　セルフサービス方式の健全な発展と普及を図ることにより、商業の近代化を通じて流通機構の合理化を促進することなどを目的として1958年3月に日本セルフ・サービス協会として発足した。2009年8月には全国スーパーマーケット協会と合併し、2010年9月に新日本スーパーマーケット協会に改称した。主な会員は、㈱イトーヨーカ堂、

㈱紀ノ国屋、㈱成城石井など（2011年3月現在）。

④　日本小売業協会

　　わが国の小売業の健全な発展と地位の向上を図り、もって国民生活に寄与することを目的に、小売業各種団体が発起人となり、1978年5月に発足した。主な会員は、日本チェーンストア協会、日本スーパーマーケット協会、新日本スーパーマーケット協会、米国食品マーケティング協会など（2010年9月現在）。

5　ビジネスリスクと経営課題

(1)　ビジネスリスク

主なビジネスリスクとして、次のようなものが考えられる。

①　需要動向

　　景気や個人消費の動向、異常気象等の影響を受けやすい特性がある。店舗間競争が激化している環境下で、個人消費の低迷が長期にわたり続いた場合、業績に影響を及ぼす可能性がある。

②　法的規制

　　食品衛生法、JAS法、薬事法や環境、リサイクル関連法規等の法的規制の適用を受ける。現在予期し得ない法的規制等が設けられたり、これら法的規制等による指導を受けたりした場合には、営業活動が制限されることにより、業績に影響を及ぼす可能性がある。

③　店舗展開

　　開店後の業績が対策を講じても計画どおりに推移しない場合、投資回収に計画との差異が生じ、以後の出店計画を見直す場合がある。ま

た、出店に際しては行政対応や地域環境への配慮、テナント募集等で出店計画に遅れが生ずる場合があり、店舗の出店または閉鎖が計画どおりに推移しない場合、業績に影響を及ぼす可能性がある。

④ 食品の安全性

食中毒の発生等で消費者に迷惑を掛ける事態が発生したり、中国産食品問題や米国産牛のBSE問題のような予期せぬ事態が発生することにより、消費者の間に不安感が広まった場合、業績に影響を及ぼす可能性がある。

⑤ 訴訟

諸事情により仕入業者、不動産賃貸人、その他の取引先の関係先との間で訴訟が生じた場合、業績に影響を及ぼす可能性がある。

⑥ 店舗システム運用上のリスク

リスク分散のため、外部のデータ・センターに業務を委託していたとしても、自然災害や事故等により甚大な設備の損壊があった場合、通信回線に支障が出た場合、不正侵入や従業員の過誤による障害が起きた場合には業務の遂行に支障をきたし、業績に影響を及ぼす可能性がある。

⑦ 個人情報保護のリスク

各店舗の顧客などに関する多くの個人情報を保有しているが、情報流失や犯罪行為等により情報漏洩が発生する可能性があり、その場合、社会的信用や企業イメージを損ない、業績に影響を及ぼす可能性がある。

⑧ 自然災害・事故、感染症の流行におけるリスク

事業展開地域において大規模な地震・風水害などの自然災害や、テ

ロ行為および人為的要因を含むさまざまなトラブル等の発生により、事業の運営に支障をきたす場合や設備等の回復に多額の費用が発生する場合、また、感染症の流行による社会的・経済的混乱に伴い販売・事業活動等が阻害された場合、業績に影響を及ぼす可能性がある。

(2) **経営課題**

主な経営課題として、次のものが考えられる。

① 店舗立地の選定

　多くのスーパーマーケットを営む企業では、不動産事業を子会社化もしくは独立した事業部門として有しており、店舗立地の選定を重要な戦略の一つとして位置づけている。

　店舗立地の選定においては、どの場所に出店するのかという点のみならず、どの店舗を改装するのか、もしくは閉店するのかといった、総合的な店舗展開戦略を考慮する必要がある。また、店舗のための土地・建物を購入するのか、賃借するのか、さらには店舗を新築するのか、中古のものを利用するのか、といった点も、立地環境や費用対効果を比較し、慎重に検討することが必要である。

② 消費者ニーズの把握

　個人消費の停滞や製品サイクルの短縮化、店舗間の競争激化の中にある現代においては、消費者ニーズを適切に把握し、迅速に対応することが特に重要となっている。さらには、わが国においては、その地域に応じたきめ細かい対応が必要となる。

　なお、スーパーにおいては生活必需品を多く扱うため、他店舗との商品の差別化が難しい場合もある。このような場合、例えば単身世帯が多い地域では食品の量り売りを実施する、高齢者世帯が多い地域では宅配サービスを行う、都市部では24時間化を行うなど、販売方法や提供サービスの差別化が必要となる。また、取扱商品の差別化におい

ては、近年その取扱いが増加しているPB商品での対応が有効なものとなっている。

③ 価格戦略

生活必需品を購入する場合、消費者にとって価格は最も重要視されるものであり、価格決定は状況に応じて詳細に決定、また適時に改定される必要がある。

その戦略の主なものとして、EDLP（Everyday Low Price）があり、これはメーカーからの大量仕入を背景に、低い価格で仕入れ、一定期間ではなく常に低価格で商品を販売するというものである。いつでも安いという印象戦略により販促費の圧縮にもつながる。

一方、High and Low price戦略（ハイロー戦略）は、特売を活用するというものであり、曜日や時間帯によって目玉となる商品の販売価格を変更し、顧客を囲い込もうとする。わが国においては、新聞普及率が高く、新聞とともに配送されるチラシが消費者の購買活動に大きな影響を与えており、消費者はチラシを見比べ、その日の特売品を求めて店舗に足を運ぶ傾向がある。

また、近年では他社のチラシをもとに値下げに応じる店舗もあり、より一層競争が厳しいものとなっている。

④ 販売促進活動

販売促進活動は販売員を通じた人的な販売活動や、テレビや新聞などの媒体を使用する広告を通じた非人的な販売活動があるが、販売商品や販売ターゲット、商品を紹介するためのものであるのか、店舗イメージを創造するためのものであるのかといった目的等によって、その方法を使い分ける必要がある。また、インターネットの普及した近年においては、ホームページにおける販売促進活動の重要性が高いものとなっている。

第4節
コンビニ業の概要

1 コンビニ業とは

　コンビニエンスストアとは、一般的に主に食料品や日用雑貨などを年中無休で長時間の営業を行う形態の小売店舗のことであり、コンビニ、CVSなどと略されることが多い。本節では以降、コンビニとする。
　コンビニについては、統計または調査主体によってさまざまな定義がなされているが、経済産業省の商業統計によれば、次のような店舗と定義されている。

- 飲料食品を扱う
- 売場面積30㎡以上250㎡未満
- 営業時間が14時間以上のセルフ方式

2 コンビニ業の沿革

　コンビニとは、もともとアメリカでスーパーマーケットの補完的役割を目的として生まれた小売の業態である。すなわち、大型のスーパーマーケットでは対応できない少量の日用品を、営業時間等の制約なしに、タイムリーに購入したいという、より利便性を求める消費者のニーズに応える形で展開されたのである。これは、スーパーが低価格を武器に大量

販売を行うこととは異なるものである。

わが国においては、1970年代に㈱セブン－イレブン・ジャパンが初めて出店している。これは、㈱イトーヨーカ堂が米サウスランド社と提携して始めたものであり、以降、前述の大店法の施行を追い風に消費者のニーズとも合致し、コンビニ業は成長を続けてきた。

大店法の廃止後は、他の業態でも夜遅くまで営業する店舗が増え「年中無休の24時間営業」というコンビニ業の特権も消えたが、コンビニ業は多様な方向で消費者へのニーズに応える工夫をしている。

3 コンビニ業のビジネスモデル

(1) 概　要

コンビニ業は、前述のとおり、大型のスーパーでは対応できない顧客ニーズに応える形で展開されてきた。そのビジネスモデルの特徴としては、主として次のようなものが挙げられる。

- フランチャイズ契約による多店舗展開
- 日用品の定価販売
- 差別化およびさまざまなサービスの拡充
- パート、アルバイトの利用
- 情報システムへの投資

(2) フランチャイズ契約による多店舗展開

大手コンビニは、フランチャイズチェーン（FC）形式で多店舗展開を行っており、これはコンビニ業の大きな特徴といえる。FC事業は、短期間に多くの店舗を展開できる点にメリットがある。

① フランチャイズとは

フランチャイズとは、一般的に、ある事業者（フランチャイザー）

と、他の事業者（フランチャイジー）との間で、定型的な約款に基づき締結される取引契約関係のことをいう。日本フランチャイズチェーン協会によれば、次のような継続的関係をいうとされている。

> フランチャイザーがフランチャイジーとの間に契約を結び、
> ⅰ．フランチャイザーが自己の商標、サービスマーク、トレード・ネームその他の営業の象徴となる標識、およびノウハウを用いて、同一のイメージの下に商品の販売その他の事業を行う権利を与える。
> ⅱ．フランチャイジーは、事業に必要な資金を投下してフランチャイザーの指導および援助の下に事業を行う。
> ⅲ．フランチャイジーは見返りとして一定の対価（ロイヤルティ）を支払う。

具体的には、商標等を有する本部（フランチャイザー）が、そのチェーンに参加する加盟店（フランチャイジー）に対し、一定地域内の独占的販売権を与えサービスを提供する契約を締結し、その見返りとして加盟店からロイヤルティを受け取るようなものを称してFCという（図表1-4-1参照）。

図表1-4-1　フランチャイザーとフランチャイジーの関係

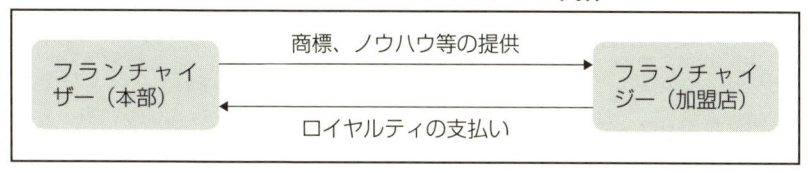

```
┌─────────┐　　商標、ノウハウ等の提供　　┌─────────┐
│フランチャイ│ ────────────────────→ │フランチャイ│
│ザー（本部）│ ←──────────────────── │ジー（加盟店）│
└─────────┘　　　ロイヤルティの支払い　　└─────────┘
```

なお、ここでいう権利とは、フランチャイザーがフランチャイズビジネスを運営するために開発した商品や仕組みのことであり、一般的には次の内容で構成される。

> ⅰ．フランチャイザーの商標、サービスマーク、チェーン名称を使用する権利
> ⅱ．フランチャイザーが開発した商品やサービス、情報など、経営上のノウハウを利用する権利
> ⅲ．フランチャイザーがフランチャイジーに継続的に行う指導や援助を受ける権利

通常、これらの権利は一つのまとまりとしてフランチャイジーに提供されるため、フランチャイズ・パッケージと呼ばれる。

図表1-4-2　フランチャイズ・パッケージの仕組み

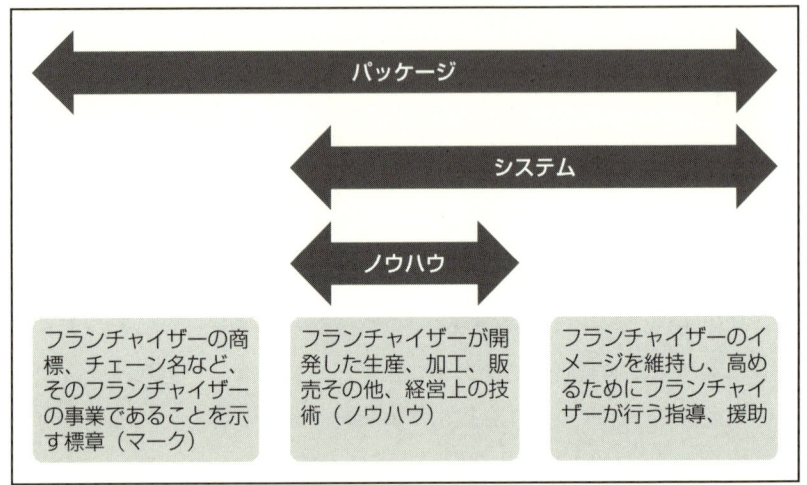

```
←――――――――――― パッケージ ―――――――――――→
         ←――――――― システム ―――――――→
              ←――― ノウハウ ―――→

┌─────────────┐ ┌─────────────┐ ┌─────────────┐
│フランチャイザー│ │フランチャイザーが開│ │フランチャイザーのイ│
│の商標、チェーン│ │発した生産、加工、販│ │メージを維持し、高め│
│名など、そのフラ│ │売その他、経営上の技│ │るためにフランチャイ│
│ンチャイザーの事│ │術（ノウハウ）　　　│ │ザーが行う指導、援助│
│業であることを示│ │　　　　　　　　　　│ │　　　　　　　　　　│
│す標章（マーク）│ │　　　　　　　　　　│ │　　　　　　　　　　│
└─────────────┘ └─────────────┘ └─────────────┘
```

（出典：社団法人日本フランチャイズチェーン協会ホームページ）

② フランチャイズのメリット、デメリット

　コンビニ業では一般的に、成功した直営店モデルをフランチャイズ店舗へ生かし、多店舗展開を目指すこととなる。これは、スーパーなどが直営店で構成されるチェーンストア展開を行うこととはまた異なるビジネスモデルといえる。

　フランチャイズビジネスにより、本部にとっては、加盟店が必要な資金を投下するため低コストで事業拡大が可能であり、加盟店にとっては、事業経験がなくとも本部からのビジネスノウハウ、本部のブランド力等により初期段階から安定的な経営が可能となる。また、本部で一括して大量仕入を行うことにより安定的かつ低コストで商品を調達することも可能である。

　ここで、本部機能として重要なものには、次が挙げられる（詳細は第2章第7節参照のこと）。

- マーチャンダイジング機能
- 販売促進機能
- 経営指導・教育機能
- 金融支援機能
- 情報機能
- 記帳税務代行機能
- システムサービス機能
- 物的流通機能

　一方で、本部にとっては、加盟店がフランチャイズ契約の内容に従わないなどにより、ブランドイメージが傷つけられるなどのリスクが考えられる。この点、フランチャイジーとは、通常その個人が投資リスク・事業リスクを負担する独立の事業者であるが、ブランド維持等に関する違反行為があった場合には本部側から契約控除できる条項が盛り込まれていることが考えられる。

　加盟店にとっては、本部のフランチャイズ契約の内容に従わなくてはならないため、店舗イメージ、取扱商品やサービス、営業時間などに制約を受けることとなる。また、通常のフランチャイズ契約では、本部の承諾がない限りその営業権を第三者へ譲渡してはならないとされており、さらに契約期間途中での事業終了には一定の条件がある。

　なお、加盟店の新規出店には比較的多額の投資が必要であり、フランチャイズ契約の内容や加盟者の選択にもよるが、その投資内容としては一般的に次のものが挙げられる。

- フランチャイズ加盟金（契約金）
- 土地・店舗の取得に必要な権利金、保証金、購入代金などの資金
- 店舗の造改築や内装設備に必要な資金
- 商品・原材料の調達に必要な資金
- 器具、備品、消耗品などの購入資金
- 人件費、開店経費、販促費、雑費などへの必要な資金

③　中小小売商業振興法

　中小小売商業振興法とは、商店街の整備、店舗の集団化、共同店舗等の整備等の事業の実施を円滑にし、中小小売商業者の経営の近代化を促進することなどにより、中小小売商業の振興を図り、もって国民

第1章 小売業の概要

経済の健全な発展に寄与することを目的とするものである(同法1)。

コンビニ業においては、FC事業は中小小売商業振興法11条の特定連鎖化事業として、その運営の適正化等が規定されている。これは加盟店を保護する立場から、フランチャイズ契約に際して加盟者が契約内容を十分に理解したうえで加盟できるよう、本部に対して契約事項に関する事前の交付や記載事項の説明をすることを義務づけている。

また、同法は一般的に「FC」事業を想定しているが、ボランタリーチェーンや代理店などの契約であっても、特定連鎖化事業の要件を備えるのであれば、同法の規定に従うこととなる。

④ 独占禁止法

フランチャイズ契約は、フランチャイザーとフランチャイジー間のさまざまな権利・義務関係を定める継続的取引契約であり、通常はフランチャイジーに対して一定の拘束がなされる。法的にフランチャイザーがフランチャイジーをどこまで拘束することが許容されるのか、これを規制するのが独占禁止法の不公正な取引方法に係る規制である(独占禁止法19)。

したがって、本部が自己の優越性を利用し、加盟店に対して不当に不利益になるような取引条件を強要するような場合には独占禁止法に抵触することが考えられる。

(3) 日用品の定価販売

① 多品種・定価販売

コンビニ業では、その小規模な店舗に比して非常に多くの種類の商品を取り扱っており、その店舗当たりの品目数は、食品や日用品を主としながらも3,500品目にも及ぶといわれている。

このように、コンビニ業においては、大量仕入による規模のメリットを生かしたコスト削減は見込むことは難しい。むしろその利便性を武器に定価販売を行うビジネスを展開している。

また、フランチャイズ契約の内容によっては、賞味期限が迫った食料品に対する値引販売も行われず、売れ残り品は各加盟店において廃棄負担することとなる。

② 定価販売の見直し

大店法の廃止に伴い、深夜まで営業を行うスーパーの出現や、消費者の低価格指向、昨今の消費不振に伴う競争激化から、コンビニ業においては定価販売の見直しの動きも出てきている。

大手コンビニでは、他業態を含む小売グループとしての共同仕入を行い、大量仕入によって価格交渉力を強化し、仕入先からの納入価格を引き下げることで販売価格の値下げを行うケースもある。

③ プライベートブランド（PB）の導入

コンビニ業においても、PBの開発、販売が行われている。

このようなPB商品は低価格で販売することが可能であり、この安価なPB商品で顧客を呼び込むことにより、他の商品の販売へつなげることもできる。

(4) 差別化およびさまざまなサービスの拡充

同業他社や他の業態との競争が激化する中、コンビニ業にとって商品戦略が重要であるのは当然であるが、周辺の顧客特性、立地条件、時間帯など、他の業態との差別化を図り、消費者のニーズに応じた柔軟な品揃えやサービス体制を整えることが必要である。

コンビニにおいては、各種収納代行やチケット販売の取扱い、宅配サービスなどさまざまなサービスを拡充しているが、近年の代表的なものとしては次のものが挙げられる。

① ATMの設置

消費者のニーズを受け、物販以外のサービスとして銀行ATM（現

金自動預払機）を設置するコンビニが増えている。これはコンビニATMとも呼ばれ、金融機関の店舗にあるATMと比較し、基本的に24時間稼働など大幅に営業時間が長く、取引金融機関の定める時間帯で利用することができるため、近年広く利用されている。

ATMを利用目的の顧客をコンビニへと誘致し、商品の販売へとつなげることを目指すことが考えられる。

② 生鮮コンビニ

生鮮コンビニとは、生鮮食品や日用雑貨品などの多くを100円前後などの均一価格で販売する小売業態をいい、従来のコンビニ、食品スーパー、ワン・プライス・ショップを統合したような店舗である。

競争激化の中、大手コンビニでは近年、新たな需要に応え生鮮コンビニという業態も手掛け始めており、生鮮コンビニは新業態として確立されつつある。

③ 電子マネー

決済の利便性などからEdy、Suica、WAON、PASMO、nanacoなどの電子マネーの利用が急激に普及してきており、コンビニ業においても電子マネー導入の動きが同様に進んできている。

これは、コンビニ側にとっても、電子マネーの利用により店舗内で取り扱う現金類が減少することから、内部統制上や防犯上のリスクを低減する効果が期待できるため、コンビニ業として積極的な普及を目指すことが考えられる。

④ taspo（タスポ）とたばこ販売

taspoとは、未成年者の喫煙を防止する目的で導入された、たばこ自動販売機の成人識別システムのことをいう。2008年3月から順次、全国のたばこ自動販売機はこの成人識別たばこ自動販売機へと変えられ、同年7月より利用が開始された。このシステムが導入された販売

機でたばこを購入するには、社団法人日本たばこ協会が発行する成人識別ICカードである「taspo」が必要となる。

　taspoを入手するためには所定の手続が必要であり、したがって、コンビニなどの小売店舗の店頭にて購入する顧客が増えるという「taspo効果」も一時期発生したといわれている。

(5) パート、アルバイトの利用

　人件費は主要なコストであり、これを抑えるためパート、アルバイトといった臨時従業員を、比較的多く雇用する傾向にある。

　特に、FCにおいては、店舗責任者であるオーナーとオーナーの家族以外はすべてパート、アルバイトであるというケースも考えられる。

(6) 情報システムへの投資

　コンビニ業においても、非常に多くの品種を取り扱うため適切な発注・在庫管理が必要であると同時に、タイムリーに顧客情報、売筋情報を把握し経営管理を行う必要がある。したがって、他の小売業態と同様に、より高度な情報システムへの投資は重要である。

① POS、EOSの利用

　コンビニ業においても広くPOSやEOSは普及しており、発注・在庫管理、経営管理に役立てられている。情報量が増大し、ますますスピードが求められる中、このシステムを含めたマーチャンダイジング機能を高めることは重要である。

② 電子マネーへの対応

　前述のように、電子マネーの利用は急速に進んでおり、電子マネーの利用に対するシステム対応は必要不可欠であるといえる。

(7) 他業態との提携

流通企業や他の専門小売店などとの資本提携や業務提携が多く行われるようになってきている。

コンビニ業においては、新たなサービスの展開や、共同仕入によるメーカーへの価格交渉力強化にもつながる。

4 業界動向

(1) 業界の概要
① コンビニ業市場

現在では、全国で4万店舗に及ぶコンビニ店舗が展開されている。

経済産業省による2007年の商業統計によれば、小売業の年間販売額の約135兆円のうち、コンビニの年間販売額は約7兆円となっており、百貨店、総合スーパーと並ぶほどの業態となってきた。

② コンビニ業の現状

成長を続けてきたコンビニ業ではあるが、近年は店舗数の増加が続き、飽和状態となってきている。コンビニ各社は店舗のスクラップ・アンド・ビルドに加え、新業態コンビニの展開や独自商品の開発などの差別化戦略により、競争力を高めることを目指している。

(2) 業界ランキング

わが国のコンビニ業における売上高を各系列別に上位4社をまとめると、次のようになる。

第4節　コンビニ業の概要

図表1-4-3　売上ランキング（チェーン全店）2010年2月期

企業名	系列	売上高（億円）
㈱セブン―イレブン・ジャパン	㈱セブン＆アイHD	27,849
㈱ローソン	三菱商事㈱	16,661
㈱ファミリーマート	伊藤忠グループ	12,737
㈱サークルKサンクス	ユニー㈱	10,510

　このように、コンビニ業における約7兆円の市場のうち、約9割程度のシェアを上位4社が占めている。また、この上位4社は小売グループとして大手流通企業の傘下にあることも特徴である。

(3)　業界再編

　コンビニ店舗が飽和し、消費低迷が続く中、コンビニ業においても業界再編につながる動きは活性化している。

　2004年には㈱シーアンドエス、サークルケイ・ジャパン㈱、㈱サンクスアンドアソシエイツの3社が合併して㈱サークルKサンクスが誕生した。それ以降も大手流通企業によるコンビニ企業の買収や提携なども相次ぎ、2009年12月には㈱ファミリーマートによる㈱エーエム・ピーエム・ジャパンの買収が完了している。

　近年のコンビニ業における主な再編状況は次のようになる。

図表1-4-4　コンビニ業における主な再編

時　期	内　容
2008年1月	㈱ローソンが㈱九九プラスの筆頭株主に
同上	㈱エーエム・ピーエム・ジャパンと丸善㈱の業務提携
2008年12月	三菱商事㈱とイオン㈱の資本・業務提携
2009年8月	㈱ローソンと㈱マツモトキヨシホールディングスの業務提携
2009年12月	㈱サークルKサンクスと㈱ココカラファインHDの業務提携
2010年3月	㈱ファミリーマートは㈱エーエム・ピーエム・ジャパンと合併

第1章　小売業の概要

(4) 業界団体

　コンビニ業に関連する業界団体としては、㈳日本フランチャイズチェーン協会、㈳日本ボランタリーチェーン協会がある。

① ㈳フランチャイズチェーン協会

　㈳フランチャイズチェーン協会とは、フランチャイズシステムの健全な発展を図ることを目的に、1972年に通商産業省（現・経済産業省）の認可を受けて設立されたものである。

② ㈳ボランタリーチェーン協会

　㈳ボランタリーチェーン協会とは、ボランタリーチェーンの育成助成をする公益法人として、1966年に通産大臣の認可を受け、民間唯一のVC啓蒙指導機関として設立されたものである。

5　コンビニ業におけるビジネスリスクと経営課題

(1) ビジネスリスク

　コンビニ業においては、次のようなビジネスリスクが考えられる。

① 需要動向

　事業展開している国内、海外の経済環境、景気動向、社会構造の変動や異常気象がもたらす消費動向の変化を受けやすく、その動向によって影響を受けるリスクがある。

② 競争激化

　近隣で大手コンビニおよび大手総合スーパー・食品スーパー等が、価格帯、品揃えなどで類似する事業を開始した結果、競争が激化するリスクがある。

③ 食品の安全性

　生鮮食品から惣菜・日配食品、加工食品等の商品の販売を取り扱うため、品質問題等により食品の生産、流通に支障が生じるリスク、またその結果信頼性を損なうなどのリスクがある。

④ フランチャイズビジネスに関するリスク

　FC事業を採用する場合、フランチャイズシステムを侵害する行為、加盟者や取引先による法令違反、不祥事等により、各種取引の停止やチェーンの信用失墜等が発生するリスクがある。

　また、当該システムは契約当事者の双方向の信頼関係により業績が向上するものであり、何らかの要因により信頼関係が損なわれ、多くの加盟店とのフランチャイズ契約が解消されてしまうリスクもある。

⑤ 法的規制

　食品の安全性、公正な取引、環境保護等に関する法規制の適用および行政による許認可を受けて事業を行っている。予期し得ない法的規制等が設けられたり、これら法的規制等による指導を受けたりした場合には、営業活動が制限されるリスク、信用失墜等が発生するリスクがある。

⑥ システムリスク

　グループ、取引先および店舗の間に情報システムを構築している場合に、この情報システムの障害やシステムを悪用した不正等により、商品の受発注、配送、販売、代行収納などのサービスの提供および業務の遂行等に支障をきたすリスクがある。

(2) 経営課題

　これまでのビジネスモデル、ビジネスリスクについての解説を受け、コンビニ業における今後の経営課題としては次のものが考えられる。

① 消費者ニーズの把握と対応

　店舗間や他業態との競争が激化する中で、周辺の顧客特性、立地、時間帯などを踏まえて消費者ニーズを掴み、それに応じた柔軟な品揃えやサービス体制を整えることは課題である。

　近年では、各種サービスのさらなる拡充、独創的な商品の開発、新業態への進出などが考えられる。

② 適切な FC 事業の運営

　事業を拡大するにあたっては、FC 事業の適切な運営は今後も課題となる。本部における指導機能を発揮しつつ FC 加盟店との適切な信頼関係を築き、自社のブランド力を維持できるよう努める必要がある。

③ システム利用による効率化

　コンビニ業にとって、経営管理面、効率化の面からより高度なシステムの構築と運用は重要な課題である。

　システムをより有効に利用することにより、物流コストの削減、欠品の排除、廃棄ロスの縮小、在庫効率向上へとつなげることができるのである。

第 5 節
家電量販店業の概要

1 家電量販店業とは

(1) 概　要

　家電量販店とは、テレビ、パソコン等の家電商品を大量に仕入れ、安価で消費者に提供することを基本戦略とする小売店をいう。
　大量仕入、大量販売という業容からわかるように、まさに薄利多売を生業としている業界であるが、取扱商品は季節物が多いうえに、家電メーカーが非常に短いサイクルでモデルチェンジを行うことから、大量に仕入れた新商品をいかに早期に売り切るかという販売戦略と、大手家電量販店同士の低価格販売競争が常態化している中、仕入値をいかに安くするかという仕入戦略が、利益獲得のキーとなっている。

(2) 家電量販店の分類

　家電量販店はその発祥の経緯から大きく次の二つに分類できる。

① ロードサイド型

　郊外バイパス沿いに大型駐車場を敷設して集客する型式であり、主なターゲットは、自家用車で来店するファミリーである。
（企業例）
●ディスカウンター発祥…㈱ヤマダ電機、㈱コジマ、㈱ケーズホール

ディングス等
- 地方大型店発祥…㈱エディオン、㈱ベスト電器、上新電機㈱等

② レールサイド型

ターミナル駅周辺にて集客する型式であり、主なターゲットは、鉄道機関を利用するサラリーマンや学生などである。

（企業例）
- カメラ量販店発祥…㈱ヨドバシカメラ、㈱ビックカメラ
- 専門店型発祥…㈱ソフマップ、ヤマギワ㈱等

(3) 家電量販店の取扱商品の分類

家電量販店の取扱商品は、一般的にAV家電、情報家電、生活・白物家電の3区分とその他（非家電）に分類される。

近年、パソコンを中心とした情報家電の取扱いが相対的に減少する一方、薄型テレビやブルーレイディスクといったAV家電の比重が高まってきている。

2　家電量販店業の沿革

(1) 沿革の概要

　現在の家電流通の主たるシェアは家電量販店が占めているが、ここに至るまでの家電量販店業の沿革の概要は、次のようになる。

図表1-5-1　家電量販店業の沿革概要

年代	主な動向
1950年代	メーカー系列の全盛期
1960年代	家電量販店の誕生
1972年	日本大型電気店連合会（NEBA）創立
1990年代	㈱ヤマダ電機、㈱コジマ全国出店
1997年	㈱コジマが売上高で業界トップになる
2005年	日本大型電気店連合会（NEBA）解散 ㈱ヤマダ電機が業界初の売上高1兆円達成
2010年	㈱ヤマダ電機が売上高2兆円達成

(2) 家電流通の成り立ち（メーカー系列）

　1950年代においては、戦後の高度成長のなか、三種の神器（白黒テレビ、冷蔵庫、洗濯機）そしてカラーテレビへの需要から、メーカー系列店が家電流通において大きなシェアを占めていた。

　この時代、家電メーカーは、家電小売店の系列化を推進することで家電小売店を囲い込み、流通経路を確保し、安定した需要に基づく効率的な生産を達成していた。また、自ら販売子会社を設立し、流通システムを商圏が重ならないように構築することで、商品の過剰供給による販売価格の下落を防止し、さらには小売価格をコントロールすることまで可能にしたのである。

　メーカー系列店となった家電小売店にとっては、単一の家電メーカーの商品しか販売できないうえに、仕入先がその地域の販売会社に限定さ

れるという制約があったが、高度成長期において商圏が保証され、家電小売店にとって系列から離脱する誘因はなかったといえる。

(3) 家電量販店の誕生

　高度成長期以後、消費者が一通りの家電製品を購入した後は、より自分の好みにあったものを購入するようになった。このような消費者のマインドの変化に伴い、家電小売店は複数の家電メーカーと取引することを要望するようになっていったのである。ここで、規模の拡大により従来の小規模メーカー系列店では行えなかった家電メーカーへの交渉力を持とうとする家電小売店が現れるようになり、これが家電量販店の誕生である。

(4) 日本大型電気店連合会（NEBA）の成長と解散

　メーカー系列店から家電量販店へと流通チャネルが変更していく中で、1972年に全国規模の大手家電量販店が参加する「日本大型電気店連合会」（NEBA（ネバ））が組織された。業界では、NEBAに加盟した家電量販店はNEBA店、加盟しない量販店は非NEBA店と呼ばれた。

　NEBAが組織された背景は、家電メーカーからの小売価格拘束などの圧力に対抗するためであった。NEBA連合は、1970年代から順調に売上を伸ばし、1990年代初めには家電市場の3分の1のシェアを有するに至ったが、1990年代に入り、家電市場の成熟、バブル後の消費の低迷の影響を受け、2000年をピークにその成長は止まり縮小し始めた。

(5) コジマ、ヤマダ電機の店舗戦略

　このNEBAに代わって台頭したのは、ローコスト経営で経営体質の強化を図った家電量販店である。その代表が非NEBA店の㈱コジマ・㈱ヤマダ電機である。

　㈱コジマ、㈱ヤマダ電機は1990年代半ば以降、全国に出店攻勢を推進した。1997年に㈱コジマは業界1位の売上高にまで成長し、2002年以

第5節　家電量販店業の概要

降は㈱ヤマダ電機が首位となっている。

　これらの背景には、1990年代に実施された大店法の緩和と大店立地法の施行が重要なカギを握る。

　㈱ヤマダ電機は前記二つの規制に沿って店舗開発を進め、規制が許す大型店をもって店舗展開を行ったのに対し、㈱コジマおよび旧NEBA店は、初期の大店法に従って店舗展開したため、㈱ヤマダ電機と比較して圧倒的に1店舗の総床面積が低い店舗戦略となった。

(6)　レールサイド型式店舗の躍進から現在へ

　㈱コジマ、㈱ヤマダ電機等がロードサイド型戦略を展開したのに対し、㈱ヨドバシカメラや㈱ビックカメラ等はレールサイド型戦略を展開した。両社とも非NEBA店である。

　従来、ロードサイド型とレールサイド型は、そのアクセス方式の違いにより顧客層も相違し、基本的に住み分けがなされていた。しかし、近年においては市場自体が成熟し、ますます顧客争奪が激しくなっており、大手家電量販店がシェアを拡大するための手法としてロードサイド型とレールサイド型を併用し、両型式間からシェアを奪い合う戦略に方針転換している状況にある。

3　家電量販店のビジネスモデル

(1)　概　要

　家電量販店業は、家電製品に特化して大量仕入・大量販売による低価格販売指向型のビジネスを展開する。

　そのビジネスモデルの特徴としては、次のものが挙げられる。

- 多店舗展開
- 低価格品の大量販売
- リベートを前提とした販売戦略

● 顧客の囲込戦略

(2) **多店舗展開**
① **ドミナント戦略による多店舗展開**
　家電量販店は、まさに陣取合戦を繰り広げてきており、このための基本戦略としてドミナント戦略をとっている。ドミナントとは「優位」「支配」を意味するが、ここでは「地域一番店」になることをいう。
　これは、一定の地域で絶対的な優位性を勝ちとることで、同業他社が新たにその地域へ進出することを困難とし、当該地域での安定的な利益獲得を図る考え方である。この戦略の優位性はローコスト経営に寄与することである。すなわち、特定の地域に集中出店しているため、配送センターの共有や配送ルートの効率化により物流コストを抑えることができ、さらに広告宣伝効果も店舗が集中していることで高くすることができる。
　家電量販店は、このドミナント戦略を行ってきた結果、複数の大手家電量販店がそれぞれ広域の独占地域を獲得するに至っている。

② **スクラップ・アンド・ビルド**
　出店戦略としては、既存店舗から基本的に撤退しない既存店舗ベース型と、販売状況等に応じて不採算店舗から撤退し、他方新規出店を繰り返すスクラップ・アンド・ビルド型の大きく2種類がある。
　同一地域への他の量販店の進出による競合が進むと不採算状態に陥る店舗が増加し、またスクラップ・アンド・ビルドを繰り返すことによって収益効率の高い店舗の保有割合が増え業績向上に寄与することから、近年はスクラップ・アンド・ビルド型の店舗経営戦略を採用する家電量販店が多い状況にあるといえる。
　なお、他社より集客を増やすためにはよりよい立地に積極的に店舗を移転する必要があり、新規出店と閉店が頻繁に行えるよう、1店舗当たりの投資額は非常に低く抑えられる傾向にある。

③ フランチャイズチェーン（FC）

家電量販店の多店舗展開にあたっては、FCを利用するケースもある。なお、フランチャイズの仕組みについては、第2章第7節を参照のこととする。

FC事業では、加盟店が自ら出店するため出店コストがかからずに事業拡大が可能であり、さらに仕入ボリュームの増加による価格交渉力の強化や後述する「取引金額のボリュームに応じたリベート」の獲得にも貢献することになる。他方、加盟店にとっても、フランチャイザーの有利な条件で仕入が可能になるとともに、自力では開発できなかったノウハウを安価で提供してもらうことができる。

フランチャイズシステムは、大手家電量販店と中堅量販店が相互にメリットを得ることのできる経営システムであり、㈱ヤマダ電機は1000店舗に近い加盟店を有し、業界2位の㈱エディオンにおいても700店舗を超える。

(3) **大量販売による低価格戦略**

家電量販店は大量仕入、大量販売による低価格戦略をとる業態である。同業他社や他の業態との競争が激化する中、次のような戦略によりさらなる競争力の強化へ向けている。

① ローコスト経営

大型量販店同士の低価格販売競争が常態化しており、家電量販店が利益を出すためには徹底的なローコスト経営が必要となる。「他店よりも価格が高い場合には、チラシ持参で値引きします」といった宣伝や、価格.comに代表されるインターネット情報により、消費者は商品価格について来店前に十分な市場調査を完了しており、店舗対応で厚利販売することは非常に困難といえる。むしろローコスト経営を突き詰めて販売単価を下げないと、利益どころか売上の確保すら困難になってしまうのである。

第1章　小売業の概要

　家電量販店におけるローコスト経営とは、仕入価格を低くすることと販売コストおよび一般管理コストを低くすることである。
　a　大量仕入
　　仕入価格を低くするためには、メーカーに対する強い価格交渉力が必要であり、それは大量仕入により達成されるといえる。業界トップの㈱ヤマダ電機は、店舗の大型化、地域量販店の買収等を通じて業界で初めて売上高2兆円超を達成した。
　b　派遣社員、協力会社社員の利用
　　家電量販店の代表的なコストとして人件費が挙げられる。家電量販店は基本的に店舗販売が主となるため人員構成としては販売担当者の数が一番多くなる。そのため人件費の高い正社員の店舗での登用は極力抑え、家電の専門知識や接客技術を有する派遣社員を活用するといったことでコストの低下を図っている。
　　また、協力会社（メーカー）社員による接客は最も販売増加に直結すると考えられ、双方のメリットとなるため積極的に活用されている。

② 物流戦略
　家電量販店は、効率的な店舗運営のために基本的に自社の物流システムを有している。複数のメーカーからの納品を店舗にて検品するのは非効率であるため、家電メーカーから物流センターへの配送時に商品を一括検品し、物流センターが各店舗に計画的に配送するという手法がとられている。また、自社物流センターを持つことで、複数の店舗の在庫を一括で管理することができ、コスト削減、在庫削減にも寄与している。
　なお、自社物流システムの構築には多大なコストが発生するため、最近は、メーカーが不要になった物流システムを活用したり、共同で物流システムを運用したりする方法もとられている。

(4) リベートの受取り

　家電メーカーと家電量販店との間で行われるリベート交渉は、自社の存続に影響するほどの重要な事項である。この交渉は、家電量販店の商品部が行うのが一般的であり、商品部には経験豊かなベテランが配置されている。業界では彼らのことを「バイヤー」や「マーチャンダイザー」などと呼び、家電量販店の中核業務を担っている。

　ここで、リベートとは一般的に仕入割戻しのことをいい、例えば設定した目標金額を達成した際に支払われるものである。このリベートが実に多様な形で設定されるのが家電業界の特徴的な点である。

　リベートの種類は大きく次の三つに分類される。

- 販売促進を目的としたリベート
- 在庫補償を目的としたリベート
- 取引先の各種要請に対応するために支払われるリベート

① 販売促進を目的としたリベート

　販売促進を目的としたリベートとは主として取引金額のボリュームに応じたものであり、事前に合意した商品(商品グループや特定商品)を対象に、一定の期間（月次、四半期、年次など）に行った取引金額（仕入金額や販売金額）について一定率を乗じて算定された金額を基礎として受け取るものである。

　この乗じる一定率については、単純に一定率の場合もあれば、達成した取引金額の規模に応じてリベート率が変動する場合もある。

② 在庫補償を目的としたリベート

　在庫補償を目的としたリベートとは、家電メーカーが在庫を自社で滞留させないために支払うリベートともいえる。

　近年、家電メーカーは、自社製品を非常に短いサイクルでモデルチェンジを行っており、新製品が発表された際には、旧モデルの売れ行きは落ちる。家電量販店はこのような旧モデルについては、在庫一掃セー

ルといった形で、大幅に値下げをして売り切る戦略をとることが多い。この際、家電メーカーとしても旧モデルを売り切りたいため、この家電量販店の値下原資を処分リベートとして負担するといったケースも生じる。

③ メーカーの各種要請に対応するために受け取るリベート

メーカーの各種要請に対応するために受け取るリベートは、協賛金や粗利補塡リベートと呼ばれる。例えば、新店舗をオープンする際の集客手段として安価にて特定商品を販売したり、その他、特定メーカーに焦点を当てたキャンペーン等が開催されたりすることがあるが、これらの負担を補塡するためにメーカーから支払われるものなどが該当する。

リベートの詳細については第2章第2節「❸リベート管理」にて触れるが、これらのリベートは家電メーカーと家電量販店の双方の複雑な戦略が絡んでおり、経験豊かなベテランでしか取り扱うことができない困難なものと化している。しかしリベート交渉で優劣を決するのは、担当者のスキルだけではなく、やはり家電量販店自体の家電メーカーに対する交渉力といえる。大量仕入能力、大量販売能力はリベート交渉においても有利な条件を引き出すために不可欠といえる。

(5) 商品による差別化の困難性

他の小売業態に比して家電量販店の取扱商品は特に差別化が困難である。取扱商品の一部にはPB商品もあるが、その売上構成比は非常に僅少であり、大部分がNB商品を中心に構成される。

消費者としてもできる限り安価で購入できる家電量販店を選択するのが通常であり、家電量販店各社はますます売上規模の拡大、大量仕入による仕入価格の低減等により低価格化を推し進めることとなる。

(6) 顧客の囲込戦略

　家電量販店業では、同業他社がひしめき合う中、多様な顧客の囲込戦略でシェアの維持を図る必要がある。

① ポイント制度とは

　家電量販店は顧客の囲込戦略としてポイント制度を広く展開している。ポイント制度とは、顧客が購入した価格に応じてポイントを付与し、基本的に次回の購入時にそのポイント分を現金と同等のものとして利用できるものであり、ポイントを取得した顧客が再度同系列店での購入を行うことを狙うものである。

② ポイント制度の多様化

　積極的に販売したい商品や特定日に対するポイントの付与率のアップ、ポイントの即時使用可能化や期限内再購入による当初期限の延長化、さらには他業界とのポイント共有、といったサービスも展開している。

　しかし、ポイント制度が非常に複雑になっていく中で、ポイント制度を縮小し現金値引きを厚くすることで、複雑なポイント制度に対応できない顧客を呼び込む戦略に変更する家電量販店も現れている。

③ 保証期間の延長サービス

　購入した商品の保証期間を延長するサービスにより顧客の囲込みを行う家電量販店もある。

　商品保証期間の延長とは、メーカーが設定した保証期間とは別に家電量販店が長期間の保証を行うものである。保証の付与にあたっては、継続会員であることを条件としたり、さらに所定の年会費ですべて保証対象とするなどの方法を採用している。

(7) 組織構造と業界再編

　家電量販店業界は歴史が浅く、町の電器店等が急激に多店舗展開していったという経緯から、オーナー（創業一族）が中心となるトップダウン式の組織形態となっている企業が多い。

　家電量販店業界には40％ルールといわれる商慣習があり、40％以上の資本関係を結ぶことによって家電メーカーから同一のグループとして共同仕入できるというルールがある。

　大手家電量販店であっても、企業単独での売上規模拡大・大量仕入の追求が限界にきており、大手家電量販店が業界再編へと動き始めている。このような中、40％ルールが業界再編の基本の形になると考えられるが、今後の動向には留意が必要である。

4　業界動向

(1) 業界の概要

① 家電量販店業市場

　わが国の家電製品需要は、約8兆円の規模があるといわれ、現在その流通の6割程度を家電量販店が占めている。その他の販売チャネルとしてはメーカー系列店やネット販売などがある。将来的にはネット販売チャネルがシェアを大きく伸ばすと推測されているものの、まだ家電量販店を追い抜くほどではない。

② 家電量販店業の現況

　前述のとおり、家電量販店業界ではロードサイド型店舗展開で㈱ヤマダ電機が圧倒的なシェアを得ており、それに追随するのが、㈱エディオンである。㈱エディオンは地域密着型の店舗展開を行っており、これらロードサイド型家電量販店に続くのがレールサイド型家電量販店の㈱ヨドバシカメラと㈱ビックカメラである。

第5節　家電量販店業の概要

近年、市場の上位を占める大手家電量販店が、さらなるシェア拡大を求め、ロードサイド型とレールサイド型を併用し、両型式間からシェアを奪い合う戦略に方針転換している状況にある。

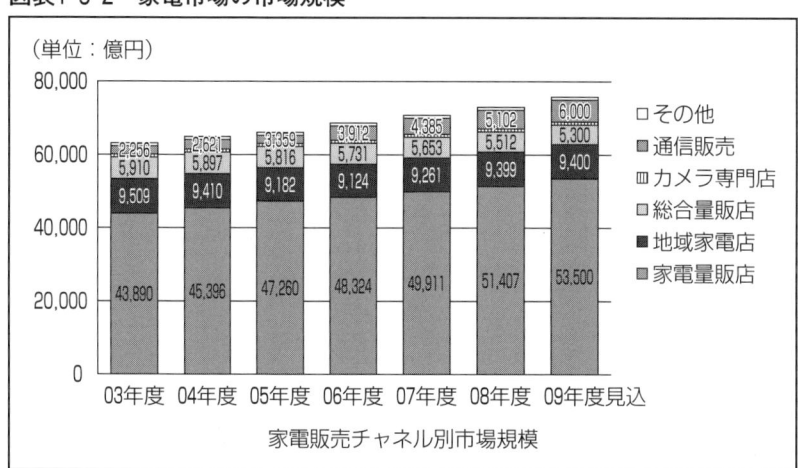

図表1-5-2　家電市場の市場規模

(単位：億円)

年度	家電量販店	地域家電店	総合量販店	カメラ専門店	通信販売	その他
03年度	43,890	9,509	5,910		2,256	
04年度	45,396	9,410	5,897		2,621	
05年度	47,260	9,182	5,816		3,359	
06年度	48,324	9,124	5,731		3,912	
07年度	49,911	9,261	5,653		4,385	
08年度	51,407	9,399	5,512		5,102	
09年度見込	53,500	9,400	5,300		6,000	

家電販売チャネル別市場規模

(出典：GfK Market Watch 2009年家電市場総括レポート)

(2) 業界ランキング

家電量販店の直近の売上高は図表1-5-3のとおりである。㈱ヤマダ電機が業界初の2兆円を達成している。売上規模の大きさが競争力の強さを表すこの業界では、㈱ヤマダ電機が圧倒的優位な地位にいるといえる。

図表1-5-3　売上ランキング

企業名	連結売上高	決算期
㈱ヤマダ電機	20,161億円	2010年3月期
㈱エディオン	8,200億円	2010年3月期
㈱ヨドバシカメラ	6,836億円	2010年3月期
㈱ケーズホールディングス	6,486億円	2010年3月期
㈱ビックカメラ	5,891億円	2009年8月期

(3) 業界再編

わが国の家電市場は、AV家電のテレビ、情報家電のパソコンや携帯電話、白物家電の冷蔵庫、洗濯機、エアコンなどが主たる商品といえるが、これらの商品の普及率は既に100％に近い状況にあり、今後は買替えによる需要しか見込めない状況になっている。

家電メーカーは、事業の「選択と集中」を行い、特定事業からの撤退や取扱商品を絞込みを行った結果、品種ごとに上位メーカーに売上が集中するという寡占化が進んできていると同時に売上下位の企業はシェア減少で家電メーカーとの交渉力が弱まり、上位と下位との差が加速的に広がってきている。係る状況を打破すべく、大手同士の合従連衡の動きがある。2002年に広島のデオデオ、名古屋の㈱エイデンがエディオングループを形成、2005年に兵庫県の㈱ミドリ電化と統合し業界2位となった。また2008年には㈱ビックカメラが㈱ベスト電器への出資比率を引き上げて持分法適用会社としビック・ベスト連合が誕生した。

現在、ヤマダ電機が圧倒的な規模を確保しているが、その他大手家電量販店に位置づけられる家電量販店企業も今後さらなる合従連衡を進めていく必要があるといわれている。

(4) 業界団体

家電業界を全般的に管理統括する業界団体は、現在存在していない。過去には、1972年に設立された日本電気大型店協会（NEBA）があったが、㈱ヤマダ電機、㈱コジマ、㈱ヨドバシカメラ、㈱ビックカメラ等の大手家電量販店は加盟せず、2005年8月末をもって解散に至っている。

ただし、電機メーカーや業界団体、電器店の商業組合などが加入する全国家庭電気製品公正取引協議会があり、ここには前述の主要な家電量販店も加盟している。

5 家電量販店業におけるビジネスリスクと経営課題

(1) ビジネスリスク

① 業界特有のリスク

　前述のように家電量販店業界には、業界を全般的に管理統括する業界団体が存在しないところ、主要家電量販店各社による安売り競争が激化している環境下にある。

　このような中、近年、メーカー派遣販売員、リサイクル法、ダイレクトメールに関連し諸問題等が発生している。したがって、新たな業務規制が設けられると、企業の業績に多大な影響を及ぼす可能性がある。

② 需要動向

　個人消費、ボーナスシーズンや年度末等の季節的要因や気候的要因、イベント開催に伴う需要の変動を受けやすいという特性がある。

　これらを正確に予測することは非常に困難であり、予測が大きく外れた場合には企業の業績に多大な影響を及ぼす可能性がある。

③ 法的規制

　家電量販店はさまざまな法的規制を受けている。特に、店舗面積が、1,000㎡を超える新規店舗の出店ならびに既存店舗の増床等による変更においては、大店立地法に基づき地方公共団体による審査を受ける必要がある。このため、地方公共団体の審査結果は、家電量販店の店舗戦略に大きく影響することになる。

　また、独占禁止法に基づく大規模小売業告示による規制は、大手家電量販店も適用対象となるが、この規制が、従来の家電量販業の取引慣行にまで影響を及ぼすことになれば、仕入戦略やシェア拡大戦略にも大きく影響が生じることになる。この他、「不当景品類及び不当表

示防止法」（景品表示法）、「下請代金支払遅延等防止法」（下請法）、また、家電リサイクル法等の適用対象となる。

　各種法令の改正が行われた場合や、規制当局による法令解釈が厳しくなる場合には企業の業績に多大な影響を及ぼす可能性がある。

④　消費者からの高い要求

　わが国の消費者の商品選択基準は非常に厳しいといわれており、消費者は数多くの機能を商品に求め、さらに品質、サービスについての要求も厳しく、特に店舗での接客についても要求が厳しい。

　家電量販店においては、これら消費者の要求に応える商品を取り揃えなければならないうえに、店舗での接客も強化しなければならない。消費者の店舗評価はネット等を通じて、広く共有されるため、これに失敗した場合には店舗売上に大きく影響することになる。

⑤　個人情報の取扱い

　大手家電量販店は、ポイントカードの発行やクレジットカードの募集により、非常に多くの顧客の個人情報を取り扱っている。これらの情報管理には社内管理体制を強化することで対応しているものの、不測の事態で個人情報が漏えいした場合には、その補償だけでなく、ブランドイメージの低下により著しく業績を悪化させるリスクがある。

⑥　店舗開発の困難性

　家電量販店は、店舗開発にあたり、商圏世帯数、交通アクセス、競合状況等といった商圏の状況を分析し、出店の有無、店舗規模の意思決定を行っている。ローコスト経営の徹底が競争力に直結するため、ターゲット商圏にマッチする店舗開発が必須となる。商圏に比して大きくても小さくても、コスト競争で敗北するおそれがある。

　しかし、競合先の出店や、道路・交通アクセスの変更等、出店時点では織り込んでいない事態が発生する可能性が常にあり、状況次第で

は、店舗売上が減少するだけでなく、退店に伴う多額の損失が発生するおそれがある。

(2) 経営課題
① 新規需要の創造
　家電需要を支えてきたのは、テレビやレコーダーといったAV家電であった。特にテレビに関しては、2011年7月のアナログ放送終了に伴う買替えと、2009年からのエコポイントによる購入推進が成果をあげ、足元のテレビ市場は活性化したためである。
　家電量販店や家電メーカーが現在力を入れているのが新規の需要の創造である。特に普及率の低い理美容・健康機器等の普及率向上やさらには家庭用ロボットといったものも商品化が進むと期待されている。
　なお、政府が環境・省エネ商品について政策を伴って普及率を高くする動きも期待され、家庭用ソーラー発電システムなどが注目されている。

② 家電量販店発の差別化戦略
　家電量販店各社は、従来は大量仕入を背景に家電メーカーに対して強い影響力を有していたが、新規需要の創出を家電メーカーの開発力に期待するとなると、今後はその影響力が弱くなる可能性があり、リベート制度など家電メーカーの利益を家電量販店に還元する商慣習が、今後は様変わりすることもあり得る。
　このような中で、家電量販店は、小売店の立場で新たな付加価値を創造することが必要である。
　a　開発サポート
　　例えば、店舗販売から得られる情報を家電メーカーにフィードバックすることで、家電メーカーの新商品開発をサポートすることである。現在、家電量販店は、店舗販売で入手できる情報をもとに、

家電メーカーと共同でPB商品の開発を行っているが、これは既存の商品のマイナーチェンジの域を出ることはなく、家電メーカーの研究開発にはとても及ばない。したがって、家電メーカーへの情報のフィードバックについても再検討する余地があるといえる。

b　ネット販売

ネット販売は、販売価格を低くすることができるが、いまだ家電流通に占めるシェアは低い。単に安値なだけでは消費者の心をつかめないということである。

しかし、インターネットの環境が整っていく中、ネット販売はこれから成長する販売チャネルといわれている。ネットを使いこなせる消費者は、商品説明や現物確認は家電量販店の店頭で行い、実際の購入はネット販売で行うことが想定される。このような購入方法を選択する消費者に対していかに対応するかは重大な課題である。

c　高齢者向けの対応

わが国は高齢化が進んでおり、店舗に足を運ぶことが困難な高齢者が増えてきていることも無視できない。したがって、広範囲の高齢者をサポートできる仕組み作りが必須といえる。

近年、㈱ヤマダ電機は、大型店の新規出店を抑制するとともに、自ら地方に小規模小売店を出店する戦略を開始している。既存のFCと商圏を住み分け、自社店舗とのシナジー効果で物流費を削減し、小規模店舗でもローコスト経営を徹底しようという計画である。同様の動きは、業界2位の㈱エディオンにもみられる。

③　家電量販店の再編と海外需要の獲得

わが国の家電メーカーはグローバルで売上を拡大させており、家電量販店もこれに追随する必要がある。家電メーカーの経営課題は、そのまま家電量販店の経営課題であり、実際、市場の成長が期待される中国、インド、タイ、ベトナム、ロシアといった国への出店が検討されはじめている。

海外進出の際の課題は、まずさらなる規模の拡大の追求といえる。グローバルで展開している海外家電量販店の売上は3～4兆円であり、これに比例する規模でないと価格競争力の面で海外企業とは戦えないといわれている。
　次に文化の違いに伴う消費者嗜好の相違が挙げられる。安値は非常に重要な要素ではあるが、店舗販売を行うにしろ、ネット販売を行うにしろ、消費者のニーズに合ったサービスが提供できなければ、海外での競争に勝つのは非常に困難といえる。

第6節
ドラッグストア業の概要

1 ドラッグストアとは

(1) ドラッグストアの意義

　ドラッグストアとは、一般的に薬局または店舗販売業の認可を受け、風邪薬、胃腸薬等の一般用医薬品(いわゆる大衆薬)の販売のほか、日用品、食品、化粧品等を主に取り扱う小売店舗をいう。

　なお、薬局とは、薬事法に基づき医療用医薬品について医師の処方箋に基づき薬剤師が処方するといった調剤行為が認められた店舗をいい、ここではすべての医薬品を販売することができる。

　ドラッグストアの形態として、このような薬局を併設している店舗と、薬に関して大衆薬に特化している店舗の双方がみられる。

　医薬分業体制においては医師による診断と薬剤師による薬の処方という役割分担を行うため、薬局の果たす役割が大きくなっている。ドラッグストアを営む企業においても自前で薬局の併設店舗あるいは調剤専門薬局の出店を促進させるほか、薬局を専業とする企業と業務提携を進める例も増えている。

　店舗販売業は平成21(2009)年6月の改正薬事法施行前は、一般販売業と薬種商販売業に分類され、前者は薬剤師により、後者は薬種商という資格を付与された店舗により販売が行われるものとされていた。全国にチェーン展開しているような企業は前者が多く、後者は取扱品種に制

約があるため、比較的小規模な企業が採用していたケースが多い。

改正後は登録販売者制度の導入により薬種商は段階的に廃止され、店舗販売業として一本化されている。

(2) 平成21年改正薬事法

ドラッグストア業界は、近年特にM＆Aによる事業再編が活発に行われているが、その要因として2009年6月の改正薬事法の影響が非常に大きい。

従来、大衆薬についても原則として薬剤師による販売が必要とされており、店舗ごとに必ず薬剤師が配置される必要があった。そのため、業界内で、さらには病院や製薬企業等他分野との間でも薬剤師の争奪戦が繰り広げられたため、ドラッグストア業の収益基盤の維持・拡大のために不可欠である薬剤師の確保が困難であり、この点が他業界からの参入の際、一種の障壁となっていた。

しかし、規制緩和の一環として行われた2009年6月の薬事法改正により、医療用医薬品の調剤については従来どおり薬剤師による必要があるが、大衆薬については、副作用リスクに応じて三つに分類したうえで最もリスクが高い第1類を除き、登録販売者という新たな資格保有者により販売できるものとされたのである。

登録販売者は医薬品販売実務を1年以上経験している等の要件を満たせば受験資格を有することから、薬剤師が現在、大学の薬学部において6年制課程を義務づけられているのに比べて、その確保が容易であり、これを契機にコンビニやスーパー、家電量販店、ホームセンター等他業態からの新規参入も促進されることとなったのである。

第1分類とカテゴライズされる医薬品は市場規模でいうと大衆薬全体の5％にも満たないとされており、95％以上につき登録販売者による販売を可能としたこの法改正は、大衆薬を主力商品とするドラッグストア業界に非常に大きなインパクトをもたらしたといえる。

このような改正動向を踏まえ、ドラッグストア業界では、数年前より、

M＆Aや業務提携による事業再編を繰り返し、企業規模を拡大することで価格交渉力を強化し、他業界や他業態からの参入に備えるといった事例が頻繁に見受けられることとなった。

2　ドラッグストア業の沿革

(1) 米国の歴史

　ドラッグストアは1900年前後に米国で誕生したとされており、当初は街の雑貨屋を兼ねた比較的小規模なものからスタートしている。その後、ショッピングセンターへの進出を経て、1970年代にはいわゆるスーパードラッグストアが台頭し、ワンストップショッピングとしての機能を有する大規模なドラッグストアが現れた。

(2) わが国におけるドラッグストア業の沿革

　わが国においては、ドラッグストアの歴史は非常に浅く、米国のドラッグストアをモデルとした店舗が現れたのは30年程度前ともいわれており、少なくとも台頭してきたといえるのはここ十数年である。

　当初は街の薬局の延長線上であった小規模なドラッグストアはチェーンストア展開により台頭してきた。その台頭要因としてまず挙げられるのが、医薬品の販売に薬剤師が不可欠としていた薬事法である。

　さらに、消費者への販売が基本的には現金取引で行われる一方で、問屋等の仕入先に対する支払サイトは手形等の利用により比較的長期であることが一般的であったことから、手元資金を新規出店へ投資することが可能であったという点も挙げられる。

　また、かつて小規模商店の保護を目的とした大店法が1994年に緩和されたことを受けて、スーパー等の大型化が進んだ結果、ドラッグストアが代わりにスーパー等の跡地を安く買い取り、出店を加速していったともいわれている。

これに伴い、医薬品の販売に特化していたドラッグストアが、日用品等の医薬品以外の品揃えを行うようになった。

以上のような経過を経て、現在のドラッグストアの基本型が形づくられたといえる。その後は基本的に薬事法による保護の下、市場規模の拡大という追い風もあり、勢力の拡大を図ってきた。

しかし、前述のとおり、2009年6月の改正薬事法による登録販売者制度の導入で、他業態からの参入による競争激化がはじまった。この一大変革に対応する形で、今現在も異業種間を含むM&Aや業務提携等による業界再編が繰り広げられており、またサービスの差別化を図るためのさまざまなビジネスモデルの模索が行われている。

3 ドラッグストア業界のビジネスモデル

(1) 概　要

ドラッグストアにおける基本的なビジネスモデルは医薬品を中心に化粧品、ヘアケア商品等の美容関連商品、洗剤、ベビー用品、食品、衣料等の日用品を多店舗展開によって消費者に販売するというものである。

そのビジネスモデルの特徴は、次のようになる。

- 多店舗戦略
- ポートフォリオ戦略とその見直し
- 調剤事業による差別化戦略
- リベートの受取り
- 情報システムの利用

(2) ドラッグストア業界の多店舗戦略

ドラッグストア業界においても、主としてチェーンストアにより多店舗展開を図るが、その店舗形態や出店戦略には次のような特徴がある。

① 店舗形態

店舗形態は、駅前や駅構内等都心における比較的小規模なものから、郊外のロードサイド型あるいは同じく郊外でも複合型商業施設内へのテナント出店型や住宅街出店型等いくつかのパターンがある。

商圏は店舗形態にもよるが、住宅街型で、交通手段を問わずいずれも10分以内程度と小商圏であり、販売戦略としても小商圏の顧客に継続利用してもらうことを目的とする戦略がとられる。

② 出店戦略

店舗の業績は立地条件に大きく左右されるが、小商圏戦略をとることから比較的近接した地域に出店することで、店舗名の浸透や物流の効率化を図るドミナント戦略がとられる。

③ その他の経営形態

主としてチェーンストア展開が図られるものの、その他の経営形態も利用されており、フランチャイズチェーン展開や、より緩やかなつながりであるボランタリーチェーン展開、あるいは業務提携先に対して、商品を供給する卸売業を行う場合もある。

(3) ポートフォリオ戦略

① 従来の販売戦略

ドラッグストア業界では、大衆薬と化粧品や日用品等の販売が中心となっている。すなわち、2009年の薬事法改正前までは、薬事法により保護されていた医薬品の販売で高い利益率を確保する一方で、美容関連商品や日用品等の値下げによる低価格販売を行い、定価販売のコンビニ等と差別化を図ることで、集客効果を狙うといったいわゆるポートフォリオ戦略が一般的にとられていた。

なお、集客目的の低価格商品については、ハイロー戦略とEDLP戦略がある。

利益を確保するうえでは、利幅が大きな商品から集客目的の低価格商品まで、利益率の大きく異なる商品群のセールスミックスをどのように意思決定するかが非常に重要となる。

② 戦略の見直し

改正薬事法の施行により、医薬品の価格競争が激化することは不可避であり、こういった従来の価格戦略も見直しを迫られることになると考えられる。

ここで、近年特に注目されているのが調剤事業である。

調剤事業とは医療用医薬品について、医師の処方箋に従って、薬剤師が処方することを指すが、薬事法改正後も登録販売者による処方は認められておらず、薬剤師の資格が必要とされていることから、従来から薬剤師を確保しているドラッグストアにとっては、その優位性を発揮し得るビジネスとして期待されているのである。

なお、調剤売上の場合、保険が適用されるため、患者負担分は現金で収受するものの国等が負担するものについてはいったん売掛金として計上され、概ね2か月程度で回収されることになる。

(4) 仕入に関する取引慣行

① 流　通

ドラッグストアでは、主として医薬品とそれ以外の日用品（医薬部外品や化粧品等）を販売商品として取り扱うが、その流通経路については同様である。すなわち直接製造メーカーから仕入れる場合と卸売企業から仕入れる場合がある。

② リベートの受取り

仕入取引の特徴として、リベートによる割戻しが多額であるといった点が挙げられる。

契約で一定率が定められているリベートから、特定の期間内に一定

量以上の販売が行われた場合に仕入先から支払われる達成リベート等、さまざまである。

リベートは特に医薬品業界の慣行として古くから行われているが、医薬品にとどまらず、化粧品についてもいわゆる制度化粧品等で多額のリベートがメーカーから支払われることが多い。なお、制度化粧品とは、化粧品メーカーが自ら販売員を店舗へ派遣して顧客への対面販売を行うようなものをいう。

このほか、各店舗への商品配送に関する物流コストについて、仕入先に請求する形で物流リベートとして受け取ることもある。

(5) 情報システムの利用

ドラッグストア業界においても、その取扱商品は非常に多岐にわたるため、EDIシステム等の導入により発注から支払いまですべてオンラインで行うといったようなIT化が進んでいる。

店頭での販売に関してもPOSシステムの利用が普及している。

さらに在庫の受払いについても店舗のPOSシステムや購買システムであるEDIと連動させる等、同じくIT化が進められている。

(6) 新たなビジネスモデル

改正薬事法は急激な環境変化をもたらすことから、従来のビジネスモデルを見直す契機ともなっている。

前述のとおり他業態に対する優位性を持ち、高い利益率を確保できる調剤事業に注力する戦略も有力であるが、さらに訪問介護や治療施設支援といった分野への進出や、栄養士を配置し健康状態に応じて食事内容の指導を行うといったサービスを展開している企業もある。

一方、医薬品のインターネット販売については、改正薬事法により規制が強化され、副作用リスクの低い第3類以外の販売は禁止されることとなったため、この分野での今後の展望は望めないものと考えられる。

(7) 組織構造の特徴と持株会社

　組織構造の特徴としては機能別に、商品の買付けおよびこれに伴うリベート交渉を含む仕入価格の交渉を担当する購買部（あるいは商品部）と店舗用地の選定・確保等を担当する店舗開発部および店舗運営を担当する営業部が中核部門であるといえる。

　またグループ経営の観点からみた組織の特徴としては、特にM＆Aを繰り返している比較的規模の大きな企業について持株会社の形態を採用していることが多いという点が挙げられる。

　持株会社とは、株式の所有による他社の支配を事業目的とし、持株会社の下に複数の事業会社を傘下にいれる組織形態である。これは戦略と事業を分離することで経営効率を上げることを目的とするが、特にM＆Aを活発に行っている場合に、買収企業を次々に傘下にいれていく中で、親会社である持株会社が経営資源の配分や次のM＆A戦略の検討に専念することができるという意味で有効である。

　ドラッグストア業界以外でも広く採用されている組織形態ではあるが、M＆Aを繰り返して事業再編が行われている当業界においては持株会社化へ移行している事例が多く見受けられる。

4　業界動向

(1) ドラッグストア業界の概要

　ドラッグストア業界の市場規模は右肩上がりで拡大しており、2000年度には2.6兆円だったものが2009年度には5.4兆円と、ここ10年間で2倍以上の成長を遂げている。

第1章　小売業の概要

図表1-6-1　売上総計の推移

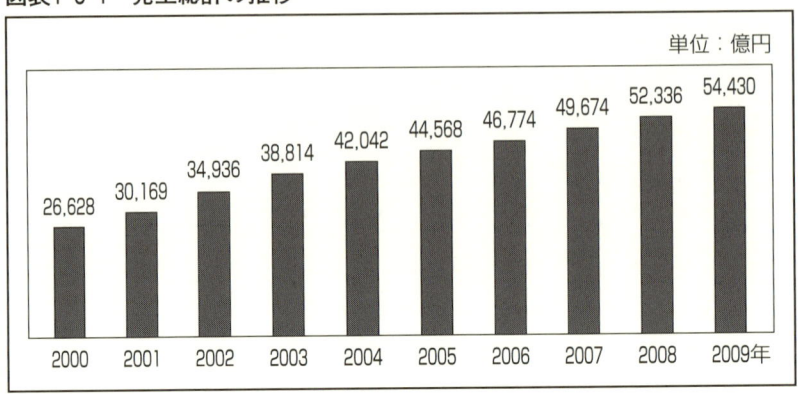

単位：億円

年	売上（億円）
2000	26,628
2001	30,169
2002	34,936
2003	38,814
2004	42,042
2005	44,568
2006	46,774
2007	49,674
2008	52,336
2009	54,430

　ドラッグストア業界は従来から比較的中小規模の企業が乱立していたが、ここ数年、改正薬事法への対応策の一手段としてM&A戦略を採用する企業が多く、上位企業は拡大傾向にあり寡占度合いも高まっている。

　さらに再編の動きは業界内にとどまらず、コンビニあるいは調剤薬局等との業務提携や資本提携といった他業界との連携も進んでいる。

　ここ数年の主なM&Aあるいは業務提携の動向は次のとおりである。

図表1-6-2　最近の業界動向

時期	内容
2007年3月	㈱スギ薬局がディスカウントストアの㈱ジャパンを完全子会社化
5月	㈱ツルハHDが㈱CFSコーポレーションと資本・業務提携
2008年1月	㈱CFSコーポレーションと㈱アインファーマシーズが経営統合を断念
4月	セガミメディクス㈱と㈱セイジョーが共同持株会社㈱ココカラファインHDを設立して経営統合
8月	㈱マツモトキヨシHDが㈱ローソンと業務提携
10月	㈱マツモトキヨシHDが日本調剤㈱と業務提携に向けた協議を開始
12月	㈱ココカラファインHDが㈱サークルKサンクスと業務提携
2009年9月	㈱マツモトキヨシHDが日本調剤㈱と業務提携協議中止

2009年9月	㈱サンドラッグが㈱星光堂薬局を子会社化
12月	㈱サンドラッグがディスカウントストアのダイレックス㈱を子会社化
2010年10月	㈱ココカラファインHDと㈱アライドハーツHDが合併。

(2) 業界ランキング

直近の決算期における主な各上場企業の業績等は次のとおりである。

図表1-6-3　主な業績、財政状態、経営指標等

会社名	決算月	売上高 (百万円)	経常利益 (百万円)	売上高成長率(%)	経常利益成長率(%)	売上高経常利益率(%)	総資産 (百万円)	純資産 (百万円)	自己資本利益率(%)	現金同等物 (百万円)
㈱マツモトキヨシHD	22/3	393,007	16,852	0.1	−6.3	4.2	209,503	103,219	7.37	11,222
スギHD㈱	22/2	293,511	12,277	7.8	−9.7	4.1	124,888	74,570	7.15	21,700
㈱サンドラッグ	22/3	284,112	16,485	22.1	8.9	5.8	130,253	69,343	14.39	12,631
㈱ツルハHD	22/5	279,763	12,928	11.0	14.0	4.6	131,057	73,151	9.37	26,680
㈱カワチ薬品	22/3	232,300	7,786	−0.7	−5.1	3.3	166,458	85,664	4.38	23,037
グローウェルHD㈱	21/8	198,928	5,904	−	−	2.9	86,867	26,912	8.28	8,294
㈱ココカラファインHD	22/3	190,957	7,069	12.2	−2.8	3.7	79,679	45,997	9.38	10,153

（注）● 各指標等で最も上位の箇所は濃い網かけとしている。
　　　● 売上高成長率および経常利益成長率について、直近決算期がグローウェルHDは設立後初めての決算であり、クリエイトSDは連結初年度であることからそれぞれ記載していない。

(3) 今後の展望

こうした経過を経て、現在は他業態も含めた企業間競争が激化しているが、ドラッグストアの市場規模自体は高齢化社会や医薬分業の進展、医療費削減を目的としたセルフメディケーションの推奨といった流れを背景に成長を続けている。近い将来、百貨店やコンビニの市場規模に並ぶのではという見方もある（日本チェーンドラッグストア協会調べ）。なお、セルフメディケーションとは病院に頼らず自分自身の健康に責任を持ち、軽度な身体の不調は自分で手当てすることをいうと世界保健機関（WHO）は定義している。

また、改正薬事法施行後も調剤業務は薬剤師に限定されているため、従来からの強みを生かして調剤事業の強化に乗り出す企業もある。
　このほか、PB商品の開発や、医療用医薬品から大衆薬へ転用されたスイッチOTCの販売強化、さらには医薬品のみならず、化粧品の対面販売等美容部員によるコンサルテーション、サプリメント等健康食品の品揃えと豊富な商品知識の提供といった施策により、付加価値を高めることで異業種も含めた競争の激化に対応している。

(4) 業界団体

　ドラッグストア業界における業界団体としては、日本チェーンドラッグストア協会がある。同協会は、ドラッグストア業界の産業化推進、業界の発展・育成に必要な情報の提供、消費者・産業界・行政に対する提言を行うことを目的としてさまざまな活動を行っている。
　正会員数は185社、14,743店舗で会員企業の売上総計は4兆4,839億円と市場規模の約8割を占めている。(2010年4月時点)

5　ドラッグストア業のビジネスリスクと経営課題

　ドラッグストア業界は医薬品の取扱いと多店舗展開という特徴を有しているが、薬事法の改正といった背景も踏まえ、現状においてビジネスリスクとして認識されるものは次のとおりである。

(1) ビジネスリスク
① 法規制
　　a　薬事法による規制
　　　　薬事法上、医薬品の販売にあたって、医薬品販売業許可、薬局開設許可、保険薬局指定などの各都道府県による認可等が必要とされるためこれらの法令改正等が店舗営業に影響を及ぼすリスクがあ

る。

　また2009年6月の登録販売者制度の導入といった薬事法改正のように、医薬品の販売に関する規制緩和が行われると業績に重要な影響を及ぼすリスクがある。

　b　出店に関する規制

　　大店立地法において売場面積が1000㎡超の店舗の新規出店あるいは増床については都道府県等への届出が必要とされるため、これにより当初計画の変更、遅延等が生じるリスクがある。

② 薬剤師および登録販売者の確保

　医薬品の販売は薬剤師または登録販売者によって行われる必要があり、また調剤業務については薬剤師の配備が必要とされるため、これら資格保有者の確保ができない場合、計画どおりの出店を行えないリスクがある。

③ 調剤業務

　a　調剤過誤

　　調剤ミスにより訴訟や行政処分を受け、また社会的信用が低下することで業績に影響を及ぼすリスクがある。なお、こういったリスクに備え賠償責任保険に加入している企業も多い。

　b　調剤収入

　　調剤収入は、健康保険法に定められた公定価格である薬価基準および調剤報酬の点数をもとに算出されるため、薬価基準や調剤報酬の改定が行われた場合、業績に影響を及ぼす可能性がある。

④ 出店政策

　同業他社や他業種との競合あるいは賃貸人との交渉状況により、条件に見合う好立地の物件を取得できない場合は出店計画に影響を及ぼす可能性がある。

また、店舗賃貸借契約に基づいて保証金あるいは敷金等を差し入れている場合が多いが、賃貸人の経済的破綻や早期退店による中途解約により回収できない可能性がある。

⑤ 個人情報

調剤業務に伴う患者情報やポイントカード発行に伴う顧客情報などの個人情報を保有しているため、これが漏えいした場合に社会的信用が低下し業績に影響を及ぼすリスクがある。

⑥ M&A

成長戦略の一環としてM&Aを行うことが多いが、必ずしも当初想定したとおりの利益やシナジー効果が得られるとは限らず、逆にマイナス効果を及ぼす可能性もある。

(2) 経営課題とその対処

改正薬事法の施行後、当初の予想どおり業界内およびコンビニ、ホームセンター等の他業態との競争は激化しており、景気低迷による消費者心理の冷え込み等も拍車をかけ、苦戦を強いられている企業は多い。

高齢化社会、医薬分業の進展、セルフメディケーションの浸透といったポジティブな要因はあるものの、そういった追い風に乗るためには、的確な現状把握により課題を認識しこれに対処していく必要がある。

① 商圏内顧客の固定化と来店頻度の向上

ドラッグストアは小商圏であることから、商圏内の顧客確保と来店頻度の向上が最重要課題といえる。

昨今、常連顧客いわゆるロイヤルカスタマーの獲得策としてポイント制度を採用することが他の小売業態においても急速に普及しているが、ポイント促進キャンペーンのみに傾斜すると、結局は過当競争に陥ってしまう。

このような課題に対処するためには、企業と消費者双方にとっての適正価格を模索することはもちろんだが、薬剤師や登録販売者が専門性を発揮することによってコンサルテーション能力を強化していく、あるいは的確なマーチャンダイジングにより品揃えを充実させていく等、顧客の利便性の向上を伴う付加価値の追求が求められる。

② 調剤事業の強化

従来より薬剤師を確保しているドラッグストアにとって、改正薬事法後も薬剤師の配置を必要とする調剤店舗の展開は他業界に対する優位性を生かす戦略として有効である。

調剤専門薬局あるいは調剤併設店舗の新規出店のほか、近年増加している医療モールへの調剤薬局としての積極出店、コンビニとの組合せによる新業態の展開等さまざまな選択肢の中から、自社にとって最適の強化策を探る必要がある。

③ スケールメリットの追求

新規出店の加速、フランチャイズ展開の促進、M&Aの活用等により、共同仕入による仕入コストを削減し、あるいはシステム・物流等インフラ共有による業務効率化を図ることでスケールメリットを追求する戦略が、激化する競争の中で、価格戦略上の優位性や利益確保の観点から引き続き重要な戦略の一つとして位置づけられる。

④ 新業態の模索

従来の事業に加え、介護サービス分野への進出やコンビニ等他業態との融合による新しい形態の店舗開発、製薬企業も含めた垂直統合によりサプライチェーン全体の最適化を図る等、業界の成熟化に伴って、従来の枠にとらわれない新たな発想が求められている。また、医薬品取扱いに関する規制から海外進出が遅れているが、今後はさらなる研究・調査の余地があると考えられる。

第 7 節
SPA の概要

1 SPA とは

(1) SPAとは

　SPA（Speciality store retailer of Private label Apparel）とは、「製造小売業」または「製造直販型専門店」などと訳され、小売業における新たな業態の一つである。主としてアパレル分野において、小売が生産の分野にまで踏み込み、自ら商品を企画、開発、生産し、販売する方法をいい、販売される商品には、自社のオリジナルブランドが付される。

　なお、SPA と呼ばれている小売には、ほぼ100％自社が企画、開発、生産した商品を販売しているケースもあれば、メーカーや卸から仕入れた商品を併せて販売しているケースもある。

　SPA とひと言でいっても、各企業の戦略により、さまざまな形態が存在しているのが実態である。

(2) 品揃型の小売と SPA

　メーカーあるいは卸から商品を仕入れ、消費者に販売するのが典型的な小売業のビジネスモデルである。このような品揃型の小売は、メーカーあるいは卸が企画した商品から販売する商品を選択し、顧客に販売するしかない。小売が商品に関する主導権を握ることができず、卸を仲介する場合には流通マージンもかかる。

一方、SPAは、小売企業自らが商品の企画・開発を行う点に特徴がある。生産は外部委託されるケースも多いが、その場合であっても小売企業が生産管理に積極的に関わることとなる。デザイン面や品質面でも小売企業が主導権を握り、顧客ニーズに応えることが可能になる。また、卸が介在しないため、流通マージンも抑えることができる。

(3) PBとSPA

PBは、低コストでの調達、顧客ニーズに合致した製品の調達を目的に、スーパーやコンビニなどさまざまな業態で活用されている。PB商品とSPA製品は、いずれも小売企業が自ら企画を行う点では同じであるが、次のような相違点がある。

PB商品の生産は委託先のメーカーに完全に任せきりにするのが一般的であるのに対し、SPAでは積極的に製造の分野に踏み込み、品質管理を含め、商品に一貫して責任を持つ点が異なるのである。

専門小売企業がSPA化する過程で、PB商品を導入する例は多い。また、PB商品を導入後、より深く生産に踏み込み、企画から生産、販売まで一貫して関わることでSPAとして認知されることもある。

なお、SPA企業が販売する商品自体がPBと呼ばれる場合もある。

2 SPAの沿革

(1) SPAの誕生

SPAは、アメリカのギャップにより提唱された造語である。

ギャップは、創業当初はリーバイスなどを扱うジーンズ専門の品揃型小売店を展開していたが、ライフスタイル提案型のビジネスを目指す中で、従来にはない独特のビジネスモデルを産み出した。

そのビジネスモデルとは、創造性とデザイン性に富む商品を開発し、自らのリスクで生産し、自らが価格設定権を持ち、店頭での演出と販売

員の第一級サービスで商品を提供する、という現在のSPAに通じるものであった。

(2) **わが国におけるSPAの歴史**

わが国においてはギャップや、同じくアメリカのSPAであるリミテッド・ブランズの影響もあり、1990年代以降、アパレルメーカーあるいはアパレル小売の中から、多くのSPAが台頭してきた。

① アパレルメーカーからSPA化

1992年にSPAでの展開を開始した㈱ワールドや、コムサ・デ・モードの㈱ファイブフォックスは、アパレルメーカーがSPA化した例である。

② アパレル小売からSPA化

品揃型の小売店を展開していた㈱ファーストリテイリングは、香港のSPAであるジョルアーノ社の影響も受け、SPA化した企業である。㈱ポイントも同様に、もともとは品揃型の小売店を展開していたが、1996年にSPA化を宣言。現在ではわが国の代表的なSPAの一つになっている。両社は、アパレル小売がSPA化した代表的な例である。

(3) **SPAの現在**

SPAは、もともとアパレルを中心に展開されてきたビジネスモデルである。しかし、消費者中心の商品展開が求められる専門小売企業全般に有用なビジネスモデルであることから、近年、アパレル以外でもSPAを採用する例が出てきている。

生活用品なども扱う㈱良品計画、靴の㈱エー・ビー・シー・マート、家具の㈱ニトリや自転車の㈱あさひは、アパレル以外でSPAを採用している例である。

3 SPAのビジネスモデル

(1) 概 要

　消費者のニーズが多様化している現代では、顧客のニーズを把握し、それに対応した商品を適時に提供していくことが求められる。ファッション性の高い商品を扱うアパレル業界では特にその傾向が強い。

　SPAは、小売企業が企画、生産、販売のすべてを直接行うビジネスモデルであり、従来の品揃型のアパレル小売では対応できなかった消費者ニーズへのきめ細やかな対応を可能にするなど、次のような優位性を持つことになる。

[SPAの優位性]
- 卸を介さないため、流通コストの削減が図れる。
- 完全買取と大量発注により、調達コストの削減が図れる。
- 自ら顧客に販売するため、顧客ニーズを共有しやすい。
- 自ら企画能力を持つため、迅速な商品開発ができる。
- 需要予測の精度が増し、適時適量の生産が可能になる。
- 製造に積極的に関わることで、品質の安定化が図れる。

　また、このビジネスモデルの特徴は次のようになる。

[SPAの特徴]
- 適時に行われるサプライチェーン
- 企画・開発の専門性
- 低コスト生産

(2) 適時に行われるサプライチェーン

　SPAのサプライチェーンで特徴的な点は、自らの店舗で得た情報を、企画、開発、生産や販売計画に適時に反映していく点にある。

　例えば、ZARAを展開するインディテックスでは、素材加工から生産、製品仕上げ、物流加工まで自社完結し、数日間で世界中の店頭に送

り込むことができるという。また、H&M も、最短 3 週間で商品を企画、生産し、店頭に並べることができるという。

(3) 企画・開発の専門性

　SPA は、自ら企画、開発、生産まで一貫して行うため、商品の企画、開発が失敗するとなると、その後の生産までの多大なリスク負うことになる。したがって、小売業でありながら、商品開発、素材開発、生産管理など、企画、開発、生産機能を担う専門部門を有している点が特徴である。

(4) 低コスト生産

　SPA においては、自らが生産も担うため、いかに低コストで生産するかという戦略は重要となる。

① 海外生産

　わが国の SPA は、企画および開発は日本国内で行うが、生産はコストの低い中国を中心としたアジア地域で行うケースが多い。

　これには、現地の外国企業に生産を委託するケースのほか、自ら海外子会社を設立し生産を行うケースも考えられる。

② 大量発注・全量引取の仕組み

　SPA 各社は、生産委託先に大量発注を行ったうえで、全量引取契約を締結しているケースが多い。

　すなわち、在庫リスクを負うことで低コストでの調達を実現する戦略であるが、他方で顧客ニーズを読み間違えた場合には、多額の在庫を抱えてしまうこととなる。

第7節　SPAの概要

4　業界動向

(1) SPAの現状

わが国のSPAは、国内売上が大半を占めているケースが多い。

主な国内SPAの海外売上比率を図表1-7-2にまとめる。海外展開を積極化しつつある㈱ファーストリテイリングにおいても、現状の海外売上比率は16%程度にとどまっている。

図表1-7-1　SPA企業の海外売上比率

	㈱ポイント	㈱ファーストリテイリング	㈱良品計画	㈱ニトリ	㈱エー・ビー・シーマート
海外売上高（百万円）	※	134,432	17,690	※	11,037
連結売上高（百万円）	97,684	814,811	164,341	286,186	113,507
海外売上比率（%）	※	16.5%	10.76%	※	9.7%

（注）㈱ファーストリテイリングは2010年8月期。その他は2010年2月期
※海外売上高が10%未満

国内市場の縮小が見込まれる中、近年、経済発展著しい中国を含め、海外への店舗展開を進めるSPAが増加してきている。

今後、海外での店舗展開を進めるには、現地でのブランドの構築、物流システムの構築、人材育成などが課題になる。

(2) 業界ランキング

SPA業態は、さまざまな専門小売業者で採用されている。本項では、現在国内および海外において主なSPAとされている各社を図表1-7-3、1-7-4で比較した。

第1章 小売業の概要

図表1-7-2 国内の主なSPA企業の比較 （単位：百万円）

企業名	連結売上高	決算期
㈱ファーストリテイリング	814,811	2010年8月期
㈱ニトリ	286,186	2010年2月期
㈱ワールド	314,117	2010年3月期
㈱良品計画	164,341	2010年2月期
㈱ポイント	97,684	2010年2月期
㈱あさひ※	26,012	2010年2月期

※㈱あさひは単体の売上高。

図表1-7-3 世界のSPA企業ランキング （単位：億円）

企業名	連結売上高	決算期
インディテックス（ZARA）	14,017	2010年1月期
ギャップ	13,266	2010年1月期
H&M	13,158	2009年11月期
㈱ファーストリテイリング	8,144	2010年8月期
リミテッド	8,066	2010年1月期
ネクスト	4,835	2010年1月期

※売上高は、2010年3月期末時点での為替レートで換算している。

5 SPAにおけるビジネスリスクと経営課題

(1) ビジネスリスク

① 海外生産

　わが国のSPAは生産をコストの安い中国を中心としたアジア地域で行うケースが多い。経済産業省によると日本で流通する衣料品のうち約95％が輸入品であり、このうち約9割を中国産が占めている。

　海外生産には、図表1-7-5のようなリスクがある。

図表1-7-4　海外生産におけるリスク

	生産拠点の集中	為替レートの変動	テロ・戦争・政変
実態	特定の国に生産が集中しているケース。	海外委託先からの仕入、海外委託先への原材料供給。	テロ・戦争・政変リスクのある国で生産しているケース。
リスク	経済情勢等の変化が、生産コストの上昇・納期遅れなどをもたらす。	為替相場の変動が損益に影響を及ぼす。	生産活動に支障が生じ、商品調達が困難になる。
リスクヘッジ手段	生産拠点の分散	① 生産拠点の分散 ② 為替予約の活用	生産拠点の分散

　なお、生産拠点の分散化に関しては、㈱ファーストリテイリングはバングラデシュなどで、青山商事㈱も中国中心からベトナムなどで調達するなど、実際に対応を進めている企業は多い。

② 大量発注・全量引取りによるリスク

　SPA各社は、生産委託品に対して在庫リスクを負うため、顧客ニーズを読み間違えた場合にはそのリスクの影響は大きいといえる。

③ 商品品質の維持

SPAは自社ブランドを付した商品を販売しているため、商品に瑕疵が生じた場合、企業・ブランドイメージの低下につながるリスクがある。

したがって、SPAにおいては、品質管理も含めた調達戦略が重要となる。

品質管理という点では、優良な生産委託先とどれだけ深い協力関係を築けるかが重要になる。このことは、ベトナム、インドやバングラデシュ等へ生産をシフトしようとするSPAにとって、ハードルの一つになっている。

④ 市場の縮小化

国内で少子高齢化が進み、市場の縮小が見込まれる中、国内にとどまり続ければ、売上減少に伴う企業存続リスクが高まる。

(2) 経営課題

商品が効率よく利益を生み出しているかを測る指標に交差比率がある。交差比率が高いほど、すなわち、粗利率と棚卸資産回転率が高いほど、効率的に利益を生み出しているといえる。ただし、両者はトレードオフの関係にあり、例えば、棚卸資産回転率を高めるために値引販売を積極化すると、粗利率は低下する。

SPAの特徴的な点は粗利率の高さにあり、これは次の3点により実現されている。

[SPAの高粗利率の実現要素]
① 大量生産と完全買取りによる仕入コストの抑制
② 売れ筋商品の品切れを防ぐことによる高い売上高の実現
③ 売れ筋以外の商品在庫の抑制による値下販売の回避

しかし、SPAの棚卸資産回転率は、品揃え型の小売と比較して必ず

しも高くはない。これは、粗利率の高さとのトレードオフの関係で、棚卸資産回転率を高めることが難しいためである。

　SPAは、自社店舗で把握した顧客ニーズを新商品の企画、開発に生かし、また、柔軟でスピード感ある生産体制を活用し、顧客ニーズの変化に柔軟に対応していくビジネスモデルである。

　したがって、SPAのこのような仕組みを生かし、売筋商品の投入比率を高め、それにより棚卸資産回転率を維持し高めていくことが、SPAが高収益を維持していくための課題といえる。

第 8 節
IPO における留意点

1　小売業における IPO の動向

　小売業は、サービス業、情報・通信業、不動産業などとともに、IPO（新規株式公開）の多い業種ではあるが、ここ数年減少しており、2009年に至っては、新規IPO企業は0社となっている。これは、IPOの低迷と景気低迷による消費の縮小、さらには、消費者嗜好の変化による商品のライフサイクルの短縮化などが要因と考えられる。

図表1-8-1　IPO会社に占める小売業種会社数

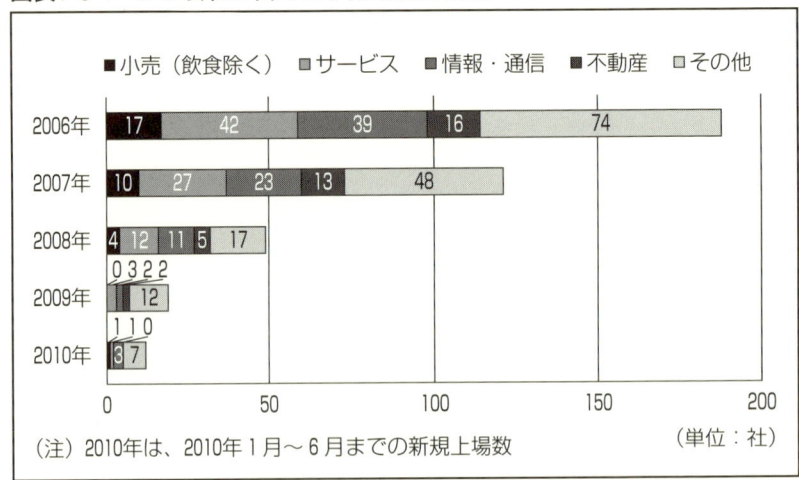

年	小売（飲食除く）	サービス	情報・通信	不動産	その他
2006年	17	42	39	16	74
2007年	10	27	23	13	48
2008年	4	12	11	5	17
2009年	0	3	2	2	12
2010年	1	1	0	3	7

（注）2010年は、2010年1月～6月までの新規上場数　　（単位：社）

第8節 IPOにおける留意点

また、小売業の中でも、IPOする企業の業態は時代とともに変化している。

1988年～2002年ごろまでの15年間では、食品スーパーやホームセンターの多くがIPOしている。特に首都圏近郊または地方の主要都市を地盤とする食品スーパー（㈱ベルク、㈱ヤオコー、㈱ヤマザワ等）が多くIPOしている他、郊外にロードサイド型の店舗を展開する家電量販店（㈱ヤマダ電機、旧ギガスケーズデンキ㈱等）、ホームセンター（㈱コメリ、ホーマック㈱、アークランドサカモト㈱等）、紳士服チェーン（青山商事㈱、㈱AOKIホールディングス）のIPOが多いという特徴がある。これは、出店に対する法規制や自動車の大衆化現象である「モータリゼーション」という社会の変化が関係していると考えられる。

1998年以降では、スーパーの売上縮小とともに食品スーパーなどのIPO社数が減少していく一方で、従来の販売方法にとらわれず消費者ニーズをうまくとらえた企業が、売上規模は必ずしも大きくないものの、IPOを果たしている。

その中で最も特徴的なのがドラッグストア業界である。1990年代に入ってからの規制緩和に伴い、全国各地にドラッグストア企業が多く誕生している。ドラッグストアは組織的な経営と医薬品のほかに売筋の日用品への絞込みや多店舗展開、低価格販売戦略を展開することによって従来の小規模薬店から市場を奪い急成長してきている。

このほか、インターネットのブロードバンド化によって従来のリアル店舗販売とネット販売を組み合わせる企業やネットによるマーケティングに特化し、従来なかったサービスを提供する企業などのIPOが増えてきている。

2008年以降は、景気の低迷と消費の減少と相まってIPO社数が激減しているが、多くの業態、企業が増える小売業の中では、従来の販売方法にとらわれず常に消費者ニーズをとらえる企業が今後IPOを果たしていくものと考える。

第1章 小売業の概要

2　小売業におけるIPOの留意事項

　小売業の特徴として、業態によってはスクラップ・アンド・ビルドによって多店舗展開していくこと、店舗や倉庫をはじめ大量・多品目の在庫が常時動き続けること、正社員のほか、アルバイトやパートを多くの店舗で採用していること、などが挙げられる。

　そのため上場審査では、一般的な審査項目のほか、企業がどのような業態をどのようなペースで多店舗化し成長していくか、多店舗化するための出退店管理は適切に行われているか、その前提となる日々の実績が把握できているか、在庫管理は適切に行われているか、店舗管理は適切に行われているか、人事労務管理は適切に行われているか、などが審査されることになる。

　以降、小売業における利益管理、在庫管理、店舗管理、人事労務管理に焦点をあて、上場審査にあたっての留意点を記載する。

(1) 利益管理体制

　上場審査では、現在の経営環境下において企業がどのような業態をどのようなペースで多店舗化し成長していくかを、3年から5年の中期経営計画と、その中期経営計画を達成するための短期計画（予算）の立案、適切に集計された実績との比較分析、その結果の中期経営計画への反映、といった利益管理の仕組みについて審査が行われる。特に成長の前提となる出店と退店の管理とその投資回収期間の考え方について重点的に審査されることになる。

　小売業における一般的な利益管理体制の概要は次のようになる。

第8節　IPOにおける留意点

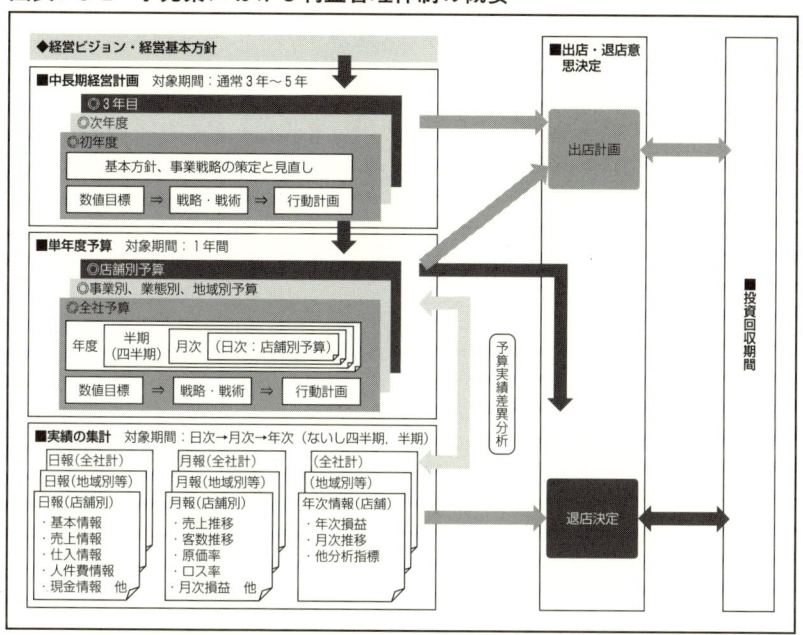

図表1-8-2　小売業における利益管理体制の概要

① 中期経営計画

　小売業界は、業態内のみならず、業態を超えた競争の厳しい市場環境であるため、事業計画立案に際しても企業の差別化要因と成長戦略をどのように説明するかが重要になる。多店舗展開する小売企業にとって重要なポイントは、例えば、新商品や新業態開発の考え方、出店戦略、出店や退店の基準、人材育成の方法等が挙げられ、これらについて、企業としての戦略を明確に表現することが必要である。

② 予算管理

　事業計画の最初の単年度利益を店舗別等に分解し、実際の管理ツールとして用いるのが予算である。厳しい競争環境の中で、日々努力して利益を計上するためには、売上高が予算比や昨年度対比で何％増減したのか、コストが売上高対比で何％増減したのかといった細かな事

項についてまで、厳しく目を配りながら運営を行う必要がある。予算管理のポイントとしては次が挙げられる。

- 売上高については、対予算および対前年同月で管理する。
- 原価については、目標とする原価率を設定し、それとの乖離状況を把握・分析を行う。正しい原価を把握するためには、棚卸資産について推定在庫（帳簿上の在庫）を把握するとともに、定期的な棚卸を行い、推定在庫と比較しロスを把握する。
- 人件費については、目標とする原価率を設定し、それとの乖離状況を把握・分析を行う。賞与の額は見積額を月次で計上する。
- 変動費については、目標水準との乖離状況を把握・分析する。なお、販売促進費（広告宣伝費）については、予算比較で評価するのではなく、その効果（売上や利益への貢献度合い）で評価することに留意する。
- 売上高から管理可能な変動費を控除したものが管理可能利益であり、これがいわゆる店舗責任者の管理（またはスーパーバイザー等の管理者）すべき利益である。
- 減価償却費については、月次見積額を計上する。これに賃料・リース料等を加えた固定費は、出店時に既に決まっている固定費であり、これは出店を決定したマネジメントの責任部分となる。
- 店舗損益から本社経費の負担分（一般的には売上等に応じて配賦）を控除したものが店舗の最終の営業利益となる。各店舗が全社的な収益に貢献しているかどうかを判断する指標となる。

③ 実績の把握

多店舗展開している場合、当月の売上がなぜよかったのか悪かったのか、を分析するうえで必要な原因は日次ベースで発生する。すなわち、売上は月次で全体としてとらえられるものではなく、曜日、天気、近くの競合店のセール状況、イベントの有無など日次の要因に分解されて初めて明確になるのである。したがって小売企業については、予

算管理を日次で行う必要がある。一般的な留意事項として、次が挙げられる。

- 売上高については月次の目標（予算）を日次に分解し、実績との差異を把握・分析する。加えて、昨年度同週・同曜日の売上高との対比を行う。
- 売上高は日次売上高のほか、商品群ごと、または時間帯別等に分解することも有用である。また、売上高の基礎となる、客数や客単価も把握することも有用である。
- 日次の仕入高と月次の累計仕入高を把握する。これにより、原価の趨勢をつかみ、異常値に早く気づくことができる。
- 人件費については、正社員の給与の日割額と、パート・アルバイトの勤務実績による見積額を日次で算定する。これにより、人件費の趨勢をつかみ、異常値に早く気づくことができる。
- 水道光熱費等の主要な変動費については、必要に応じてその見積額を把握することも日次損益の管理上有効である。

④ 出退店戦略

多店舗展開する小売企業にとって、大きなリスク要因は出店時にあるといっても過言ではない。出店戦略の善し悪しが、その後の業績に大きな影響をもたらすからである。しかしながら、成長途上にある比較的小規模な小売企業の場合、出店時のシミュレーションについて明確な指針を持っている企業はそれほど多くなく、そのほとんどが「長年の勘と経験」に基づく意思決定であることが想定される。そのため、出店戦略を失敗した結果、IPOのスケジュールが延期されるケースも少なくない。多店舗展開する小売業にとって、出店に伴うリスクをいかに押さえるかは非常に重要であり、そのためのポイントとしては次が考えられる。

- 立地選定・マーケティング・競合分析等について、事業戦略に整合した前提条件の設定と情報収集手続について、社内ルールとし

- 新規店舗の損益計画を作成し、出店資金の見積りとその資金調達の見込みを行う（ヒト・モノ・カネとの連動）。
- 投資回収期間を設定するとともに、出店後の出店計画と実績の比較検討を行う。

退店についても出店と同様のことがいえる。店舗がどのような状態になったら退店の意思決定を行うのか、社内ルールにて明確化する必要がある。例えば、店舗損益のマイナスは一つの判断基準であり、この時点でなんらかの施策を検討し、一定期間経過後にも改善がみられないときには退店の意思決定を行うことが考えられる。また、店舗キャッシュ・フローの動向も同様であり、キャッシュ・フローがマイナスになっている場合には、営業してもキャッシュが純減していくので、より退店の必要性は高いといえる。

⑤ 投資回収期間

出店管理における重要なポイントの一つである投資回収期間は、各店舗が魅力ある業態として存続する期間内（リニューアルまでの期間または業態転換までの期間）に、出店時の投資額を上回る収入を生み出し再投資の原資とするための目標であり、出店の意思決定を左右する重要な項目である。

投資回収期間は業態によって異なるが、次の事項に留意しながら、消費者嗜好の変化のスピードを考慮して設定することが重要である。

- 業態や店舗規模、出店立地等の店舗モデルにより、目標とする投資回収期間を明確にすること。
- 一般的な指標としての投資回収期間の算定においては、投資額の中に、リース資産や保証金を含んで算定すること。
- 店舗別キャッシュ・フローの算定においては、税引後の利益を用いること。

第 8 節　IPO における留意点

図表1-8-3　投資回収検討表の例

店名	A店	B店	C店
開業	○○	○○	○○
店舗坪数	○○	○○	○○
座席数	○○	○○	○○
出店資金のうち、			
①　賃貸・リース	××	××	××
②　キャッシュ・割賦	××	××	××
③　保証金	××	××	××
④　合　　計	××	××	××
⑤　年間売上高	××	××	××
坪単価売上高	××	××	××
⑥　店舗営業利益率	××	××	××
⑦　店舗営業利益率　⑤×⑥	××	××	××
店舗コストのうち、			
⑧　減価償却費	××	××	××
⑨　本部費（共通費）	××	××	××
その他の事項　　　　　（利率）	△△	△△	△△
⑩　金利負担額（②+③）×利率	××	××	××
（税率）	40%	40%	40%
⑪　税金負担額（⑦-⑩）×税率	××	××	××
⑫　店舗キャッシュ・フロー＝⑦+⑧+⑨-⑩-⑪	××	××	××
⑬　投資回収期間（年）＝④÷⑫	××	××	××

(2) **在庫管理**

　多店舗展開する小売企業では、一般的に比較的低額で大量の商品が、多くの仕入先から多くの店舗、そして消費者へと常時動き続けるため、その在庫をめぐる論点が上場審査上において確認される。特に適正在庫水準の考え方や在庫の回転期間、長期滞留在庫の評価と損益への影響等が審査される。また、商品点数が多いことから、在庫の受払管理や現品管理、棚卸差異分析等の内部管理体制についても確認がされる。

　成長途上にある比較的小規模な小売企業の場合、店舗の増加に伴い在庫の管理がずさんになりがちである。早い段階から在庫管理に関する

ルールを明確にし、従業員への周知徹底することが、効率的に上場準備を進めるために有用である。

また、一般的に上場前は税務会計を採用しているケースが多く、棚卸資産会計基準への対応も必要であることに留意すべきである。

(3) **店舗管理（現金管理、固定資産管理など）**

多店舗展開するにあたり、上述の在庫管理のほか、店舗の現金管理や什器備品などの固定資産（またはリース資産）の管理も重要である。特に現金管理については、店舗での現金の取扱量が多いことから、店舗従業員による現金着服などの不正リスクが高いため、これを低めるための管理体制について、上場審査上確認がされる。

① 現金管理

現金管理の一般的な例としては、すべて1人の担当者で完結することなく相互牽制を働かせるようにしたうえで、売上日報とレジ記録等を照合し、また実際の現金残高との一致を確認した後、銀行入金または貸金庫等の安全な場所に保管することが考えられる。なお、日常から店舗の現金と個人の現金との明確な区別を従業員に意識付けさせることも重要である。

② 固定資産管理

多店舗展開するにつれて、店舗の什器備品のほか、敷金・保証金などの固定資産も増加することから、その管理も必要となる。具体的には、敷金・保証金であれば、物件オーナーの状態によっては回収不能となる可能性があるため、債権として認識し、物件オーナーの情報を定期的に入手する等して回収可能性を把握する必要がある。

また、什器備品をはじめとした店舗資産（リース資産含む）であれば、固定資産台帳に記載されている資産の実在性やその使用状況について、定期的に実査し、確認することも必要である。

(4) 人事労務管理

　多店舗展開する小売企業では、その店舗展開に伴い、一般的にパート・アルバイトといった臨時従業員を多く雇用することから、正規従業員のほか、臨時従業員に関する労務管理についても上場審査上確認がされる。特に近年、社会保険の未加入問題や残業代の未払いの問題が多いことから、重点的にその確認が行われる。

　また、事業拡大のためには人材の育成が不可欠であるため、どのような人事体系を持ち、店舗運営ノウハウを共有化しているかも重要なポイントになる。具体的には、店舗運営マニュアルの整備や、教育研修体系の整備、人事政策等の方針の整備を行うことが必要になる。

3　これから IPO を目指す企業が心がけること

　これから IPO を目指すにあたり、まず心がけなければならないことは、その企業がどのような業態をどのようなペースで多店舗化し成長していくのか、それによって売上高や損益がどのように推移していくのか、それを達成するためには何が必要なのかを考えることである。

　そのためには、移り変わりの早い消費者の嗜好やニーズを的確にとらえ、店舗作りや商品企画に反映していくことが必要である。そして、その計画に従い店舗が増加するにつれ、その規模に合った効率的な管理の仕組みを構築し、運用することも重要である。前者の計画とそれに伴う事業拡大だけでは IPO も継続的な企業成長は達成できないし、後者の管理体制の整備だけでも同様である。つまり前者と後者のバランスを意識して IPO の準備を進めていくことが、IPO を早期に実現し、持続的な企業発展へとつながると考えられる。

第2章

会計と内部統制

第1節
小売業におけるビジネスプロセスと会計につながる業種の特徴

1　概　要

　小売業における大きなビジネスの流れは店舗の出店、商品の購買、在庫管理、商品の販売、店舗の維持・退店となる。このイメージを示すと次のようになる。

図表2-1-1　小売業におけるビジネスの流れと業務・取引の関係

①店舗出店	②購買	③在庫管理	④販売(債権管理)	⑤店舗維持・退店
●店舗戦略 ●資産の取得 ●賃貸借取引 　(借地権の設定含む) ●リース取引 ●資産の受贈	●商品戦略 ●発注・検収 ●リベート管理 ●支払い	●受払管理 ●棚卸 ●在庫分析 ●評価(売価還元法等) ●商品保証	●店頭販売(売上仕入、委託、賃貸) ●外商販売 ●ギフト販売 ●調剤売上 ●値引管理 ●現金管理 ●商品券 ●ポイント	●減価償却 ●減損処理 ●資産除去債務 ●店舗閉鎖に係る損失
第5節	第2節	第3節	第4節	第5節

(1) **店舗出店**

小売業は、顧客を直接相手にするため店舗戦略は重要であり、どのような地域に、どのような規模で、どのような顧客をターゲットとし、どのような業態で臨むのかを、緻密な分析を行ったうえで決定する。

新規店舗を開店するにあたっては、自ら土地、建物等の必要な設備を購入するほか、借地権の設定や賃貸借取引、リース取引、建設協力金の受取り、取引先からの資産の受贈などが行われることとなる。

こうした取引形態の違いによって会計処理や内部統制も異なるため、留意が必要である。

(2) **購　買**

購買にあたっては、小売企業は商品戦略を決定し、発注、検品、支払いといった業務を行うこととなる。ここで、大量の商品を仕入れることにより仕入先よりさまざまなリベートを受け取ることがある。また、その仕入形態には、慣行的に主として買取仕入、委託仕入、売上仕入といった３種類が存在する。

それぞれ会計処理や内部統制も異なるため留意が必要であり、その詳細については、第２節にて後述する。

なお、このような多品種の品揃えを迅速に行うために、購買プロセスから在庫管理、販売プロセスに至るまでEOSやEDIシステムを活用した管理が行われていることが多い。

(3) **在庫管理**

小売業においては、多様化する顧客のニーズに対応するため各業態によって戦略の幅はあるものの、概ね多品種、多量の商品を取り扱うという特徴がある。このような商品について、各店舗における盗難等による商品ロスを低減させることも重要である。

したがって、在庫管理にあたっては、商品戦略、受払管理、棚卸、在庫分析、評価といった業務を行うこととなる。また、業態によっては商

品保証を行うこともあるため、留意が必要である。
これらの詳細については、第3節にて後述する。

(4) 販売（債権管理）

商品の販売にあたっては、さまざまな販売形態や代金回収形態があり、第4節において管理形態ごとに解説を行う。

- 店頭販売
- 外商販売
- ギフト販売
- 調剤売上
- 値引管理
- 現金管理
- 商品券管理
- ポイント管理
- POSシステム

(5) 店舗維持、退店

店舗の出店後であっても店舗戦略は重要であり、イメージ戦略の変更等による店舗設備の入替えやテナント店の変更などは頻繁に行われる。
第5節においては、こうした有形固定資産関係の減価償却や除去、減損処理、店舗の閉鎖に係る会計上、内部統制上の留意事項について触れる。

2 業態ごとの会計処理の特徴

ここでは、主な業態におけるビジネスモデルの特徴を踏まえ、ビジネスプロセスに沿って会計上、内部統制上の特徴について触れる。

(1) 百貨店業

百貨店業においては、ブランドイメージを重視し、比較的高額の商品を取り扱い、（より富裕層である）顧客を囲い込むことを狙うといったビジネスモデルを展開する傾向にある（第1章第2節参照）。

第2章　会計と内部統制

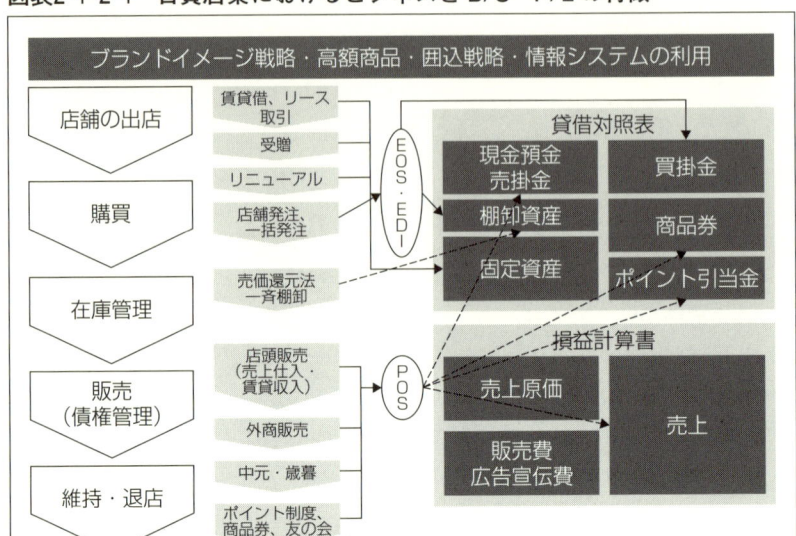

図表2-1-2-1　百貨店業におけるビジネスとB/S・P/Lの特徴

```
ブランドイメージ戦略・高額商品・囲込戦略・情報システムの利用

店舗の出店 ──┐  賃貸借、リース取引 ┐         ┌─ 貸借対照表 ─┐
              │  受贈              ├ EOS・EDI │ 現金預金    買掛金 │
購買     ──┤  リニューアル       │         │ 売掛金           │
              │  店舗発注、一括発注 │         │ 棚卸資産    商品券 │
在庫管理 ──┤  売価還元法、一斉棚卸 ┘         │ 固定資産  ポイント引当金│
              │                                └────────────┘
販売       ──┤  店頭販売（売上仕入・賃貸収入）┐         ┌─ 損益計算書 ─┐
(債権管理)    │  外商販売                    ├ POS     │ 売上原価    売上 │
              │  中元・歳暮                  │         │ 販売費         │
維持・退店 ──┘  ポイント制度、商品券、友の会  ┘         │ 広告宣伝費      │
                                                       └────────────┘
```

① 店舗の出店

　他の小売業態が全国各地に多数の店舗展開を行う戦略であるのに対し、百貨店業は新規の店舗出店は頻繁に行うものではない。

　しかし、一つの百貨店内にはブランドごとに多数の店舗が展開されており、テナント店が新たに出店する際には什器等の受贈を受けることがある。また、シーズン戦略や顧客ターゲットの変更戦略などに伴い、店舗ごとにリニューアルを行うことも頻繁である。

② 購　買

　百貨店業においては、主として買取仕入、委託仕入、売上仕入という3種類の仕入形態がある。

　このうち買取仕入については、商品が百貨店の倉庫（店舗）に納品された時点で仕入が計上されるのに対し、それ以外については現物が店舗に陳列されても仕入れたとはみなされない。したがって、このような在庫は貸借対照表上、棚卸資産として計上されないこととなる。

なお、買取仕入のうち契約により返品の認められる条件付き買取仕入というものもあることには留意が必要である。

③ 在庫管理

百貨店業においても、多品種の商品を揃えることから、棚卸資産の評価にあたっては一般的に売価還元法が採用される。ただし、高額商品の場合には、一般の商品とは別途区別し、より厳密な評価を行うことが望ましいと考えられる。

小売業においては盗難等のロスがあることから在庫管理は重要であるが、さまざまな仕入形態があることから、仕入形態ごとに管理を行うためにより重要なものとなる。

棚卸は重要な業務であり、百貨店業においては一つの百貨店内において一斉に棚卸を行う傾向にある。もちろん人的な限界はあるものの、多店舗展開を行う業態と比べ、百貨店は一つの巨大な店舗として完結しており、百貨店内で在庫の移動を防ぐ観点からも店内の棚卸基準日を合わせ一斉に実施することが望ましいといえる。

棚卸の際に特に留意すべき点は、自らの在庫であるものとそうでないものを明確に区別することである。例えば、売上仕入の在庫が買取仕入の在庫として取り扱われた場合には、本来在庫ではないものが在庫としてカウントされてしまうからである。

④ 販売（債権管理）
  a　店頭販売

百貨店業における店頭販売のうち、特徴的なものは売上仕入とテナント売上である。

    ア　売上仕入

売上仕入形態による商品については、販売がなされたときに売上を計上し、同時に仕入を計上するという実務慣行となっている点に留意が必要である。

イ　賃貸テナントからの賃貸収入

　　　賃貸テナントからの賃貸収入については、業務の流れは通常の販売取引と変わらないものの、その収入は商品売上ではなく賃料である。賃料の受取形態については、さまざまなパターンがあるため留意が必要である。

b　外商販売

　　百貨店業においては、富裕層や法人などの外商顧客に対し、特別な対応を行うことがあり、このような販売を外商販売という。

　　外商販売においては、法人向け等の直送販売を行うほか、特有の論点が生じるため留意が必要である。

c　ギフト販売（中元・歳暮）

　　百貨店業においては、顧客から注文を受けた後、特定の時期に商品を依頼先へ配達するという取引も行っている。これらには、特に中元・歳暮という季節商品の販売がある。

　　顧客からの受注・入金のタイミングと商品の発送・納品に期間的ずれが生じることから、会計上の取扱いが論点となる。

d　代金回収方法

　ア　掛け売上

　　　百貨店業における代金回収形態には現金によるほか、クレジットカードが広く利用されるようになってきている。

　　　これは単に利便性の追求のほかに、自社カード（ハウスカード）利用時にポイントを付与することにより顧客の囲込みを狙う戦略が普及していることによるものである。

　　　また、外商販売による掛け売上については、顧客の資金力等に応じた事前の与信限度額の設定が重要となるとともに、入金遅延等のモニタリングが必要となることに留意が必要である。

　イ　商品券

　　　百貨店業においては商品券が広く利用されている。これも顧客の囲込戦略の一環であるが、会計上、内部統制上留意すべき点が

第1節 小売業におけるビジネスプロセスと会計につながる業種の特徴

ある。併せて百貨店友の会も、百貨店に特徴的な制度である。

⑤ 退　店

百貨店業においては百貨店自体の出店機会は限られていることから、退店も頻繁に行われるものではない。ただし、百貨店内のテナント店については入替えが頻繁であることから留意が必要である。

(2) スーパーマーケット業

スーパーマーケット業においては、大量仕入・大量販売による低価格戦略を重視し、より規模のメリットを享受する観点から、チェーンストアによる多店舗展開を行うといったビジネスモデルを展開する傾向にある（第1章第3節参照）。

図表2-1-2-2　スーパーにおけるビジネスとB/S・P/Lの特徴

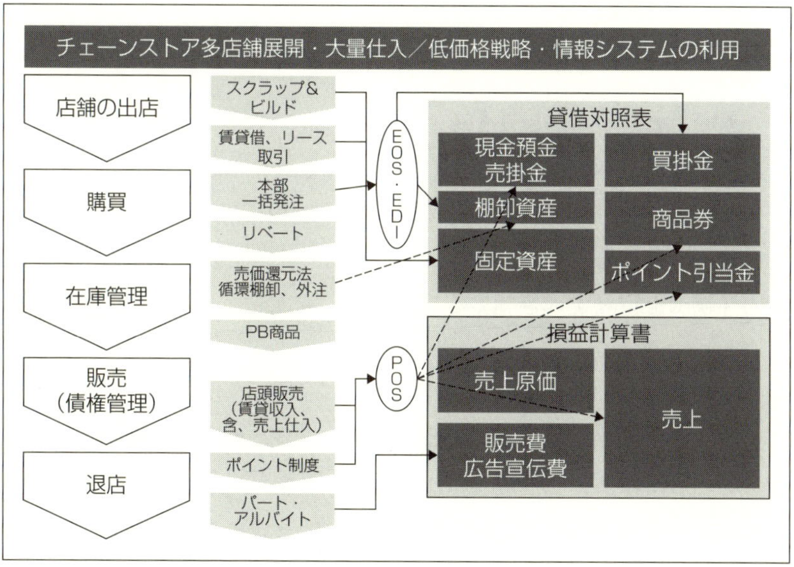

① 店舗の出店

スーパーマーケット業はチェーンストアによる多店舗展開を目指す

傾向にあり、新規の店舗出店は頻繁に行われる。その一方で採算の悪い店舗については閉鎖し、よりよい立地条件の店舗等へとターゲットを移すという経営行動をとる。すなわち、旗艦店を設置する場合を除いては、スクラップ・アンド・ビルド型の戦略をとっているといえる。

また、このように退店することを視野においているため、店舗出店にあたっては賃貸借取引やリース取引により物件を調達することが多い。土地・建物の賃貸借契約においては、契約時に一時金を支払うことにも留意が必要である。

② 購　買

スーパーマーケット業においては、通常の買取仕入のほかに、大型スーパーなどでは売上仕入による仕入を行うことがある。

スーパーにおいては、特に大量仕入により、仕入先に対して価格交渉力を持つことで仕入単価の引下げやリベートの受取り、さらには規模のメリットにより経費節減を図ることを目指している。

そのため、多店舗展開するチェーンストアを含め本部で一括購入する仕組み、一括発注を受け入れる物流センターの設置、それらを効率的に行うためのEOS、EDIの利用などが特徴的である。

また、仕入先からのリベートを受け取ることも多いことも会計上、内部統制上留意すべきである。

③ 在庫管理

生活必需品として多品種の商品を揃えることから、棚卸資産の評価にあたっては広く売価還元法が採用される。

また、全国各地に多店舗展開を行っていることが多く、すべての店舗で一斉に棚卸を行うことは実務上難しいため、循環棚卸を採用するケースもある。また、外部業者へ棚卸を委託することもある。

④ 販売（債権管理）

通常の販売取引のほかに百貨店業同様に店頭販売においては売上仕入、賃貸テナントからの賃貸収入、またスーパーにおいても法人向けの外商販売やギフト販売なども取り扱うことがある。

スーパーとして特質すべき点は、低価格販売品であるPB商品の取扱いや、コスト削減の観点からのパートやアルバイトを比較的多く採用することにあるといえる。なお、PB商品は、近年低価格品だけでなく、品質にこだわった高価格帯のものも取り扱いつつある。

⑤ 退　店

前述のように、スーパーにおいては退店を視野においたスクラップ・アンド・ビルド戦略をとっている。そのため、各店舗の退店を決定するにあたっては、賃借物件の転貸や、減損、資産除去債務や引当金などの会計処理などに留意する必要がある。

(3) コンビニ業

コンビニ業においては、定価販売戦略を重視し、フランチャイズによる多店舗展開を行うといったビジネスモデルを展開する傾向にある（第1章第4節参照）。

第2章　会計と内部統制

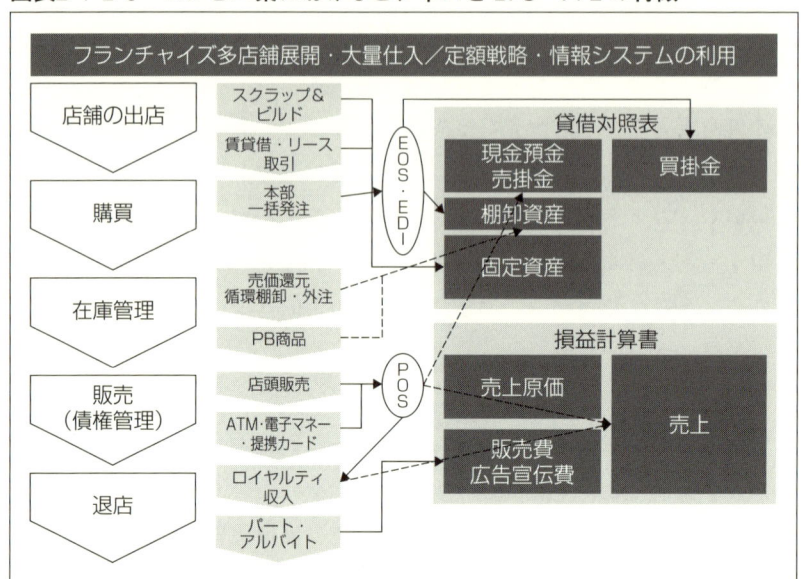

図表2-1-2-3　コンビニ業におけるビジネスとB/S・P/Lの特徴

```
                フランチャイズ多店舗展開・大量仕入／定額戦略・情報システムの利用

  ┌─────────┐   スクラップ＆                    ┌─── 貸借対照表 ───┐
  │ 店舗の出店 │   ビルド                          │ 現金預金        │
  └─────────┘   賃貸借・リース        EOS       │ 売掛金   買掛金 │
        │         取引                ・EDI      │ 棚卸資産        │
  ┌─────────┐   本部                             │ 固定資産        │
  │  購　買   │   一括発注                        └────────────────┘
  └─────────┘
        │         売価還元
  ┌─────────┐   循環棚卸・外注
  │ 在庫管理  │
  └─────────┘   PB商品                          ┌─── 損益計算書 ───┐
        │                                         │ 売上原価         │
  ┌─────────┐   店頭販売          POS           │           売上   │
  │  販　売   │   ATM・電子マネー                │ 販売費           │
  │(債権管理) │   ・提携カード                    │ 広告宣伝費       │
  └─────────┘                                    └────────────────┘
        │         ロイヤルティ
  ┌─────────┐   収入
  │  退　店   │   パート・
  └─────────┘   アルバイト
```

① 店舗の出店

　フランチャイズによる多店舗展開を目指す傾向にあるため、新規の店舗出店が頻繁に行われるとともに、スーパー同様に採算の悪い店舗については閉鎖されるというスクラップ・アンド・ビルド型の戦略をとっている。

　コンビニ業においても、退店することを視野においているため、店舗出店にあたっては賃貸借取引やリース取引により物件を調達することが多い。

　なお、フランチャイズチェーンの出店にあたっては、加盟店から契約加盟金や保証金を受け取ることなどに留意が必要である。

② 購　買

　コンビニ業においても、大量仕入によって仕入先に対して価格交渉力を持つことで仕入単価の引下げや規模のメリットによる経費節減を

第1節　小売業におけるビジネスプロセスと会計につながる業種の特徴

図ることを目指している。

　そのため、フランチャイズによる多店舗展開により本部で一括購入する仕組み、EOS、EDIの利用などが特徴的であるが、スーパーと異なるのは、コンビニ業が主として定価販売を行う業態であることである。したがって、仕入先からのリベートを受取りなどはそれほど頻繁に行われるものではないといえる。

③　在庫管理

　コンビニ業においても、消費者のニーズ、特にその利便性へのニーズに応える観点から多品種の商品を揃える戦略にあり、棚卸資産の評価にあたっては一般的に売価還元法が採用される。

　コンビニも全国各地に多店舗展開を行っていることが多く、すべての店舗において一斉に棚卸を行うことは実務上難しく、循環棚卸を採用するケースもある。

　また、特にフランチャイズ加盟店については、本部または本部の委託した外部棚卸業者が実施することになる。これは、本部の受け取るロイヤルティの計算は売上総利益等を基礎として計算されるため、正確なロイヤルティ計算のために、正確な棚卸が行われることが求められるためである。

④　販売（債権管理）

　利便性向上の観点からギフト販売の取扱いや代金決済にあたり電子マネー等の利用なども広く普及しつつある。

　また、PB商品の取扱いやコスト削減の観点から、パートやアルバイトを比較的多く採用している。

⑤　退　店

　コンビニ業においても退店を視野においたスクラップ・アンド・ビルド戦略をとっているため、退店を決定するにあたっては会計処理上

129

第2章　会計と内部統制

の留意が必要である。

(4) **家電量販店業**

家電量販店業においても、大量仕入による低価格販売を重視し、多店舗展開を行うといったビジネスモデルを展開する傾向にある（第1章第5節参照）。

家電量販店業においては、取扱製品が家電に特化していることから、より同業他社とは価格競争が激化する傾向にある。

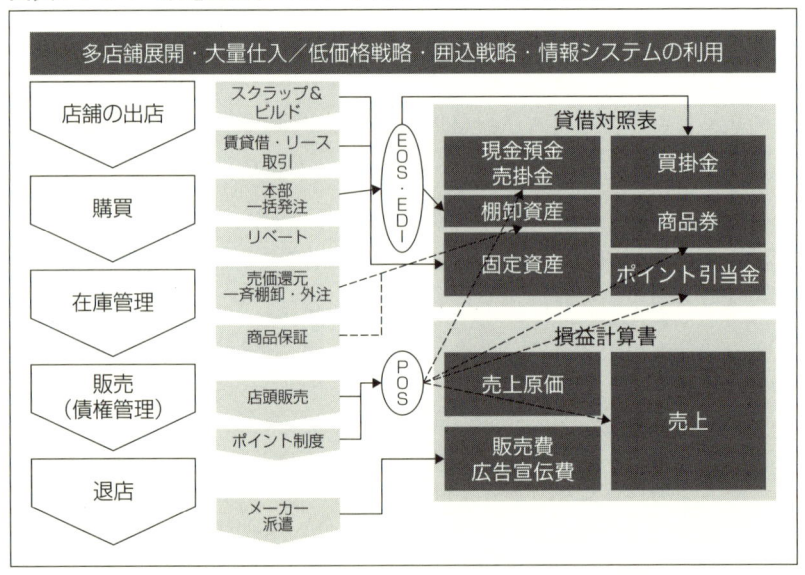

図表2-1-2-4　家電量販店のビジネスとB/S・P/Lの特徴

```
多店舗展開・大量仕入／低価格戦略・囲込戦略・情報システムの利用
```

業務フロー	取引・制度	システム	貸借対照表	
店舗の出店	スクラップ＆ビルド／賃貸借・リース取引	EOS・EDI	現金預金／売掛金	買掛金
購買	本部一括発注／リベート		棚卸資産	商品券
在庫管理	売価還元／一斉棚卸・外注／商品保証		固定資産	ポイント引当金
販売（債権管理）	店頭販売／ポイント制度	POS	損益計算書	
退店	メーカー派遣		売上原価／販売費・広告宣伝費	売上

① **店舗の出店**

家電量販店業においても多店舗展開を目指す傾向にあり、スクラップ・アンド・ビルド型の戦略をとっているといえる。

② **購　買**

大量仕入によって仕入先に対して価格交渉力を持つことで仕入単価

第1節　小売業におけるビジネスプロセスと会計につながる業種の特徴

の引下げや規模のメリットによる経費節減を図ることを目指している。

　特に特徴的であるのはリベートの受取りであり、家電量販店業においてはさまざまなリベートの受取慣行がある。主たる取扱品である家電製品はモデルチェンジが短期間に行われることなどから、このようなリベートにより販売促進、粗利の補塡、在庫補償などが図られることになる。

　家電量販店各社は、このリベートを受け取るための戦略を非常に重視しており、会計上、内部統制上、十分に留意が必要である。

③　在庫管理

　比較的多品種の商品を揃える戦略にあるが、家電製品は日常品と比較して高額商品が多く、棚卸資産の評価にあたってはその利益率を管理するためにグルーピングを行わずに先入先出法や移動平均法なども採用される。

　家電量販店も全国各地に多店舗展開を行っていることが多く、すべての店舗において一斉に棚卸を行うことは実務上難しいため、循環棚卸を採用するケースもある。

④　販　売

　a　値引販売

　　家電製品は他業態と比べても価格競争激化の傾向にあり、値引きが頻繁に行われる商慣行下にある。

　b　ポイント制度

　　同業他社との競争が激化する中、顧客の囲込みの観点からポイント制度は家電量販店各社において広く利用されている。

　　ポイント制度に係る会計処理などについても留意が必要である。

　c　商品保証

　　商品保証とは、販売した商品について、一定の保証期間に故障等

第2章　会計と内部統制

欠陥があった場合に無償で交換や修理をするサービスである。家電製品においてはその機能が特に重視されるため、家電量販店各社は通常顧客サービスの一環で商品保証を行うこととなる。

商品保証に係る会計処理についても留意が必要である。

　d　協力会社派遣

協力会社（メーカー）社員による接客は最も販売増加に直結するものと考えられ、家電量販店、協力会社（メーカー）双方のメリットとなることから積極的に活用されている。

⑤　退　店

家電量販店業においても退店を視野においているため、退店を決定するにあたっては会計処理上の留意が必要である。

(5)　ドラッグストア業

ドラッグストアには薬局を併設するケースと、大衆薬に特化するケースの双方がある。ドラッグストア業は近年台頭しつつある業態であり、日用品の大量仕入による低価格販売を重視する一方で、薬事法により保護された利益率の高い医薬品も取り扱うというポートフォリオ戦略をとっている。またコスト削減の観点から、チェーンストアによる多店舗展開を行うといったビジネスモデルを展開する傾向にある（第1章第6節参照）。

第1節　小売業におけるビジネスプロセスと会計につながる業種の特徴

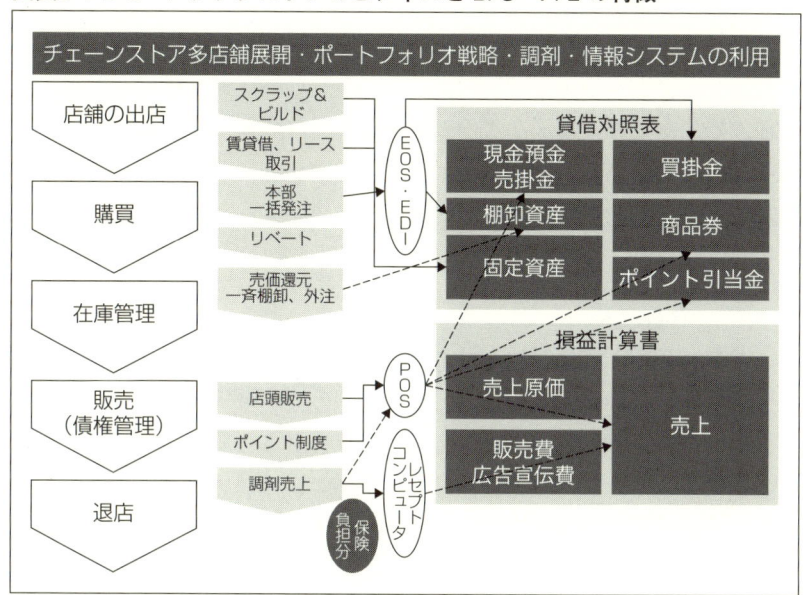

図表2-1-2-5　ドラッグストアのビジネスとB/S・P/Lの特徴

```
┌─────────────────────────────────────────────────────────┐
│  チェーンストア多店舗展開・ポートフォリオ戦略・調剤・情報システムの利用  │
│                                                         │
│  ┌─────┐   スクラップ&                                   │
│  │店舗の出店│   ビルド          ┌─ 貸借対照表 ─────┐      │
│  └──┬──┘   賃貸借、リース  E    │ 現金預金        │      │
│     │      取引         O   │ 売掛金   買掛金  │      │
│  ┌──▼──┐   本部           S    │                │      │
│  │ 購買  │   一括発注      ・   │ 棚卸資産  商品券 │      │
│  └──┬──┘   リベート       E    │                │      │
│     │                    D    │ 固定資産  ポイント│      │
│  ┌──▼──┐   売価還元       I    │          引当金 │      │
│  │在庫管理│   一斉棚卸、外注    └────────────────┘      │
│  └──┬──┘                                              │
│     │                       ┌─ 損益計算書 ─────┐      │
│  ┌──▼──┐                P   │ 売上原価        │      │
│  │ 販売  │   店頭販売      O   │                │      │
│  │(債権管理)│  ポイント制度   S   │          売上   │      │
│  └──┬──┘                    │ 販売費         │      │
│     │     調剤売上      レ   │ 広告宣伝費      │      │
│  ┌──▼──┐              セ   └────────────────┘      │
│  │ 退店  │        保 負  プ                            │
│  └─────┘        険 担  ト                            │
│                   分     コ                            │
└─────────────────────────────────────────────────────────┘
```

① 店舗の出店

　ドラッグストア業においても多店舗展開を目指す傾向にあり、スクラップ・アンド・ビルド型の戦略をとっているといえる。

② 購　買

　ドラッグストア業においても、大量仕入によって仕入先に対して価格交渉力を持つことで仕入単価の引下げや規模のメリットによる経費節減を図ることを目指している。

　そのため、多店舗展開するチェーンストアを含め本部で一括購入する仕組み、一括発注を受け入れる物流センターの設置、それらを効率的に行うためのEOS、EDIの利用などが特徴的である。

　また、仕入先からのリベートを受け取ることも多いことから、会計上、内部統制上留意すべきである。

133

③ 在庫管理

　多品種の商品を揃える戦略にあり、棚卸資産の評価にあたっては売価還元法が広く利用されているが、調剤薬品についてはその利益率管理の観点から総平均法などの方法が採用されることも考えられる。

　多店舗展開を行っているため、すべての店舗において一斉に棚卸を行うことは実務上難しく、循環棚卸を採用するケースもある。

④ 販　売

　ドラッグストアはポートフォリオ戦略をとっており、日用品について大量仕入れによる低価格販売を行う一方で、薬事法により薬価の定められた医薬品の販売や、厚生労働大臣によって定められた「調剤報酬点数表」によってその報酬単価が定められている調剤売上を行う。

　したがって、雇用関係についてもコスト削減の観点からのパートやアルバイトを比較的多く採用する一方で、調剤にあたっては専門の資格を有する薬剤師を採用し薬剤師が処方することとなる。

　なお、ドラッグストアにおいても顧客の囲込みの観点からポイント制度は広く利用されている。

⑤ 退　店

　前述のように、ドラッグストア業においても退店を視野においているため、退店を決定するにあたっては留意が必要である。

第 2 節
購買プロセス

1 小売業における購買プロセスの概要と特徴

　小売業においては、仕入方法にさまざまな種類があり、その方法により業務プロセスの詳細フローや会計処理、内部統制上の留意点も異なる。本節では、まず仕入形態の概要および小売業における仕入の特徴をつかんだうえで、解説を行う。

(1) **小売業における仕入方法**
　小売業における仕入方法には、次のようなものがある。

図表2-2-1-1　仕入方法とリスクの関係

	在庫リスク	商品保管リスク
買取仕入 （条件付き買取商品除く）	負担する	負担する
委託仕入	負担しない	負担する
売上仕入	負担しない	負担しない

① 買取仕入の概要
　　仕入先から商品を完全に買い取る仕入形態で、小売業に限らず、一般的に広く行われている仕入取引と同様の形態である。

買取仕入とは、原則として返品が認められず、納入時より買い手である小売企業が在庫リスクを負う仕入形態である。

ただし、百貨店などにおいてシーズン品等につき返品可能条項や新商品との交換という形で実質的に売れ残り品の返品を盛り込む「条件付き買取仕入」（これを委託仕入という名称で呼ぶこともある）というものもある。

このように欠陥品や注文と異なる商品の納入等の通常認められる返品以外のケースでも返品が広く認められているという点は、小売業共通の特徴といえる。

② 委託仕入の概要

仕入先から一定期間商品を預かり、その販売を委託される仕入形態である。商品の所有権は仕入先にあり、売れ残り品については仕入先が引き取るため小売企業は在庫リスクを負担しないが、保管中の紛失等による損失については小売企業が責任を負うことになる。

③ 売上仕入（消化仕入）の概要

小売企業の店頭において販売されたときに仕入が行われたとする取引形態である。

小売企業に納品された商品であっても、実際に顧客に販売されるまでは、所有権・保管責任ともに仕入先にあり、商品の販売価格の設定も原則として仕入先が行う。

顧客に販売するまでの資金負担や盗難リスクを仕入先が負うことになるため、小売企業側に有利であるとも考えられるが、その分一般的に小売企業側の利益率は低く、また納品や返品といった煩雑な処理を行わなくてよいことから仕入先の側にもメリットがあるといえる。

売上仕入は、主として百貨店や大型スーパーなどで利用される仕入形態である。

(2) 購買活動の特徴
① 卸売企業からの仕入

　小売業の商品については、メーカーから直接仕入れることもあるが、いわゆる問屋と呼ばれる卸売企業を通して仕入れることが多い。

　特にわが国の場合、消費者の行動パターンは、生鮮食品等を日々買い入れる傾向にあることから、近所にある店舗を利用することが多い。したがって、小売企業は多数の店舗への効率的な流通といった観点から、豊富な品揃えと幅広い情報チャネル、長年のノウハウに基づく物流システムの構築等で優位性を持つ卸売企業を利用するのである。

　なお、このような卸売企業1社のみから仕入れるのではなく、さらに2次卸、3次卸を通して仕入を行うケースがあるが、前述のような消費者ニーズに応えるうえで、小規模メーカーや小売企業がそれぞれで流通体制を構築するよりも、流通コスト低減という点で理にかなうともいわれている。

② 物流・配送センターの利用
　a　物流・配送センターのメリット

　　小売業では、魅力的な商品をタイムリーに店頭へ品揃えを行い、また集中購買を行うことでできるだけ低コストで効率的に商品を仕入れるために、物流・配送センターを備えていることが多い。

　　特にスーパーや家電量販店等の場合、低価格かつ豊富な品揃えを実現すべく多品種・大量の商品を仕入れる必要があるが、多店舗展開を行っている場合には、大量に仕入れた商品を各所に配送する必要がある。

　　なお、日々多品種・大量の仕入が発生するスーパー等の小売業態においては、特に食品類などについて仕入先が複数社にて共同配送を行うことにより、各店舗に直接商品を納品する形態も昨今は増えてきている。

b　アウトソーシング

　近年、輸送から保管・仕分けあるいは在庫管理に至る一連の物流業務について、包括的にアウトソーシングする傾向がある。

　このような業務を請負う物流業者をサードパーティー・ロジスティクス（3PL）と呼ぶが、専門業者として蓄積されたノウハウを駆使して各小売企業に応じたロジスティクス・マネジメントが提案されるため、比較的外部委託に適しているとされる物流業務について、アウトソーシングを行う企業が多くなっている。

　なお、こういった業者に支払う物流委託手数料については、仕入先が負担すべきものとして請求するケースもある。会計処理については後述する。

③　業務のIT化

　小売業に共通する特徴として、取扱品種が多品種かつ大量であることから大量仕入が行われるという特徴がある。このため、一般的には次のようにITを活用した購買管理の手法が採用されている（第1章第1節参照）。

　a　EOS（Electronic Ordering System）
　b　EDI（Electronic Data Interchange）

(3)　**購買戦略の特徴**

①　商品の3分類

　小売企業の購買活動にあたり、商品に関する事前情報の多寡および比較購買努力（その商品を購入するのにどれだけの手間と時間をかけるか）の程度に着目して商品をカテゴライズすることがある。

　具体的には最寄品、買回品、専門品という区分であるが、それぞれの位置づけは次のとおりである。

図表2-2-1-2　商品の分類

比較購買努力＼事前情報量	大	小
大	専門品	買回品
小	最寄品	－

　最寄品とは、商品に関する事前の情報量が多く、購入にあたって他社との比較等の手間をかけず近所の店舗で購入するような商品をいう。スーパーやコンビニで販売される食料加工品や雑貨品がここに区分される。

　買回品とは、事前の情報量はあまりないが、購入に際して遠方に出かけて買物するようなものをいい、衣料品や家電等がこれにあたる。

　さらに専門品とは、事前情報量、比較購買努力ともに大きいものをいい、自動車等がこれにあたる。

② PB商品戦略

　店頭においてPB商品の占める割合が年々増加する傾向にある。

　一口にPB商品といっても、さまざまなタイプのものがあり、次のように分けることもある。

- ノーブランド品
  最寄品に多く、特定のブランド名を持たないもの。NBよりもかなり価格設定が低く抑えられている。
- プレミアム・ブランド品
  買回品に多く、独自のブランド名を持ち、価格がNBよりも高額なことも多い。
- コピーキャット・ブランド品
  独自のブランドネームを持つが、パッケージがNBに類似しており、価格はNBよりも通常安価である。PBで最も多いとされている。
- 価値創造型ブランド品
  品質はNBと同等以上でありながら、価格は低めに設定されている。

③ サプライチェーンマネジメント（SCM）

SCMにより全体最適を目的として、販売・生産・物流の計画をEDIやPOSを活用して一元化することで、特定のプロセスと他のプロセスにおける計画を連動して修正することができる。

また、SCMの過程で生産リードタイムの短縮化およびコスト削減が行われることで、低価格な商品がタイムリーに提供され、これが顧客満足につながり販売増に結び付くと考えられる。

さらに在庫管理においても、生産リードタイムの短縮によって、店頭での在庫がなくなると同時に仕入れることができれば、販売予測に基づいて在庫を保有する必要がなくなり、予測誤りにより過剰在庫を抱えてしまうリスクを回避することができる。

2 購買プロセスの概要

(1) 購買プロセスのフロー概要

商品の購買プロセスの大まかな業務フローは次のとおりである。なお、小売業における仕入形態は前述のとおりであるが、その業務フローについてはほぼ同様であるため、主として買取仕入について解説したうえで、その相違点に触れることとする。

図表2-2-2-1　購買プロセスの業務フロー

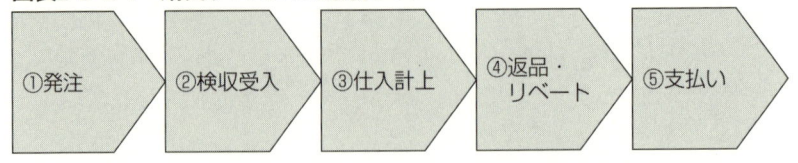

①発注 → ②検収受入 → ③仕入計上 → ④返品・リベート → ⑤支払い

① 発　注

店舗より発注が行われるケースと商品部等が一括して発注を行うケースとがある。どちらの場合においても適切な担当者および責任者

の判断のもとで発注が行われる。

　この点、小売業においては、問屋（卸売企業）ごとに担当者を設定することや、百貨店などでは領域ごとに専門のバイヤーを設定することで、多品種の取扱商品に対してタイムリーな購入を図っている。

a　店舗発注

　店舗での判断に基づいて行われる店舗発注の場合、POSシステムから基幹システムへ発注データを送信することで、本社の商品部等が認識し、さらにEOSやEDIシステムを利用している場合は取引先へオンラインで発注が行われる。

b　一括発注

　大量仕入により仕入価格を引き下げられるもの等、全社的な判断で備蓄商品として大量保有すべきとされたものについては、商品部等により一括発注が行われ、小売企業の物流センター倉庫で保管することとなる。

　ここで、物流センターの形態としては、一般的にDCセンター（在庫保管型物流センター）とTCセンター（在庫通過型物流センター）の2種類がある。

　必要量のみを発注するのであれば通過型のTCセンターで足りるが、商品の安定供給のための在庫確保、リベートの獲得といった購買政策上の課題、あるいはトラックへの一括積載による運送コストの削減といった目的から、特にスーパーや家電などでは保管型のDCセンターも併用されることが多い。

② 商品の検収・受入れ

　物品が到着した際には、物流担当者等が発注データと、納品時に送付される納品書および現物とを照合のうえ、破損や品違い等の問題がなければ受入処理を行う。

a　EDI発注

　EDI等によりオンラインで仕入先と結ばれている場合は、発注

第2章　会計と内部統制

データが欠品情報等を反映したうえで納品データに置き換わるので、これと現物との確認を行う。

b　受入処理場所

一括発注分については、物流倉庫での受入処理が行われることになるが、店舗発注分については、各店舗で受入処理を行う場合と、物流センターで行われる場合とがある。

物流センターにおいては、いったん集中的に受入処理を行い店舗ごとに仕分けを行い、店舗への発送を行うこととなる。なお、DCセンターでは、荷受・検品の後、一定期間保管後、指示に基づいて出荷が行われるが、TCセンターでは荷受・検品の後、即時に店舗ごとの仕分けが行われ出荷されることとなる。

①〜②の業務フローについては次のようになる。

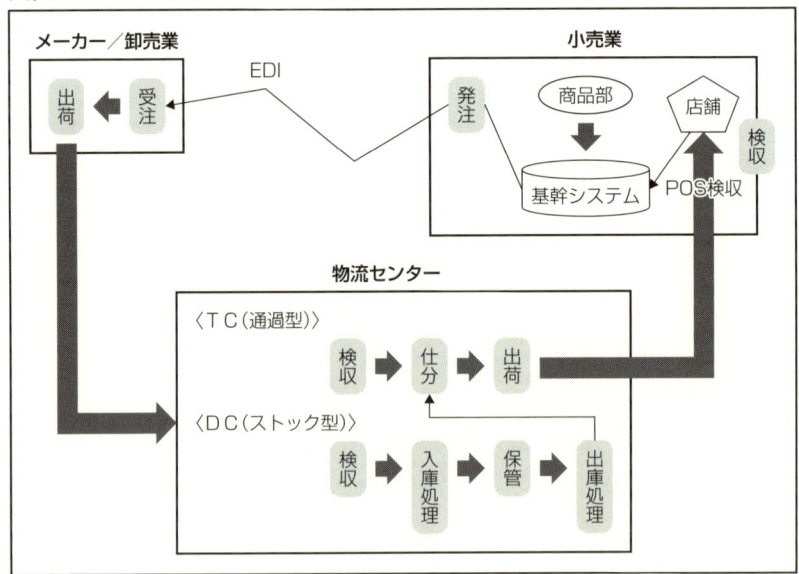

図表2-2-2-2　物流センターにおける業務フロー

③ 仕入計上
　a　買取仕入（通常の仕入）

　　　検収・受入が完了すると物流担当者等により検収データの入力が行われ、当該データを会計システムで取り込むことにより仕入伝票が起票される。

　　　なお、仕入計上は通常、受入ポイントにかかわらず、検収基準で行われる。

　b　委託仕入

　　　買取仕入と異なり、仕入計上は行われない。販売時に通常の売上と区分管理したうえで、一定の計算期間ごとに売上金額を仕入先に報告し、販売手数料を差し引いた額を返金する。

　c　売上仕入

　　　売上と仕入が同時計上されるため、売上時に仕入先とあらかじめ約定を交わしている原価率を乗じた仕入金額が、売上計上額に応じてシステム上自動計上される仕組みを構築しているケースが多い。

④ 返品計上・リベート計上
　a　返　品

　　　わが国における小売業の取引慣行として、いわゆる返品可能商品の契約を仕入先と締結していることがあるため、返品処理も他業種と比較すると多く見受けられる。

　　　返品については、物流センターで集約のうえ返品が行われるケースと、各店舗で返品が行われるケースとがあるが、いずれの場合も仕入先による検品を受けて現物を引き取ってもらい、返品完了後、返品データを確定させ、仕入のマイナス伝票が起票される。

　b　リベート

　　　同じく小売業の慣行として仕入先から受け取るリベート計上も頻繁に行われる。リベートの受取りは、特に低価格販売戦略を志向するスーパーや家電量販店で多く行われる。

第2章　会計と内部統制

　　　リベートは内容が複雑多岐にわたるため、社内において商談の過程を記録したリベート管理台帳等の整備が重要である。
　　　リベート管理の詳細業務フロー、内部統制上の留意事項、会計処理については、「❸リベート管理」において解説を行う。

⑤　支払い

　　　仕入計上データに基づいて、支払サイトごとに集計を行うことで支払データが作成される。これと仕入先より送付される請求書とを照合のうえ、支払期日の到来時に振込みあるいは手形振出し等取引条件に応じて支払処理を実行する。
　　　仕入計上額と支払額との間に差異がある場合は十分検討を行う必要があるが、EDIを利用している場合、請求データが仕入先よりオンラインで転送され、これと仕入計上データとの間で差異があればリストアップされる機能があるため、検証も効率的に行うことができる。

(2)　内部統制上の留意事項

　　購買プロセスにおける重要なリスクと統制は次のとおりである。

- 適切な承認がなされず発注されるリスク
- 検収報告が誤って行われるリスク
- 返品事実が適切に会計処理に反映されないリスク
- 期間帰属を誤るリスク
- 支払いを誤るリスク

①　発注に対する統制

　　社内規程に基づいた適切な権限のもとに発注が行われる。

②　検収に対する統制

　　仕入計上を検収基準に基づいて行う場合、納品時の検収結果は会計上の仕入金額および計上時期の基礎となる。

したがって、誤った検収報告が行われる、あるいは誤った検収データが確定されてしまうリスクを抑えるために、納品時には発注書、納品書および現品を照合のうえ検収報告を行う必要がある。

照合項目は、品名、商品コード、数量、納品日等を対象とする。

単価については通常商品マスタに単価登録されたものに基づいて仕入計上が行われる仕組みになっているため、マスタへのアクセス制限および改定時の責任者による承認等、マスタの管理にも留意する必要がある。なお、商品マスタとは一般的に商品名や単価などの固定的な情報を業務の基幹となるよう記録したマスタ・ファイルのことをいう。

数量については、商品部等による集中購買のほか、直接店舗に納品される場合は、店舗ごとでの検収結果が仕入計上の基礎となるため検収担当者が広範囲に及ぶ。そのため検収作業時の実施手続につき店舗運営マニュアルに反映させる等の社内規程の整備が必要である。

③ 返品に対する統制

返品を行ったにもかかわらず会計上返品処理が行われない場合、在庫の過大計上あるいは仕入債務の過払いの原因となる。

返品時には仕入先とともに検品を行ったうえで返品処理を行い、仕入先より物品受領書を受け取る。この物品受領書と返品データとの照合作業は、経理部門等仕入業務に直接関わっていない他部門が行うことで牽制が図られる。

④ 直送取引

直送取引については、物品が直接に販売先（納品先）に送付されるため、小売企業側では現物の納品を把握することが難しい。したがって、仕入先や販売先から送付書や納品書（物品受領書）等を入手する必要がある。

⑤ 仕入債務の支払金額に対する統制

　小売業の仕入取引は取引頻度が多く仕入先も多岐にわたることから、それぞれの支払条件に応じてあるべき支払金額を確定させるといった業務を効率的に行う必要がある。

　このようなニーズに応じてEDIシステムを採用するケースも多いが、EDIを利用すれば仕入計上から決済までがオンラインで行われることから、仕入計上金額と請求データとの照合が自動で行われることになる。この自動照合の結果、差異がある場合にはその内容を検証することで有効かつ効率的な統制業務となり得る。

　オンラインで取引先と結ばれていない場合には仕入金額の確定データに基づいて支払サイトごとに集計した支払予定表と仕入先より送付される請求書を照合する。

　また、定期的に買掛金の滞留チェックや赤残を確認する等の統制手続を行うことにより、支払業務に関する問題が発見されることもある。

　なお、仕入先との通謀による不正リスクを軽減するためにも購買担当部署と支払担当部署との分離によって内部牽制を図る必要がある。

⑥ ITの利用による統制

　EOSやEDIシステムの利用により発注データ、納品データから請求データに至るまで仕入先との間でオンラインによるやりとりが行われる場合、各データ間の照合がIT業務処理統制として行われる。

　また商品マスタ登録については、アクセスできる担当者を制限するために、権限規程に基づいたIDの付与等アクセスコントロールを行うほか、定期的にバックアップデータを保管しておく必要がある。

(3) **会計処理**

　小売業には大きく仕入形態が3種類あるため、当該形態ごとに会計処理の解説を行う。

第2節　購買プロセス

① 買取仕入

　買取仕入取引については、小売企業は通常、商品が納入され検収が行われた時点で仕入計上の処理を行う検収基準を採用している。この検収時点とは物流センター検収時点のほかに店舗での検収時点があるといえる。

　納品された時点で商品の所有権が小売企業に移転することから、検収時点において確定債務としての買掛金が計上されるのである。

(検収時の仕訳例)

(借)	仕入	×××	(貸)	買掛金	×××

② 委託仕入

　委託仕入取引は、納品・検収時には仕訳処理を行わず、販売時に手数料収入のみを収益計上する。

　①の買取仕入と異なり、納品・検収時には商品の所有権は小売企業に移転しないことから仕訳の起票は行われない。仮に販売せずに期末を迎えた場合であっても、小売企業の在庫ではないことから在庫計上は行われない。会計処理の詳細については、第4節を参照とする。

③ 売上仕入

　売上仕入（消化仕入）取引も納品・検収時には仕訳処理を行わず、販売時に売上と仕入を同時計上する。

　売上仕入の会計処理の詳細については、第4節を参考とする。

(販売時の仕訳例)

(借)	現金預金	×××	(貸)	売上	×××
	仕入	×××		買掛金	×××

④ 物流費用の取扱い

　購入した棚卸資産の取得原価には、購入代価に付随費用の一部または全部を加算することにより算定されるとされている（原則第三5

A、棚卸資産会計基準6-2)。したがって、取得原価の内容は、次のようになる。

取得原価＝購入代価（送り状価額－仕入値引き・割戻し）＋付随費用

ここで、物流センターにおける仕分け作業等を外部業者に委託している場合や物流センターから各店舗といった拠点間の運送に伴って発生するコスト（フランチャイズ等社外への発送に要するコストは除く）については、会計上、税務上の取扱いが論点となる。

a　税務上の取扱い

税務上、次のものについては、商品の購入代価の概ね3％以下である場合は商品の取得価額に算入せず、損金処理することが認められている（法基通5-1-1）。

- 買入事務、検収、整理、選別、手入れ等に要した費用の額
- 販売所等から販売所等へ移管するために要した運賃、荷造費等の費用の額
- 特別の時期に販売するなどのため、長期にわたって保管するために要した費用の額

逆に、購入代価の3％を超える場合は、少なくとも税務上は当期仕入金額と期末在庫金額に按分しなければならない。

なお、物流費用を仕入先が一部負担している場合は、会計上は通常物流費用と同じ原価区分で相殺処理を行うが、明らかに立替えであると認められる場合を除き、税務上の金額判定は相殺前の金額で行うことに留意する。

b　会計上の取扱い

仕入時においては商品の対価のみではなく、引取運賃や購入手数料のほか、税務上の規定を斟酌し、物流センターから店舗への配送時に発生するいわゆる横持運賃や、物流業務を外部委託している場合の検収費等物流費用が購入代価の概ね3％を上回る場合は、これらも取得原価に含めて処理することが考えられる。

なお、横持運賃や物流費用等は仕入計上後事後的に発生するものであるから、取得原価に含める場合、期末に一括して金額基準で在

庫への配賦計算を行うことが考えられる。

【設例】
(前提)
当期商品仕入　　　　1,000,000
横持運賃総額　　　　　 35,000
物流フィー総額　　　　 50,000
期末在庫金額　　　　　200,000
期末在庫へ配賦される横持運賃および物流費用の金額は以下のとおり計算され、仕訳が行われる。
(仕訳例)
(借)　棚卸資産　　　17,000　　　(貸)　仕入　　　17,000
(35,000＋50,000)×200,000÷1,000,000＝17,000
⇒棚卸資産の計上額に賦課される。

　ただし、小売業においては、多品種・大量の商品を取り扱っており、どの仕入先から仕入れた商品がどの店舗に配送され、どれだけ販売されたのかを管理することは、実務上困難であることが考えられる。したがって、重要性が低い場合には、物流費用、リベートを含め（売価還元法の算定式に含まれる）、一括して売上原価または販管費として処理することも考えられる。なお、仕入先に物流費用を負担してもらうケースについても同様に一括処理することが考えられる。

3　リベート管理

(1)　リベート（仕入割戻し）の概要
　リベート（仕入割戻し）とは、仕入先との契約に基づいて、所定の期間内に多額の仕入を行った場合に行われる仕入金額の返金である。仕入代金そのものを減額する値引きや割引とは異なり、通常は仕入代金の支

払いとは別に受け取る。

　このようなリベート取引は、種類が複雑多岐にわたるうえ、算定基準について仕入先より明示されず一定期間経過後に支払われる際に初めて金額が判明するといったケースもあることから、不正や誤謬のリスクが高い項目といえる。

　リベートの受取りは、スーパーや家電量販店で頻繁に行われており、特に家電量販店の取扱商品のうち、AV・情報家電については、メーカーが年に2回程度は新商品を発表するなど商品サイクルが短く、陳腐化が非常に激しい傾向にある。また、特にスーパーや家電量販店業界においては不採算店舗からの撤退・新規出店を繰り返す環境下にあるところ、新規店舗出店の際には集客のため大規模なセールを行うことも多い。

　このような状況から、メーカーもこれに応じたさまざまな形態のリベートを支払うことが通例となっている。

　小売業におけるリベートは、その性質から次の3種類に分類できる。

- 販売促進を目的としたリベート
- 在庫補償を目的としたリベート
- 取引先の各種要請に対応するために受け取るリベート

① 販売促進を目的としたリベート

　対象商品の仕入総額や数量の多寡に応じてメーカーから支払われるものである。

　これには、次が例として挙げられる。

- 契約上、数量に応じて割り戻す単価が定められており、実際の仕入数量に応じて、割戻金額が定められているもの
- 販売数量の達成度合いに応じて割り戻す単価を設定する達成リベートと呼ばれるもの

  （例）1000個以上2000個未満販売　　割戻単価　100円
  　　　2000個以上3000個未満販売　　割戻単価　150円
  　　　3000個以上販売　　　　　　　割戻単価　200円

② 在庫補償を目的としたリベート

　商品サイクルが短い家電量販店業界において特徴的なリベートであり、在庫補償リベートと呼ばれるものである。当該リベートには、メーカーとしては新商品を早く売り出すことを意図していても、家電量販店側においては、いまだ旧商品を大量に保有している場合があり、旧商品を廃棄もしくは安価で売り切るためにメーカー側が家電量販店の被る損失を補填することを意図して支払われるものである。

③ 取引先の各種要請に対応するために受け取るリベート

　協賛金や粗利補填リベートと呼ばれるものであり、メーカーの販売政策に従って、割戻金額が定められることなどが多い。

　協賛金は、種類が非常に多く、継続的に設定されるものや、スポットで設定されるものなどさまざまであるが、総じてメーカーが家電量販店の販売促進費を一部負担するもので、具体的には、特定のメーカーのためのキャンペーンカタログの作成費用であったり、売場の改装・拡張の費用であったり、チラシ・看板等の費用について、メーカーが一部負担するものである。

　粗利補填リベートは、メーカーが卸値を引き下げる際に、家電量販店の有する在庫に対して支払うリベートである。メーカーが新商品を発表しても、競合他社が新たな商品を次々に発表する結果、市場価格は時の経過とともに下落していく。メーカーは、在庫を自社で保有しても販売機会は訪れないため、家電量販店に対し卸値を下げることで売り切りたいと考える。しかし家電量販店としては、既に同商品の在庫を有している場合には、これを販売しない限りは新たな仕入は行うメリットはないといえる。そこで、メーカーが家電量販店が保有する同商品の在庫について、卸値の引下分となるリベートを支払うことで家電量販店は仕入を行うことになる。

　このほかにも、品切れがあった場合の利益喪失の補填として支払われ

るリベートや、物流費を小売業者が負担している場合に負担相当額をメーカー等仕入先に請求する物流リベート、取引条件を現金払いに変更した場合に受け取るリベート、メーカーと直結した受発注システム導入のために費用の一部をメーカーに補填してもらうリベート等、日々の商談を通じてさまざまなリベートに関する交渉が行われている。

　メーカーサイドにおいても極力販売価格を下げたくないという意向が強いことから、さまざまな形で調整が行われるのである。

(2) リベート管理プロセスの概要
　リベート管理プロセスの大まかな業務フローは次のとおりである。

図表2-2-3　リベート管理プロセスの概要

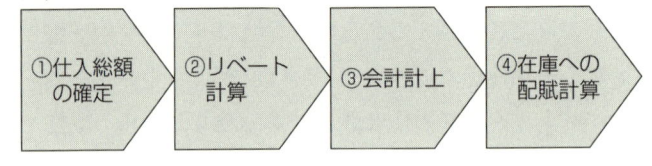

①仕入総額の確定 → ②リベート計算 → ③会計計上 → ④在庫への配賦計算

① 仕入総額の確定
　仕入総額の多寡に応じてメーカーから支払われるリベートの場合、購買システムや会計システム等により一定期間の仕入総額を集計し、リベート計算の基準となる仕入総額を確定させる。

② リベート計算
　覚書や商談メモで定められたリベート計算条件と①で確定した仕入総額に基づき、自社でリベート金額を計算する。その結果と、取引先からの通知額を照合する。

③ 会計計上
　当期中の仕入に対応するリベートを当期仕入高より控除する。なお、リベートの性質により実態に応じた会計処理を行うこととなる。

④ 在庫への配賦計算

上記③の結果を受けて、必要に応じて期末の在庫に対応するリベートを商品ごとに配賦し、期末在庫の単価調整を行う。

(3) 内部統制上の留意事項

リベート管理プロセスにおける重要なリスクと統制は次のとおりである。

- リベートの計算を誤るリスク
- リベート計上の期間帰属を誤るリスク
- 架空のリベートを計上するリスク
- 網羅的にリベートが計上されないリスク

① リベートの適切な計算

リベートは内容が複雑多岐にわたることから、商品部等の交渉過程や結果が不明瞭な場合、計上金額が誤っていても看過されてしまうリスクや、仕入先との共謀による不正の温床となるリスクがある。

このようなリスクを低減するためには、リベートの計上基礎となるリベート管理台帳を整備して算定過程等を明確にし、商談担当者以外による検証可能性を確保しておく必要がある。

また仕入先より極力支払通知を入手するようにし、管理台帳と併せて経理部門等他部門に回付し、これに基づいて経理部門等で計上を行うことにより牽制を図る必要がある。

② リベートに関する未収入金の回収可能性に対応する統制

未収リベートが計上され後日振込みが行われる場合、支払遅延により不良債権化するリスクがある。

計上したリベートについては回収サイト別に回収管理資料を作成のうえ、入金時には入金データに基づいて消込みを行い、期日どおりの入金が行われていない場合は、督促をかける等の仕組みを構築する必

要がある。

　なお、リベートは財貨や役務提供の対価そのものというよりも対価の調整額という面が強いため、一般的な売掛債権や手形債権と比べても、仕入先の予算枠に左右されるなどにより、回収期日が厳守されないこともしばしばある。過去に貸し倒れた実績がない場合でも、期限の延長を繰り返しているにすぎない場合は回収可能性に問題が生じていることも考えられるので、督促をかける、相応の引当金を計上する等の対処が必要となることがある。

　このような回収管理も経理部等の他部門による検証が必要である。

③　仕入に対応したリベートの把握

　多種多量の商品を取り扱っているため、仕入総額の確定に時間がかかることにより、リベート計上の期間帰属を誤るリスクがある。仕入総額の確定に時間がかかる場合であっても、自社で把握している仕入総額に、過去の仕入実績に対するリベート実績率等を乗じることによりリベートを適切に見積る仕組みを構築する必要がある。

④　リベートの網羅的な把握

　購買担当者レベルでの口約束や単純な伝票のやりとりによりリベート交渉が行われるという商慣習もあるため、担当者の不正やミス等により、網羅的にリベートが計上されないリスクがある。

　定期的なローテーションを前提とする、個々の購買担当者による交渉ではなく、購買統括部署による組織的な一括発注およびリベート交渉を行う仕組みを構築することが有効と考えられる。また、リベートの条件設定にあたり、覚書等の書面による合意を徹底し、口約束のみによるものは禁止することも必要な仕組みと考えられる。

(4) 会計処理

① リベートの基本的な考え方

　　リベートの内容は多岐にわたっているため、さまざまな形態のものがあるのが実情である。したがって、契約書、商談記録等を拠り所とし、実態に応じた会計処理（仕入控除、原価控除、在庫控除、販管費控除、営業外収益計上等）を行うことが必要である。

　　この点、小売業においては、主として一定期間に商品を多量または多額に仕入れたことに対する報奨として支払われるものが多く、すなわち、仕入という行為に起因することから、実務上も仕入代金の返戻として仕入高から控除されていることが考えられる。

　　なお、この際、本来は仕入高から控除されるものである以上、リベート収受の対象となった商品が販売されず、在庫として保管されるような場合には、リベート控除後の仕入単価によって在庫金額が算定される必要がある。しかしながら、商品数・種類が多い小売企業においては、リベート金額の確定に時間を要し、容易には受け取ったリベートと期末商品との対応を把握することが困難であることから、重要性に応じて受け取ったリベートを売上原価の控除項目とする場合もある。

② リベートの計上時期（税務上の取扱い）

　a　算定方法が明示されている場合

　　　リベート（仕入割戻し）の算定方法が契約等によって購入価額または購入数量をもとに定められている場合は、購入した日にリベートを計上するとされている（法基通2－5－4）。

　b　その他の場合

　　　aに該当しないリベートの場合には、通知を受けたときにリベートを計上するとされている（法基通2－5－4）。

　いずれの場合においても、一定期間支払いを受けないリベートについて、企業が実質的に利益を享受することができないと認められた場合には実際の受取り時にリベート計上することが認められている（法

基通2－5－5)。

　なお、法人が購入した棚卸資産に係るリベートの金額につき、上記に定める事業年度において計上しなかった場合には、後日リベートを総仕入高から控除することは認められないこととなる。仮に税務調査等でこのようなリベートの未計上が発覚した場合は、本来、在庫へ配賦されるべきものも含めすべて益金として認定されてしまうため留意を要する。

③　リベートの計上時期（会計上の取扱い）

　リベートが仕入代金の返戻としての性質を有する以上、発生主義に基づき計上する時期は、当該リベートが発生することとなった仕入行為の完了時と考えられる。なお、リベートに関する契約内容はさまざまであり、金額の確定に時間を要する場合もある。

　したがって、計上時期については、税務上の取扱いを参考にして次のように区分されると考えられる。

a　算定方法が明示されている場合

　⇒仕入計上を行った事業年度においてリベートを計上。

b　その他の場合（算定基準が定まっていないものあるいは算定基準が仕入先より明示されないもの）

　⇒支払通知を仕入先より受けた事業年度においてリベートを計上

実務上は、月次処理においては仕入先から通知のあったときに仕入額より控除し、決算時において通知が未達であるリベートに関しては、契約や過去のリベート収受の状況を勘案して見積り、仕入より控除することが考えられる。

④　具体的な仕訳例

a　期中リベート受取時の仕訳例

　仕訳処理は受取方法によって次のとおりとなる。

第2節 購買プロセス

【設例】

(前提)
- 仕入先との契約で、3,000以上仕入れた場合には、仕入額に対して10%のリベートが支払われることになっている。
- 当期に商品5,000を仕入れた。
- 仕入先のリベートの支払いは、商品納入の1か月後である。

(仕訳例)
- リベート500について、買掛金との相殺によって決済する場合

| (借) | 買掛金 | (*)500 | (貸) | 仕入割戻 | 500 |

- リベート500について、仕入先より後日振り込む旨の通知があった場合

| (借) | 未収入金 | 500 | (貸) | 仕入割戻 | 500 |

(*) 5,000×10%=500

b 決算時の未収計上

リベートの計算期間が期末を越えて設定されている場合は、当初の契約に基づいて未収計上を行う必要がある。

【設例】

(前提)
- 2月～6月における該当商品の仕入数量に応じて1個当たり5円のリベートを受け取る契約を締結した。
- リベートの支払いは計算期間終了後の翌月末に行われる。
- 実際の該当商品の仕入実績は次のとおりである。
  2月　300個
  3月　500個
- 当社は3月決算である。

(仕訳例)

| (借) | 未収入金 | (*)4,000 | (貸) | 仕入割戻 | 4,000 |

(*) 5円×(300個+500個)=4,000

⑤　在庫への配賦

　　リベートは、本来は対象となる個々の商品ごとの仕入価格に反映させるべきであるが、内容が複雑多岐であり事後的に金額が判明することも多いため、個々の仕入価格に紐づけるのは困難なことも多い。

　　そこで、重要性に応じて決算時において全体の仕入金額と在庫金額に金額比で一括按分するといった配賦計算を行うことや、一括して売上原価に計上することが実務上行われることも多い。

【設例】

(前提)
期末においてリベートを商品仕入高と在庫金額に金額比で按分する。
　　当期商品仕入高　　　1,000,000
　　期末在庫　　　　　　　20,000
　　リベート　　　　　　　　　500

(仕訳例)

　（借）　仕入割戻　　（*）10　　（貸）　棚卸資産　　　　　10

（*）$500 \times (20{,}000 \div 1{,}000{,}000) = 10$

第 3 節
在庫管理

1 小売業における在庫管理プロセスの概要と特徴

　小売業においては消費者ニーズに対応するために、各業態によって幅はあるものの、さまざまな種類の商品を取り扱う。魅力ある商品をタイムリーに品揃えするためには、その在庫管理プロセスも重要となる。
　本節では、まず在庫管理プロセスの概要と特徴をつかんだうえで、そのサブプロセスごとに解説を行う。

⑴　在庫管理プロセスの構成
　在庫管理プロセスの構成内容を次のように捉え、それぞれ解説を行う。

図表2-3-1　在庫管理プロセスの概要

サブプロセス	解説内容
受払管理	数量受払いおよび単価計算のフローと内部統制上の留意事項
棚卸の実施	棚卸の業務フローと内部統制の留意事項
在庫分析	商品戦略
評価	会計処理
商品保証	概要、業務フロー、内部統制上の留意事項、会計処理

① 受払管理
　小売業界では取扱商品が多品種、多量であり、商品ロス管理の精緻

化という観点からも継続的な受払管理が重要である。商品ロスとは、継続的な受払いによって算定される理論上の在庫数量と実地棚卸の結果把握される実際の在庫数量との差異であり、棚卸ロスともいう。

② 棚卸の実施

棚卸は期末の在庫金額を確定させるためのプロセスであるが、業界の特徴として盗難等による商品ロスの金額が大きくなる傾向があることから、この商品ロスの金額を確定させるためにも棚卸は不可欠であり、同時に売上原価の確定にも重要なプロセスである。

③ 在庫分析

小売業では、消費者のニーズに応じて多品種の品揃えが求められる一方で商品のライフサイクルが短縮化していることも考え併せると、在庫分析に基づく購買の意思決定プロセスが非常に重要となる。

④ 評　価

小売業では幅広い品揃えを展開しており、例えば百貨店では衣料品をはじめとしてファッション性の高い商品を仕入れており、家電量販店ではメーカーから次々と新商品が導入されるなど、その商品ライフサイクルは短いものも多いといえる。

したがって、特に陳腐化が激しい商品を取り扱っている業界においては、決算時に棚卸資産会計基準に基づき正味売却価額が取得原価より低下している場合に正味売却価額で処理することから、当該決算プロセスの整備も重要となってくる。

⑤ 商品保証

小売業における商品保証とは、販売した商品について、一定の保証期間に故障等欠陥があった場合に無償で交換や修理をするサービスである。将来の費用負担見込額として引当金計上を行うほか、保証形態

に応じて会計処理が異なるため留意する必要がある。

(2) 在庫管理プロセスの特徴
① ITの利用
　小売業においては、取り扱う商品が多岐にわたるため在庫管理は通常ITを利用して行われる。

　商品単位については、セット販売する場合、セット単位のJANコードで設定する場合とセット品についても分解して単品ごとのJANコードに基づいて設定する場合があるが、いずれにしても企業の設定した商品単位ごとに、期首在庫、当期受入高、当期払出高、期末在庫の情報が把握できるようシステムを構築する。

　なお、JANコードとは、JISにより規格化された自社商品に貼り付けるバーコードタグの番号（商品識別コード）のことをいう。

　最終的な売上原価金額および在庫金額の算定については、業界の特徴上、商品ロスが大きいことからこれを反映させる棚卸プロセスが特に重要となるが、商品ロス金額を厳密に把握する前提として受払管理の精度を高めることも同様に重要である。

② 多額の商品ロス
　小売業界、特にスーパーやコンビニ等においては、盗難等を原因とした商品ロスが多額となるという特徴がある。

　製造業等ではこのような帳簿在庫と実際在庫との差異は在庫横流し等の不正リスクが潜んでいる可能性もあることから、重要な金額が発生している場合には徹底した原因調査が一般的に行われる。しかし、差異の主な原因が店頭での盗難である場合、その性質上原因を特定することは困難であるといえる。

2 受払管理

(1) 業務フロー

受払管理プロセスにおける業務フローは次のようになる。

図表2-3-2　受払管理の業務フロー

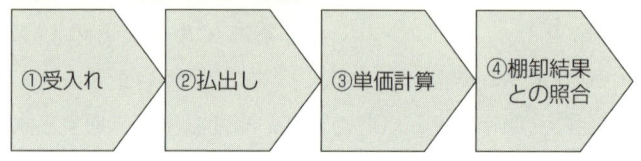

①受入れ → ②払出し → ③単価計算 → ④棚卸結果との照合

　受払管理における業務プロセスは数量的な観点からの受払記録と金額的な観点からの単価計算とに分けられる。

　取り扱う商品が多岐にわたるため在庫管理は通常ITを利用して行われるが、企業の設定した商品単位ごとに、期首在庫、当期受入高、当期払出高、期末在庫の情報が把握できるようシステムが構築される。

① 受入れ

　受入数量の把握については独自に入力作業を行うのではなく、EDIシステム等の購買システムよりそれぞれ情報が転送され、これを取り込むことによって行われる。

② 払出し

　払出数量の把握はPOSシステム等の販売システムより情報が転送され、これを取り込むことによって行われる。

③ 単価計算

　在庫の単価計算については、所定の会計方針に基づくこととなるが、一般商品のほかに百貨店などでは高額商品を取り扱うことが考え

られる。それぞれ次のような会計方針を選択することが考えられる。なお、評価の詳細は「**❺評価**」を参照のこととする。

　a　一般商品

　　製造業等では先入先出法や総平均法等が採用されることが多いが、小売業では取扱商品が多岐にわたることから、個々の商品に関する受払管理が不要な売価還元法を採用する企業も多い。

　　ただし、単品ごとの原価管理により精度の高い採算管理を実現することを目的として、小売業においても総平均法等の採用に切り替えて行く企業も見受けられる。

　b　高額商品

　　商品単価が高額であるため、一般商品とは別途管理し、個別法でより厳密な評価を行うことが考えられる。

④　棚卸結果との照合

　小売業界の特徴として店頭での盗難等の発生が不可避であることから、商品ロスが大きくなる。このようなロス管理を行ううえでも、受払管理および棚卸の精度を確保することは不可欠である。

(2)　内部統制上の留意事項

受払管理プロセスにおける重要なリスクと統制は次のとおりである。

- 受払いを誤るリスク
- 単価計算を誤るリスク
- 盗難や不正により商品ロスが発生するリスク

小売業においては基本的にITを利用した業務処理統制が行われる。

① 受払いに対応する統制

　受払データが仕入や返品、売上といった各種伝票データに基づいて作成される仕組みを構築すれば、手作業で行われる場合に比較して受

払処理を誤るリスクは低減すると考えられる。

また重複計上により受払処理を誤るリスクについては、商品コード等でキー設定し、同一コードでの二重計上が行われないような仕組みとすることで対応できる。

計上のタイミングに関しても、各伝票データの更新日に基づき処理がなされ、訂正により元の伝票データが変更された場合でも連動して修正される仕組みを構築すれば計上漏れ等のリスクにも対応することができる。

ここで、小売業では、JANコードが付されている品目については、通常受払データは仕入や返品、売上といった各種伝票データに基づいて作成されるため、手作業が介在する余地が少ない。したがって、手作業あるいはITに依存しながらも手作業でのチェックが入るプロセスに比べ受払いに係るリスクは低くなる。

ただし、システムの特性として所定のルールに従って大量のデータ処理を継続的に行うという点から、二重計上や計上漏れ等のリスクに配慮して当初からのプログラム設計を誤らないことが重要である。

② 単価計算に対応する統制

単価計算については、企業が採用している会計方針に則ってプログラムを組めば、自動計算が継続的に行われる。ただし、当初のロジックに基づいて一貫した計算が行われているかには留意する必要がある。

すなわち、当初のプログラム設計時には想定されなかった取引の発生やシステムトラブルにより異常単価を計算してしまい、大量にデータ処理されてしまうといったリスクもある。

このようなリスクに対し、単価マスタ上設定されている受入単価と会計方針に基づいて算出された計算単価との乖離状況を分析し、著しく乖離している場合には当該品目の単価計算を再検証することが効率的かつ有効な統制となり得る。

③　商品ロスに対応する統制

　　盗難や従業員による不正に関しては、盗難防止ゲートを店舗の入り口に設置する、監視カメラを設置する等一定のコストをかけることで盗難等の件数自体を減らすことはできる。また、例えば、百貨店における絵画や宝飾品等の高額商品であれば、警備を厳重に行い、鍵の管理を徹底するなどの日常の管理を厳格にすることが考えらえる。

　　ただし、費用対効果の関係から完全にリスクを排することはできないのが実情である。

3　棚　卸

(1)　棚卸方法の種類

　棚卸とは、期末等の一定の時点において商品の現物を実際にカウントすることで、期末の在庫金額および払出金額を確定させるプロセスである。

① 棚卸の方法

　棚卸の方法としては、次の2種類がある。

　a　棚札方式

　　　商品ごとに棚札を添付し、実際にカウントした数量を記入のうえ、回収して集計を行う。

　b　バーコード方式

　　　商品に添付されているバーコードをハンディーターミナルで読み取り、実際にカウントした数量を入力のうえ、その結果をPOSに取り込んで、在庫計算を行っている基幹システムへと転送する。

② 外部委託

　多店舗展開を行っている業界において、棚卸は各店舗や物流倉庫等

を含め原則としてすべての拠点で実施する必要があることから自社の人員だけではマンパワーが不足であるということもあり、棚卸の専門業者に棚卸を委託するケースも多く見受けられる。

ただし、一斉棚卸が困難な場合は、部分的に棚卸を行い、一事業年度をかけて全品目を対象として棚卸を実施するという循環棚卸を行う場合もある。

(2) **棚卸の業務フロー**

棚卸プロセスにおける業務フローは次のようになる。

図表2-3-3　棚卸の業務フロー

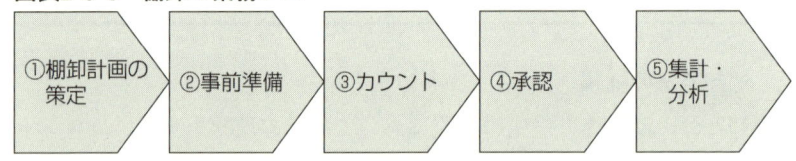

①棚卸計画の策定 → ②事前準備 → ③カウント → ④承認 → ⑤集計・分析

① 棚卸計画の策定

マニュアル作成、人員配置、棚卸方法等の周知徹底が行われる。

業界的に取扱品種が多岐にわたり、また多店舗展開している場合、棚卸の実施拠点も多く全社的なコントロールが困難であることから、棚卸の精度が低くなるリスクは高いといえる。

こういったリスクを低減するうえで、まず棚卸要領等のマニュアルを整備し、社内あるいは外部委託業者を問わず棚卸に携わるメンバーに周知することが重要である。

また、実務上一斉棚卸として、期末日の数日前より順次段階的に店舗単位でスケジュールを組んで実施するケースがよく見受けられるが、店舗間移動や物流センターへの返品等に際して、在庫の重複計上あるいは計上漏れが発生するリスクがあることから、これらの移動には十分留意しながら棚卸のスケジュールを検討する必要がある。

② 事前準備

　棚卸対象品の区別（預り品、総価仕入品、見本（サンプル）品、取置き品、外商商品）、バックヤードの整理、保管場所レイアウト図の作成等が行われる。

　サンプル品やディスプレイ用で空箱を置いている場合等は棚卸時に棚卸対象品との区別を明確にするために、売場から撤去するあるいは箱の向きを変えるなど配慮しなければならない。

　また、百貨店業界等で行われる売上仕入品に関しては、販売時まで自社の棚卸資産として認識されないことから同じく棚卸対象外品として通常の商品在庫と区別して明示する等の対応が必要となる。

③ カウント

　棚卸担当エリアの割当に従って、2名一組などでカウントおよび記入・入力作業を行う。なお、棚卸が終了したエリアには完了した旨の表示を行っていくことで、棚卸の網羅性につき作業担当者以外による検証が可能となる。

　棚卸については専門業者に委託している場合であっても自社でダブルカウントを行う等により棚卸の精度を確保する必要がある。また、棚卸結果を集計後、一定金額以上の棚卸過不足が発生した場合には、再度現物にあたり、棚卸結果に誤りがないか確認する。

　このような差異分析を有効に行うためには、現物が動いてからでは遅いので、タイムリーな集計が重要となる。

④ 承　認

　売場責任者によるチェックが抜き取り等により行われ、本社の基幹システムへの転送データの妥当性が検証される。

⑤ 集計・分析
　a　集　計
　　棚卸結果については、実際にカウントした結果を基幹システムへデータ転送し、そこで理論在庫と棚卸結果との差異である棚卸過不足を集計する。
　　集計の過程で、棚卸の誤り等が判明した場合には棚卸金額を修正したうえで、最終的な在庫金額として確定させる。
　　なお、棚卸の主目的は数量の確定であるが、在庫の評価方法として売価還元法を採用している場合は、特に店舗で売価を変更しているようなケースにおいて、マスタ売価と実際の店頭売価が合致しているかについてもチェックが行われる。
　b　分　析
　　商品ロスについて、そのすべての原因を特定することは困難であるがロス金額自体については把握したうえで、異常値分析を実施すべきである。分析の結果、異常値があった場合、例えば棚卸を誤っている可能性が考えられ、該当商品について棚卸の再実施等が必要となることもある。
　　再実施を行うことで棚卸の誤りを発見することができれば、在庫金額の精度を確保することが可能となる。また、このような分析が在庫の横流し等不正発覚の端緒となることもある。
　　なお、売上に対する商品ロスの比率をロス率というが、決算時にロスの損益インパクトを一時に顕在化させるのではなく月次ベースで過去の実績等に基づくロス率を加味して管理することにより、期中よりある程度のロスの見込額を織り込むことも期中業績管理を厳密に行ううえで有用である。

(3) 内部統制上の留意事項

棚卸プロセスにおける重要なリスクと統制は次のとおりである。

- 誤った実地棚卸の結果が反映されるリスク
- 集計を誤るリスク
- 棚卸結果のデータ転送を誤るリスク

① 棚卸に対応する統制

　前述のような棚卸要領の整備と周知、入念な事前準備、ダブルカウント、責任者の全般的なチェック等により棚卸の精度を確保することで、適切な棚卸の結果が帳簿に反映されることになる。

② 棚卸結果の集計に対応する統制

　棚札方式を採用している場合、架空在庫の計上余地を排除するために、棚札の訂正は極力禁止し、数量記入を誤った場合には新たな棚札を利用することとするほか、棚札の連番管理とタグコントロールと呼ばれる使用後の連番チェックを実施することで、棚卸結果の集計を誤るリスクを低減できる。

③ 棚卸結果のデータ転送に対応する統制

　基幹システムへ転送される棚卸結果のデータが誤るリスクがある。ただし、取扱商品が膨大であることから転送データのすべてを検証することは非効率であり、システムの信頼性に依拠することもやむを得ない面がある。しかし、1件ごとの検証は困難であっても、棚卸結果のデータ件数と基幹システムに取り込まれたデータ件数の一致を確認する等により大量のデータ転送が適正に行われていることを確認することで一定レベルの心証は得られると考えられるため、これも有効な統制の一つといえる。

④ ITの利用による統制

　棚卸プロセスにおいても、集計から基幹システムへの転送、在庫確定額の会計処理に至るまでITシステムに大きく依拠していることか

ら、転送エラー時におけるエラーメッセージの表示等、各インターフェースにおける転送ミスが起こらないような統制の構築が重要となる。

4　在庫分析プロセス

(1) **在庫分析の必要性**

小売業界では、消費者のニーズに応じて多品種の品揃えが求められる一方で商品のライフサイクルが短縮化していることも考え併せると、在庫分析に基づく購買の意思決定プロセスが非常に重要となってくる。

(2) **分析手法**

① ABC分析

在庫分析を効率的に行う代表的な手法としてABC分析と呼ばれるものがある。一律に全商品を対象に在庫分析を実施することは、手間を要するうえに効果があがらない。ABC分析では売上の貢献度が高い商品群からABCと分類し、主力商品群であるAグループについては、重点的な管理を行い、主力商品を補完するBグループについては緩やかに、死筋商品であるCグループについてはさらに緩やかな管理を行う。

企業の在庫保有方針にもよるが、一般的に全アイテム数の2割程度を管理すれば金額ベースで在庫全体の8割程度をカバーできるといわれており、このことからアイテム数を絞り込んでも効果的な管理を行うことができるといえる。

さらに商品のライフサイクルと組み合わせて考えると、導入期⇒成長期⇒成熟期⇒衰退期というサイクルの中で、導入期および衰退期はCグループ、成長期はBグループ、成熟期は稼ぎ頭のAグループとし、成熟期のAグループは欠品がないよう厳密な管理を行うが、逆

に衰退期のCグループについては導入期のCグループとも異なり、商品の在庫保有数を抑えていくべきであると分析される。

さらに、商品群のABCカテゴリーは常に不変であるわけではなく各グループ間での昇格・降格がある。例えば同じ衰退期のCグループでもAグループから降格したものと、成熟期を経ずにBグループから降格したものとでは後者のほうが今後の売行きが見込めないと予測されることから、仕入数をより抑えるといった対応を図ることで精緻な在庫管理を行うことができる。

② 在庫回転率分析・在庫回転期間分析

このほか、在庫分析の手法として在庫回転率等を用いた分析がある。

在庫回転率＝売上高÷在庫金額

これを品種ごとに算出し、在庫回転率が高いほど、在庫を多く持たずして売れているといえ、売行きがよい商品であると判断される。

一方、同じく在庫の回転を示す指標として、時間の長さで表される回転期間分析も行われる。

在庫回転期間（月）＝在庫金額÷売上高（月）

ただし、いくら売行きがよくても利益率が低ければ必ずしも貢献度が高いとはいえないことから、採算も加味した指標として交差比率というものがある。

交差比率＝在庫回転率×粗利益率
（注）粗利益率＝粗利益÷売上高であるから、交差比率は粗利益÷在庫金額により算出される。

例えば、生鮮品の場合だと売上頻度は高いため、在庫回転率は高くなるが利益率は低い。逆の傾向にある宝石類や呉服等いわゆる高額商品と比べどちらの貢献度が高いかは、この交差比率を用いることが一

つの判断材料となる。

　また、在庫回転率と粗利益率のマトリックスによって、薄利多売型かあるいは厚利少売型かといった商品の性質を読み取ることができるのでこれを販売戦略に反映させることも可能となる。

　このほか、小売業の場合、季節的変動が激しい商品も多く取り扱うが、売行きの季節的変動を在庫管理に反映させる方法として季節変動指数（各月の累計売上÷累計年間売上：累計期間は直近5年間等実情に応じて設定する）を利用する手法がある。

　例えば、この指数が100％以上の月は売上が伸びるということであり、在庫をあらかじめ多く仕入れておくといった対応が可能となる。

　このような商品ごとの分析により、月別の購買計画を策定するうえでの有用な情報を得ることができる。

5　評　価

(1)　評価業務フローの概要

棚卸資産を評価するにあたっては、次のような業務フローが考えられる。

図表2-3-5-1　評価の業務フロー

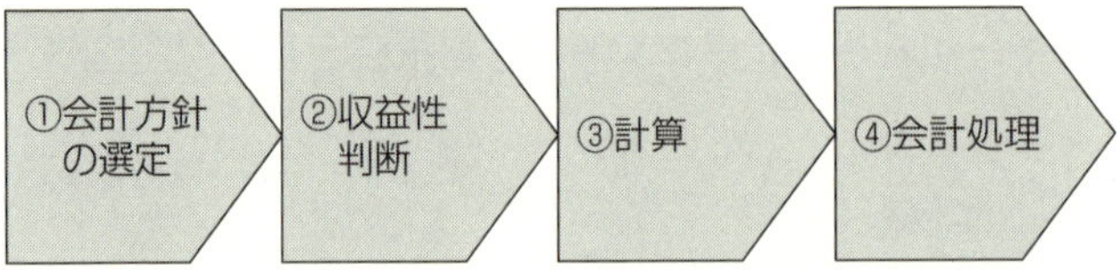

①会計方針の選定 → ②収益性判断 → ③計算 → ④会計処理

①　会計方針の選定

　商品の評価を行ううえで、まず一般商品と高額商品といったように性質が大きく異なるものがある場合は、それぞれにカテゴライズして管理することになる。

　この分類に応じて、例えば一般商品については売価還元法を適用す

るが高額商品については個別法を適用する等、それぞれに適した評価方法に関する会計方針を選択適用する。

② 収益性判断

決算時において、正味売却価額が取得原価よりも低下している場合は、正味売却価額で評価し差額を簿価切下額として計上しなければならない（棚卸資産会計基準7）。

営業循環過程から外れた滞留品についても同様に簿価切下げの検討を行う必要があるが、合理的な評価額を算定できない場合には、実務上一定の回転期間を超える場合に規則的に簿価を切り下げる等の対応も考えられる。

③ 計　算

単価計算は、①で選択適用した所定の会計方針に基づいて規則的に計算が行われ、その結果算定される簿価については②の収益性判断を経て簿価切下げの要否を検討する（棚卸資産会計基準9⑵）。

④ 会計処理

単価計算は通常システムによる自動計算に依拠するが、収益性判断のプロセスについては見積りの要素が介在するため、経理責任者による適切な承認が必要である。

(2) **内部統制上の留意事項**

評価プロセスにおける重要なリスクと統制は次のとおりである。

- 簿価切下額の計上が漏れる。
- 単価計算を誤る。

① 簿価切下額の計上漏れに対応する統制

正味売却価額の算定方法、長期滞留在庫の処分ルール等商品の簿価

第2章　会計と内部統制

切下げに関する社内規程等を文書化したうえで、担当者以外の上席者による検証が可能となるよう算定過程についても明確化する。

② 単価計算の誤りに対応する統制
「❷受払管理」を参照のこととする。

(3) 会計処理
① 棚卸資産の評価方法
棚卸資産の評価方法について、次の中から会計方針として選択し、毎期継続適用しなければならない。

図表2-3-5-2　評価方法

評価方法	具体的な内容	期末評価
平均原価法	取得した棚卸資産の平均原価を算出し、この平均原価によって期末棚卸資産の価額を算定する方法。移動平均法と総平均法とがある。	●総平均法 期末数量×{(期首在庫金額＋当期仕入金額)÷(期首在庫数量＋当期仕入数量)} ※計算期間は年次のほか月次、四半期、半期で行われることもある。 ※移動平均法は払出の都度平均原価を算出する方法。
先入先出法	最も古く取得されたものから順次払出しが行われ、期末棚卸資産は最も新しく取得されたものからなるとみなして期末棚卸資産の価額を算定する方法。	左記に従って計算されるため、期末近くに取得したものから順次期末単価として用いられる。
売価還元法	値入率の類似性に基づく棚卸資産のグループごとの期末の売価合計額に、原	グループ別売価合計×原価率：{(期首原価＋期中

	価率を乗じて求めた金額を期末棚卸資産の価額とする方法。	仕入原価)÷(期首売価＋期中仕入売価)}
個別法	取得原価の異なる棚卸資産を区別して記録し、その個々の実際原価により期末棚卸資産の価額を算定する方法。	個々の商品の取得原価

※なお、継続して適用することを条件として、最終で仕入れた際の単価により期末棚卸資産の価額を算出する方法である最終仕入原価法によることもできる場合があるとされている。

　a　一般商品

　　取扱品種の多い小売業では、単品ごとの原価管理が不要である売価還元法を採用しているケースが多い点が特徴として挙げられる（売価還元法については(4)参照のこと）。

　b　高額商品

　　百貨店業等で扱われる高額商品については一般商品と値入率が異なるため、同じグループ内で評価計算を行うことは合理的でない。

　　絵画等の美術品や宝飾品等個々の個性が強い商品については個別法等により別途評価計算を行うことが考えられる。

② 収益性低下の判断

　a　基本的な考え方

　　期末の棚卸資産について収益性が低下していると見込まれる場合は、評価額にこれを反映させるために、簿価を切り下げる処理を行わなければならない。具体的には、期末における正味売却価額が取得原価よりも下落している場合には、正味売却価額をもって評価し取得原価との差額を当期の売上原価として処理する（棚卸資産会計基準7、17）。

　　正味売却価額とは、売価から見積販売直接経費を控除したものである（棚卸資産会計基準5）。理論的には将来時点の売価を用いることになるが、合理的な見積りが困難な場合は、期末前後での販売

実績に基づく価額でも認められている（棚卸資産会計基準8）。

この正味売却価額について、例えばスーパーやドラッグストアにおいては、基本的に在庫の回転期間が短期であり将来の売価と期末前後での売価で大きく乖離することはないものと想定されるため、期末前後の販売実績を用いても差し支えないものと考えられるが、値下げが予定されている場合にはこれを反映させるべきである。

b　処分見込み品

このほか、営業循環過程から外れた滞留または処分見込みの棚卸資産について、正味売却価額を合理的に算定できない場合は、処分見込価額（ゼロまたは備忘価額を含む）まで切下げを行う方法や一定の回転期間を超えるものについて規則的に簿価を切り下げる方法により評価することができるとされている（棚卸資産会計基準9）。

小売業においては取扱商品が多岐にわたることから、それぞれの特色に応じて収益性低下の有無を検討する必要がある。

例えば、生鮮品は、値下げによって売り切り、売れ残り品については廃棄処分を行うため在庫を持たないことが多く、このような場合には簿価切下げの論点は生じない。

また医薬品等は返品制度により売れ残り品を仕入価格で返品できる場合が多いことから、こういった商品についても簿価切下額が多額に計上されることはないといえる。

一方、衣料品については流行に売れ行きが左右されることもあることからシーズンを超えた場合には予想される販売価格に応じて一定の簿価切下げを行う等が考えられる。

なお、簿価切下額については洗替法と切放法のいずれの方法も認められているが、いったん採用した方法は毎期継続適用する必要がある（棚卸資産会計基準14）。

(4)　売価還元法の計算方法

取扱品種の多い小売業や卸売業における棚卸資産の評価には、売価還

元法が認められ、実務上も多く採用されている。売価還元法は、棚卸資産のグループごとの売価合計額に原価率を乗じることにより、期末帳簿価額を計算する方法である。

原価率算定のための商品グループ決定に際しては、商品の物理的な特性よりも、値入率の類似性に着目することがポイントになる。極端に原価率の異なる商品を一つのグループとした場合には、原価率に売価ベースの期末在庫金額を乗じて求められる期末在庫原価が適切に計算されないからである。

実務上、原価率の類似性を判断するにあたっては、仕入先ごとに値入率（原価率＝1－値入率）が同じであることが多いことに着目し、いくつかの仕入先ごとにグルーピングするケースも多くみられる。なお、原価率の類似性をあまりに厳密に考え、グルーピングを多くしすぎると、在庫の現物とグルーピングの関係を特定することが難しくなるため、適正な原価率算定ができなくなるおそれがある点に留意が必要である。

① 法人税方式と連続意見書方式

　a　連続意見書による売価還元法の原価率

連続意見書第四で示されている売価還元平均原価法と売価還元低価法の原価率算定式が、上場企業等においては実務上多く採用されている。売価還元平均原価法の原価率算定式は次となる。

$$\frac{期首繰越商品原価＋当期受入原価総額}{期首繰越商品小売価額＋当期受入原価総額＋原始値入額＋値上額－値上取消額－値下額＋値下取消額}$$

また、売価還元低価法の原価率算定式は、売価還元平均原価法の原価率算定式の分母から値下額と値下取消額を削除したものであり、棚卸資産会計準適用前から「売価還元法を適用する企業が低価評価の目的を達成するにはこの方法によることが是認されている」とされてきた（連続意見書第4三）。

このため、上場企業等において、これまで売価還元低価法には当該方法を採用している企業が多いといえる。原価率算定式は次となる。

$$\frac{\text{期首繰越商品原価}＋\text{当期受入原価総額}}{\text{期首繰越商品小売価額}＋\text{当期受入原価総額}＋\text{原始値入額}＋\text{値上額}－\text{値上取消額}}$$

b 法人税法における売価還元法の原価率

　法人税法においては、売価還元法とは次の原価率算定式によることになる。一部の上場企業等のほか、中小企業において売価還元法を採用する場合には、当該原価率によっていることがほとんどかと考えられる。当該方法が中小企業等において広く採用されている背景には、法人税法で定められた法定評価方法だけでなく、次の算定式の分母の計算からわかるように、売価ベースでの受入れ、払出し、残高の把握が不要であるという点で事務コストをかけずに計算できるためである。当期売上高は、日々の売上集計から把握可能であるし、期末棚卸資産の通常の販売価額は最低年1回行う棚卸により把握が容易に可能であるからである。

$$\frac{\text{期首棚卸価額}＋\text{当期仕入高}}{\text{当期売上高}＋\text{期末棚卸資産の通常の販売価額}}$$

c 法人税法方式と連続意見書方式の違い

　売価還元平均原価法と法人税法の原価率算定式の違いだが、分子については、用語こそ違うものの、意味するところは変わらない。一方、分母については、売価還元平均原価法が、売価ベースでの受入金額に基づいているのに対して（インプットベース）、法人税法の売価還元法原価率は、売上高と売価ベースの期末在庫金額によっている（アウトプットベース）点で異なる。両者の結果が違ってくるのは、例えば盗難やロス等による棚卸減耗損（商品ロス）が発生した場合であるが、次の設例を使って両者の違いを説明する。

第3節 在庫管理

【設例】

棚卸資産（原価）	
期首在庫 50,000	売上原価 X
当期仕入 490,000	期末在庫 Y

棚卸資産（売価）	
期首在庫 60,000	売上 595,000
当期仕入 660,000	棚卸減耗 45,000
	期末在庫 80,000

[連続意見書方式の計算]

● 原価率

$$= \frac{期首在庫50,000 + 当期仕入490,000}{期首在庫60,000 + 当期仕入660,000} = 0.75$$

● 期末在庫 Y

80,000 × 0.75 = 60,000

● 売上原価 X

50,000 + 490,000 − 60,000（Y）= 480,000

[法人税方式の計算]

● 原価率

$$= \frac{期首在庫50,000 + 当期仕入490,000}{売上595,000 + 期末在庫80,000} = 0.8$$

● 期末在庫 Y

80,000 × 0.8 = 64,000

● 売上原価

50,000 + 490,000 − 64,000（Y）= 476,000

　設例からわかるように連続意見書方式と法人税方式の違いは、棚卸減耗費の取扱いにある。すなわち、連続意見書方式では、棚卸減耗費相当額は、全額当期の売上原価となっているのに対して、法人税方式では、当期の売上原価と期末在庫に按分されている。このため、法人税方式による場合には、棚卸減耗費相当額が在庫に按分された分だ

け、連続意見書方式に比べて期末在庫が大きく(＝売上総利益が多く)なる。

② 売価還元法を採用したときの収益性の低下の反映方法

売価還元法を採用している場合においても、総平均法を採用している場合と同様、期末における正味売却価額が帳簿価額よりも下落している場合には、当該正味売却価額をもって貸借対照表価額とすることが原則である。ただし、値下額等が売価合計額に適切に反映されている場合には、売価還元低価法により求められた期末棚卸資産の帳簿価額を、収益性の低下に基づく簿価切下額を反映したものとみなすことができる(棚卸資産会計基準13)。

以下、設例により両者の違いについて説明する。

【設例】

(前提条件)
- 期首繰越商品原価　　　　70
- 期首繰越商品小売価額　　100
- 当期受入原価総額　　　　900
- 原始値入額　　　　　　　500
- 値上額　　　　　　　　　50
- 値上取消額　　　　　　　10
- 値下額　　　　　　　　　300
- 値下取消額　　　　　　　50
- 期末商品の値札合計額　　200
- 見積直接販売直接経費は販売金額の0.6％と見積っている。

a　正味売却価額による方法

　i　連続意見書の売価還元平均原価法による評価額

適用する原価率を算定する。

$$\frac{70+900}{100+900+500+50-10-300+50} = 0.752$$

期末における商品の値札合計額200×原価率0.752＝150が、収益性低下の検討前の帳簿価額である。

ⅱ　正味売却価額

正味売却価額は、期末商品の値札合計額から見積直接販売直接経費（販売金額の0.6%）を控除して算定する。

200×(1－0.006)＝198.8

ⅲ　収益性低下の要否の検討

ⅰ＜ⅱであることから、収益性低下はないため、「仕訳なし」である。

b　売価還元低価法の原価率による方法

ⅰ　連続意見書の売価還元平均原価法による評価額

これはaと同様に150である。

ⅱ　売価還元低価法による評価額

適用する原価率を算定する。

$$\frac{70+900}{100+900+500+50-10} = 0.630$$

期末における商品の値札合計額200×原価率0.630＝126が、収益性の低下を反映したものとみなされる評価額である。

ⅲ　収益性低下の要否の検討

ⅰ＞ⅱであり、収益性の低下がある。150－126＝24が簿価切下額となる。

（仕訳例）

| （借） | 売上原価 | 24 | （貸） | 商品 | 24 |

6　商品保証

(1)　取引の概要

小売業における商品保証とは、一般的に販売した商品について、一定の保証期間内に故障等欠陥があった場合に無償で交換や修理をするサービスである。

類似の取引として製造メーカーの製品保証があり、これは、製造メー

カーが、製品の販売後、生じる製品の機能不備や外観の損傷、取扱説明書等に記載する通常の使用状況の下で発生した故障について保証するサービスである。例えば、電気製品などについては、製造メーカーが1年以上の保証を付しているのが一般的であり、製品保証を行う企業の財務諸表には、「製品保証引当金」という勘定科目などで、将来の費用負担見込額が引当計上される。

小売業の財務諸表においては、「商品保証引当金」の勘定科目などで当該サービス提供に伴う将来の費用負担見込額が引当計上される。

小売業の商品保証の代表的な例として、家電量販店での長期保証サービスが挙げられる。

（参考）家電量販店における商品保証の例
- 購入代金に一定率を乗じた保証金を受け取ることで、長期保証を付与
- 会員登録と年会費の継続受取りを条件に、会員期間中に購入された商品に対し、長期保証を付与
- 対象の商品を購入に伴い自動的に長期保証を付与
- 定められた保証料を受け取り、他店購入も含む対象商品に長期保証を付与

この例のように、小売業が追加で行う商品保証には、自社の店舗で購入した商品に対して有償ないし無償で付与するものや、他店購入品も含めて保証の対象とするものもある。また、個々の商品ごとに保証料を収受するものもあれば、一定額で複数商品を保証するもの、既に商品売上代金に保証料が含まれており、追加で保証料を収受しないものもある。

なお、小売業の保証サービスは、保証債務を自ら負う場合と、外部の保険会社に保険料を支払い保険でカバーする場合の2つの形態に区分され、それぞれ会計処理が異なってくる。

(2) **商品保証プロセスの業務フロー**

商品保証の対応方法には、①修理に係る費用を自社でまかなう方法と②保険会社への保険でカバーする方法が挙げられる。各小売企業は費用

対効果の面からどちらを採用すればよいか、現状は試行錯誤の状況にあると考えられる。

商品保証対応の業務フローはそれぞれ次のようになる（以下、家電量販店を例とする。）。

① 修理に係る費用を自社でまかなう方法

当該方法の業務フローは、次のようになる。

図表2-3-6-1　修理に係る費用を自社でまかなう方法

```
顧客 ─修理依頼→ 家電量販店 ─修理依頼→ 修理業者
                         ←修理代支払い─
```

a　修理依頼の受付

家電量販店はサービス窓口等で顧客から持ち込まれた商品を確認、または連絡を受けて聞き取り等を行い、修理業者またはメーカーへの修理依頼文書を作成する。

b　メーカーへの修理依頼〜支払手続

修理依頼文書はサービス窓口でも保管し、修理依頼文書とともに商品を修理業者またはメーカーへ発送する。修理が完了すると商品がサービス窓口等に返送され、担当者が修理依頼書との相違がないか確認を行い、問題がなければ修理業者またはメーカーへの修理代金の支払手続を行う。

c　会計処理

過去の商品の販売という行為に起因し、修理の都度、企業が費用を負担することになるため、将来の費用見込額が合理的に算定できる場合（第4節「❽ポイント管理」参照）には、引当金を計上することを検討する必要がある。

② 修理に係る費用を保険でカバーする方法
　当該方法の業務フローは、次のようになる。

図表2-3-6-2　修理費用を保険でカバーする方法

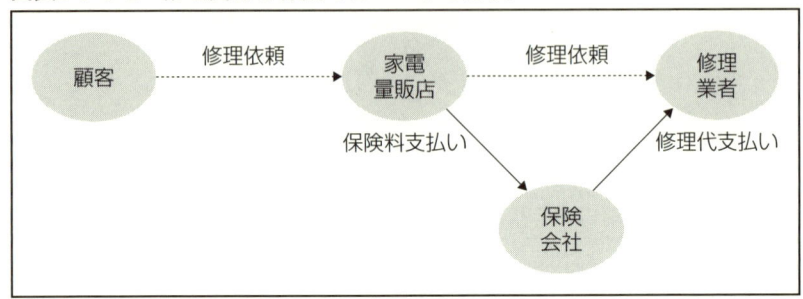

[図：顧客→(修理依頼)→家電量販店→(修理依頼)→修理業者。家電量販店→(保険料支払い)→保険会社→(修理代支払い)→修理業者]

　顧客からの修理依頼から修理業者またはメーカーへの指示、サービス窓口等による修理確認という業務の流れは図表2-3-6-1と同様であるが、修理に関する負担を限定するため、あらかじめ一定額の保険を掛けておくことがある。
　修理業者またはメーカーからの修理完了確認に伴い、保険会社へ連絡を行い保険会社が修理業者またはメーカーへの支払いを行う。

　なお、この二つの方法は、顧客に対して無償で商品修理保証を実施するケースであるが、商品販売時に顧客から商品代金の一定額を保険料として家電量販店が収受することもある。このような有償保証の場合でも家電量販店からの修理依頼以降のプロセスは同様となる。

(3)　内部統制上の留意事項
　商品保証プロセスにおいては、内部統制上、次のようなものが重要なリスクになると考えられる。

(修理に係る費用を自社でまかなう方法による場合)
- 商品保証引当金の計上が漏れるリスク
- 商品保証引当金の見積りを誤るリスク

（修理費用を保険でカバーする場合）
● 保険料の計上が漏れるリスク

　商品保証においては、上記のようなリスクを低減するために、以下のような統制が構築されることが必要と考えられる。

① 保証対象の網羅的な把握

　保証に関しては、小売企業の負担となる場合、不測の損害を被るおそれがあるため、保証の対象となった商品を網羅的に把握しておく必要がある。保証の対象となっている商品を網羅的に把握するためには、POSレジデータ等により、保証対象に係る販売が把握できる仕組みを構築しておく必要がある。

② 将来の費用負担見込額の適切な算定

　将来の費用負担額の判断については、見積りの要素を含むことから、その仮定が適切であることを保持しておくことが重要となる。通常、その仮定は、過去に保証の対象となった商品がどの程度修理が必要となったかにより設定されることが多いが、当該対象商品の販売額に対する修理実績を適切に把握するために、情報システムを整備し、集計の誤りが回避される仕組みを構築することが有効である。

(4) 会計処理

① 基本的な考え方

　企業が保証サービスを提供することについて、実務的には、商品保証の対応方法により次のような会計処理を行うことが考えられる。

　a 無償で保証サービスを提供し、修理費用を自社でまかなう場合

　　小売企業は、顧客の要求により修理費用等の負担を将来的に負うことになる。引当金計上の要件を満たす場合には、商品保証引当金を計上することが妥当である。

　　商品保証引当金繰入額の計上区分については、保証という行為を

販売促進の一環であるととらえるならば、販売費及び一般管理費の区分が妥当であると考えられる。他方、保証を商品販売と不可分な行為であるととらえるならば、売上原価の内訳項目として計上することが妥当であると考えられる。

b　無償で保証サービスを提供し、修理費用を保険にてカバーする場合
修理費用を保険にてカバーする場合には、小売企業は、保険会社から保険期間にわたり修理費用の補填を受けることの対価として保険料を拠出している。そのため、保険期間にわたり保険料を期間配分することが発生主義に照らして妥当と考えられる。

c　顧客から保証料を収受する場合
顧客から収受した保証料は、保険会社へ掛け金の原資として拠出することが通常となっている。
したがって、受け取った保証料は預り金等の勘定により負債計上を行い、保険会社への拠出時に、取崩しを行うこととなる。

② 引当金の計上
商品保証引当金について個別の会計基準等は定められていないため、企業会計原則注解注18に従って判断することになる。
企業会計原則注解注18では、次の4要件を満たす場合に引当金の計上を求めている。

① 　将来の特定の費用または損失であり
② 　発生が当期以前の事象に起因し
③ 　発生の可能性が高く
④ 　その金額を合理的に見積もることができる

商品保証は、過去に行った商品販売を原因として将来の交換・修理コストを負担するものであるため、①と②の要件は満たしていると考えられる。

③と④の要件に関しては、過去の保証実績や業界の統計などを踏まえ、要件を満たすかどうかの検討を行う必要がある。保証サービスを

開始したばかりで、過去実績がないといった場合には、要件を満たさないことも考えられるが、近年は過去のデータの蓄積から、修理見込額が把握できる状況となりつつあり、将来的な費用の合理的見積りが可能となる場合がある。

なお、商品保証引当金計上に関しては、税法上は損金として認められていないため、全額が損金不算入となる。

③ 引当金計上に対する基礎データ

商品保証引当金の一般的な算定式は、「当期商品売上高×商品保証実績率」となる。ここでの商品保証実績率は、将来の予想値を用いることが望ましいが、実務的に予想値を算出するのが非常に困難なため、過去の実績値を用いることが一般的である。

また、引当金をより精緻に算出するためには、商品種類別の過年度実績率を用いることが望ましいが、小売業の取引件数は非常に多いため、データを手作業で作成することは難しく、システムに依拠することとなる。

引当金の取崩しは、商品の交換や修理に際して支出が発生したときに行う。交換や修理を実施した商品を過去売り上げたときに計上した引当金を取り崩すことが望ましいが、実務上対応が困難な場合もあり、簡便的な方法（先入先出法等）がとられることもある。

④ 具体的な仕訳

a 期中の処理

商品保証サービスに従い、商品の修理等を行った場合に、費用計上を行う。なお、引当金を計上している場合には、修理に要した支出額を商品保証引当金勘定から取り崩す。

(仕訳例)

（借）商品保証費用	×××	（貸）現金預金	×××

b 保証期間が経過した場合

引当金計上をしている場合において、保証期間が経過した場合、小売企業の債務は消滅するため、商品保証引当金を取り崩す。

(仕訳例)

（借）商品保証引当金　×××　　（貸）商品保証引当金戻入益　×××

c 決算時の処理

期末時点で、合理的な見積りの結果、算定された金額を引当金として計上する。

(仕訳例)

（借）商品保証引当金繰入額　×××　　（貸）商品保証引当金　×××

以下、設例を用いて解説を行う。

【設例】

（前提）
- 当社は、当期より商品保証引当金を計上している。
- 当社では、過去5年間の保証対象商品の売上高累計額と保証対象商品の修理金額の割合に基づき、保証率を算出している。商品保証引当金に関しては、各年度における保証対象売上高に保証率を乗じて算出している。
- 無料保証期間は5年である。
- 各年度末における、保証対象商品の売上高累計額と保証期間における修理金額は、次の表のようであった。

	保証対象商品の過去5年間の売上高累計額	保証期間における修理金額
X01年度	21,000	400
X02年度	18,000	300
X03年度	19,000	400
X04年度	22,000	500
X05年度	20,000	400

- X06年度における保証対象商品の売上高は、25,000であった。X06年度末における商品保証引当金について検討を行う。

a 保証率の算定

$$\frac{販売以降の使用高}{未使用残高} \quad \frac{400+300+400+500+400}{21,000+18,000+19,000+22,000+20,000} = 2\%$$

b 商品保証引当金の算定

① X06年度における保証対象商品の売上高＝25,000
② 保証率＝2％
③ 商品保証引当金＝①×②＝25,000×2％＝500

c 仕訳例

（借）商品保証引当金繰入額	500	（貸）商品保証引当金	500

⑤ 開　示

　a　損益計算書上の取扱い

　　　商品保証引当金繰入額の損益計算書上の計上区分は、「売上原価」ないし「販売費及び一般管理費」となる。商品保証が通常の販売を実施するうえで、不可避的に発生すると判断できる場合には、原価性が高いことから「売上原価」での計上が妥当である。

　　　一方、顧客の購買意欲を誘発し売上高の増進を目的として商品保証サービスを提供していると判断できる場合には、販売促進目的であることから「販売費及び一般管理費」での計上が妥当といえる。

　　　多くの家電量販店等においては、無料の商品保証がサービスの差別化として導入されていることから、商品保証引当金繰入額は「販売費及び一般管理費」の区分にて計上されていることが考えられる。

　b　貸借対照表上の取扱い

　　　商品保証引当金のうち、翌期において取り崩される額を流動負債に計上し、1年を超えて取り崩される部分を、固定負債に計上する。

　　　ただし、翌期における取崩額を正確に見積ることが困難な場合に

は、その全額を固定負債に計上することが容認される。また、その全額が翌期に取り崩される可能性が高い場合には、全額を流動負債に計上することも容認される（財規ガイドライン52-1-6）

第4節
販売プロセス

1 小売業における販売プロセスの概要と特徴

　小売業における販売方法にはさまざまな種類があり、その方法により業務プロセスの詳細フローや会計処理、内部統制上の留意点も異なる。本節では、まず販売形態の概要をつかんだうえで、販売形態ごとの解説を行う。なお、後述する店頭販売プロセスと外商販売プロセスに特に焦点を絞ることとする。

(1) 小売業における販売方法の概要
① 販売形態による分類
　売上の種類を販売形態の観点から分類すると、次のようになる。

図表2-4-1-1　販売形態による分類

販売形態	形態（仕入形態等）
店頭販売	買取仕入（条件付き含む）
	売上仕入
	委託販売
	賃貸売上
外商販売	買取仕入
通信販売（ギフト販売含む）	買取仕入

店舗の特色や地域性により、店頭販売および外商販売の割合は異なってくる。比較的若年層をターゲットにした業態においては店頭販売が中心となるが、富裕層をターゲットにした百貨店などでは、外商販売の比率が高まることも考えられる。

また、最近ではホームページ上にインターネットを利用した通信販売を開設している小売企業も増え、取扱商品も拡大している。

さらに、店頭および外商販売をその仕入形態を加味して分類すると、買取仕入、売上仕入、委託販売、賃貸テナントに対する賃貸売上(以下「賃貸売上」という。)にそれぞれ分類される。

買取仕入とは、小売企業が仕入先から商品を購入し、在庫として保有したうえで販売する取引であり、売上仕入は、小売企業で販売されたときに同時に仕入も認識される取引である。

また、賃貸売上取引とは、商品の販売取引自体は賃借人であるテナント店の売上となり、小売企業側が賃借人から不動産賃貸借契約による賃料を受け取る取引を意味する。

② 代金回収方法による分類

売上の種類を代金回収の観点から分類すると、次のようになる。

図表2-4-1-2 代金回収方法による分類

現金売上	
商品券の回収による売上	
掛売上	大口の得意先
	ハウスカード
	クレジット会社の発行するカード
割賦売上	代金回収は販売者
	代金回収は販売者以外(クレジット会社や金融機関)

小売業においては、不特定多数の最終消費者に対する店頭販売が中心

であり、代金決済方法としては現金取引が主となる。また、百貨店や大型スーパーなどでは、各企業の囲込戦略や利便性の観点から自社クレジットカード(ハウスカード)等を利用した掛売上も広く行われている。

なお、割賦販売を扱うケースはそれ程多くはないが、高額品の販売の際に利用されることはある。

(2) 現金および金券類管理の重要性

小売業においては現金取引が主となり、個々の取引は少額であっても多量に行われることから、店舗における現金取扱量は通常多額である。

結果、従業員は日常的に多額の現金を取り扱うことになり、また現金は持ち運びが容易であるため、現金の紛失・盗難・不正等のリスクは高いといえ、このようなリスクを防止・発見できるような管理の仕組みが重要となる。また、多店舗展開している場合には、多額の現金が各店舗に分散することになる。各店舗における管理業務の重要性もさることながら、全店舗を網羅的、体系的に管理する仕組みも重要である。

さらに、会計処理の観点からは、現金管理を適切に行うことを通じて売上高の計上金額の正確性を担保するという側面もある。

したがって、本節では販売プロセス内に現金管理プロセスや商品券管理プロセスを含めて解説を行う。

(3) POSの利用

POSシステムとは、物品販売の売上実績を単品単位で集計するシステムである。

小売業においては、POSシステムが広く普及しており、当該システムを利用し商品名や価格、数量、日時などの販売実績情報を収集することにより、「いつ・どの商品が・どんな価格で・いくつ売れたか」が把握しやすくなる。これらの情報を分析することにより、売行動向を観察し、適切な品揃え計画の策定、発注、在庫管理を行うことが、POSシステム導入の大きな狙いである。

なお、会計処理上の位置づけとしては、売上取引を認識する起点となる。詳細は「❾POSシステムによる売上集計」を参照とする。

2 店頭販売

(1) 店頭販売におけるプロセスの概要

店頭販売における販売プロセスの大まかな業務フローは次のとおりであり、ここでは販売取引そのものとその後の現金管理までを解説する。なお、現金管理の詳細は「❻現金管理」を参照のこととする。

図表2-4-2-1　店頭販売プロセスの業務フロー

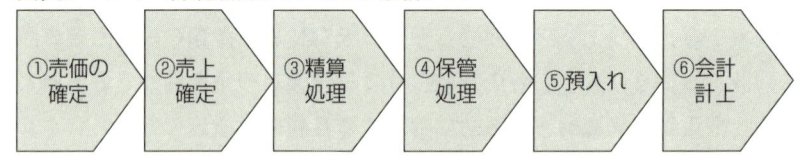

①売価の確定 → ②売上確定 → ③精算処理 → ④保管処理 → ⑤預入れ → ⑥会計計上

① 売価の確定

小売企業において売価および原価は、商品部等の各バイヤーが仕入先との交渉により決定する。また、売価は小売価格が決まっているものとそうでないものがあるが、いずれの場合でも価格交渉にあたっては、値入率に照準をおいて、価格交渉が行われることとなる。

各バイヤーの交渉結果は、購買部門での承認手続を経て、POSシステムへ売価の登録申請書が提出され、登録される。

② 売上金額の確定

店頭販売時に、顧客から商品の対価として現金または商品券、クレジットカードを受け取り、当該販売情報を各販売員またはレジ担当者がPOSレジに登録処理を行う。

受け取った現金および金券類は、いったん売場のレジに保管され

る。

③ 精算処理
　1日の業務終了後、あるいは日中の複数回に分けて、店頭売場担当者はPOSレジでの精算処理を行い、POSレジから出力されるレシートに記録された現金売上高合計額とレジ内の現金残高とを照合し、両者が一致することを確認する。

④ 保管処理
　百貨店や大型スーパーでは一つの店舗内で複数の売場を有するため、店頭売場担当者は現金を店舗内の出納事務所へ持参する。通常は自動入金機を利用して、レジごとに現金を入金機に投入すると自動的にカウントされる。入金機からはレジごとの入金額が記録されたレシートが出力されるため、売場担当者は当該レシート上の入金金額と実際の入金金額とが一致していることを確認する。
　店舗内のすべての入金終了後、出納担当者が入金機内の現金を整理しカウントする。カウントした結果の現金残高と、入金機から出力される入金合計額を記録した明細表とを照合し、両者が一致していることを確認し、出納事務所の大金庫内に保管することとなる。
　小型スーパーやコンビニでは、一つの店舗内で管理が完結するため、通常は複数回に分けて精算処理を行った売上金につき、店舗内の金庫等へ保管することとなる。

⑤ 銀行預金口座への預入れ
　入金機へ回収された現金は、事務所または店舗内に長期間保管されることはなく、速やかに銀行預金口座へ入金される。
　従業員が夜間金庫等へ預入れに行く場合もあるが、特に大型店では取り扱う金額が多額であるため警備保障企業などが提供する現金輸送サービスを利用することが多い。この場合は、現金輸送サービスの提

第2章　会計と内部統制

供者（外部委託先）が定期的に各店舗から現金を回収し、その管理のもとで預金口座への入金を行う。

　現金が間違いなく預金口座へ預け入れられたかについては、外部委託先からの入金データ入手、銀行からの入金額に関する情報入手、預金通帳の記帳金額の確認などにより、事後的に確認することができる。

　なお、商業施設に入居している場合は、施設オーナーのもとへ一時的に売上金全額を預けるケースも多い。

⑥　会計計上

　a　通常の販売

　　売上の計上は店頭で顧客がレジに商品を持参した際に、ハンディーターミナルでバーコードを読み取り、商品マスタを呼び出したうえで、数量を手入力することにより売上金額が確定する。店頭販売時にPOSレジにて読み込まれた売上データが、レジごと店舗ごとに集計され、基幹システムへ転送され日次や月次などで自動的に売上高として計上されることが多い。

　　なお、大型店においては、POSシステムを通じて集計された現金売上データと、入金機へ投入された現金金額のデータとが、自動的に照合されるシステムを構築しているケースが多い。このような場合、通常はレジごとに現金過不足の発生状況を把握できる仕組みになっており、発生原因の調査等のうえで現金残高や現金売上高計上額等の修正が行われる。

　　この点、コンビニなどの小型店においても、POSデータと実際の入金金額を店舗責任者等が確認し、調査のうえで会計上の修正を行うが、チェーンストア展開やフランチャイズ展開している場合には、通常は本社等がこの業務を行うこととなる。

　　以上の過程を経て、現金残高および現金売上高に係る仕訳が確定することとなる。

第4節 販売プロセス

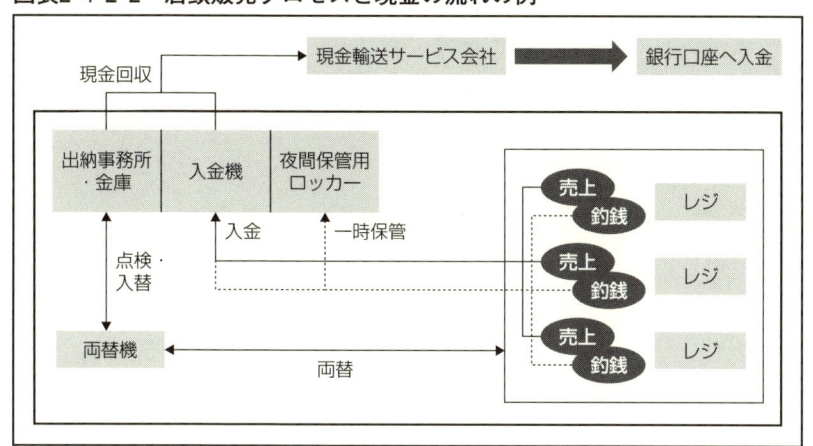

図表2-4-2-2　店頭販売プロセスと現金の流れの例

b　賃貸売上

店頭販売のうち、賃貸売上については、次のような業務フローとなる。

図表2-4-2-3　賃貸売上プロセスの業務フロー

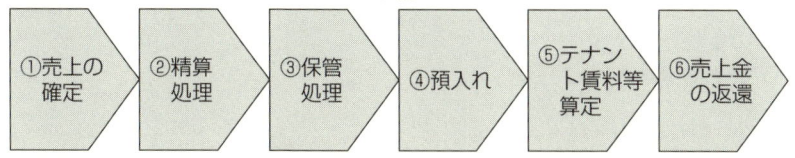

①売上の確定 → ②精算処理 → ③保管処理 → ④預入れ → ⑤テナント賃料等算定 → ⑥売上金の返還

賃貸売上については、賃借人側が自己の売上金の管理を行い、賃貸人である小売企業側は賃料および賃貸テナントの負担する諸経費の精算を行うだけの場合もあるが、多くの場合、小売企業側が売上金をすべて預り、月次等の一定期間ごとに精算後の金額を賃貸テナントに返還する方法をとっている。

この方法は、賃料および負担諸経費の算出を賃貸テナントごとに小売企業側が実施しなければならないという事務処理上の煩雑さはあるが、賃料等の回収が確実に行えるというメリットがある。

したがって、賃貸売上においては、通常現金管理の業務である①から④の流れは通常の店頭販売と同様であるが、⑤・⑥の会計計上の業務プロセスが異なる。

すなわち、小売企業側の収入である賃料を算出し売上計上を行うこととなる。賃借人が複数入居する場合は、賃料の算出はシステム化し、迅速に売上計上額を確定することが有用である。また賃料が確定し、賃借人が負担する水道光熱費等の諸経費が確定したら、これらを売上金から控除し、賃借人に売上金を返還する。

(2) 内部統制上の留意点

小売業の店頭販売プロセスにおいては、次のようなものが重要なリスクと統制になると考えられる。

- 現金および金券類の紛失、盗難、流用等のリスク
- 現金等受取り時の数え間違いのリスク
- 釣銭の渡し間違いのリスク
- POSへの売上登録を誤るリスク
- 仕訳漏れ、仕訳誤り

① 適切な売価管理

売価は商品部等で決定されPOSシステムにマスタ登録されるため、値札が正しく付されていれば、特定の場合を除き店頭販売時に売価を変更することはできない仕組みとなっている。

② 現金等の適切な管理

現金等の紛失、盗難、流用、顧客との授受誤りなどのリスクを低減するためには、現金等を適切に管理する内部統制の整備・運用に特別な配慮が必要である。

物理的な側面での統制としては、現金等の金庫内保管の徹底、現金等保管エリアにおける警備システム等を利用した防犯対策の徹底、警

備保障企業などが提供する現金輸送サービスの利用等が挙げられる。

また日常的な統制としては、店舗売場担当者による現金の入金額とPOS売上データとの照合に加え、レジ担当者以外の出納担当者あるいは経理担当者による現金実査、レジごとのPOS売上データと現金の入金額との照合、およびこれによる現金過不足のシステム的な把握等が挙げられる。現金過不足については、これが発生したレジの担当者や上席者による確認・承認手続を必要とする形での統制が考えられる。

さらに、年度ごとや半期ごとの統制として、監査役や内部監査部門による、抜き打ちでの現金実査やレジまわり監査なども有効であると考えられる。

③ POSの利用と統制

ITの活用が業界の特徴として挙げられ、POSの利用により、事務作業の効率化と手作業が介在しないことで手作業を誤ることによるリスクの防止を図ることができる。

このようにITを利用する場合、IT業務処理統制として、POSシステムから基幹システムおよび基幹システムから会計システムといった各システム間のインターフェースにおいて、データ転送の重複あるいは漏れがないような仕組みを構築することが重要である。

④ 本社等におけるチェック体制の構築

各店舗における現金管理については、システムの利用等により手順が標準化されることで、多店舗展開している場合であっても、各店舗の管理水準を一定に保つことが比較的容易に行える環境となる。

ただし、各店舗による管理のみに委ねてしまうと、店舗単位で不正等が発生するリスクが高まることも否定できない。

したがって、本社等の現金集中管理部署が、各店舗における現金過不足の発生状況や実際の現金残高と各種帳票との整合性などをモニタ

リングすることにより、各店舗の管理状況を網羅的・体系的にチェックする体制を構築することも重要となる。

(3) 会計処理

小売業における店頭販売プロセスの特徴的なものとして、ここでは①売上仕入販売、②委託販売、③賃貸売上、④割賦販売についての会計処理の考え方を解説する。

① 売上仕入（消化仕入）販売

a 取引の概要

百貨店や大型スーパーなどにおいて、広く利用されている取引形態として売上仕入がある。売上仕入とは、テナント店との間で商品売買契約を締結し、商品が店頭において販売されたときに仕入れる取引方法である。

小売業においては、顧客のニーズに対応するため品揃えに力を入れており、各小売企業には商品の陳腐化のリスクが付きまとうことになる。特に衣料品のように流行があるものは商品価値がなくなり、陳腐化するリスクが高い。

したがって、小売業においては収益性、品揃え、陳腐化リスクを総合的に勘案し、商品を買取在庫として保有するか、売上仕入とするかを決定することになる。

なお、家電製品などもメーカーが非常に短いサイクルでモデルチェンジを行うことから陳腐化のリスクは高いが、家電量販店では仕入形態ではなくリベートの受取交渉によって戦略決定をするビジネスモデルをとっているといえる。

b 会計処理

売上仕入の現行の会計処理は、商品について販売がされたときに売上を計上し、同時に仕入を計上する実務慣行となっている。つまり、売上および仕入をそれぞれの総額で計上し表示することが一般

的に行われている。

（納品時の仕訳例）

仕訳なし

（販売時の仕訳例）

売価10,000、原価6,000の商品を店頭で現金販売した。

（借）	現金	10,000	（貸）	売上	10,000
	仕入	6,000		買掛金	6,000

c　現行の会計処理の論点

　　売上仕入の会計処理は販売時に、売上および仕入を同時に総額で計上することが会計慣行となっている。しかし、当該取引について、総額または純額で計上すべきかは議論のあるところである。

　　実務対応報告第17号が公表され、ここに収益の総額および純額表示についての一つの考え方が示された。同取扱いはソフトウェア取引を対象としたものではあるが、基本的な考え方は他の取引においても同様に解することが考えられる。同取扱い「4　ソフトウェア取引の収益の総額表示についての会計上の考え方」によれば、「一連の営業過程における仕入れ及び販売に関して通常負担すべきさまざまなリスク（瑕疵担保、在庫リスクや信用リスクなど）を負っていない場合には、収益の総額表示は適切ではない。」と示されている。この考え方に照らせば、売上仕入取引の場合、一連の営業過程において通常負担すべき在庫リスク等を負っておらず、収益の総額表示に否定的なとらえ方ができる。

　　また、収益認識研究報告が公表され、研究報告という位置づけから会計処理に対しての拘束力はないものの、国際財務報告基準（以下「IFRS」という。）導入を見据えた今後の方向性が示された。これによれば、売上仕入取引について、小売企業側に取引の主体性がある場合であっても、小売企業がマーチャンダイジング業務を主体的に担っていなかったり、重要な在庫リスクを負担していなかった

りした場合等は、通常負うべきさまざまなリスクを負担していることにはならないとして、純額処理が適切である旨が示されている。

ここで、売上仕入の総額処理が現行の実務上行われてきた背景について触れる。わが国においては収益の認識や表示基準を扱っている会計基準が非常に限定されているといった背景の中、企業会計原則の実現主義の原則（原則第二3B）および総額主義の原則（同一B）のもとで行われてきた。すなわち、顧客に対して小売企業側が販売当事者となり、企業のブランドを付加させ販売しているものであり、店舗の総合的なマーチャンダイジングの方針は小売企業側が構築していること、販売した商品の品質保証等も一義的には講義企業側が負うことになることおよび代金の回収リスクは小売企業側が負っていることなどの実態から、取引の主体性を重視し定着してきた会計慣行と考えられる。

国際的なコンバージェンスやIFRSの導入を見据えれば、従来より総額処理されている売上仕入取引の中には、純額処理へと変更されるものがあることも考えられるため、今後の動向に留意が必要である。なお、IFRSにおける考え方は第8節を参照のこととする。

d 税務上の取扱い

売上仕入取引について、税務上特段の取扱いが規定されているのは、法人事業税の外形標準課税における純支払賃借料と消費税の資産譲渡の時期についてである。

法人事業税の外形標準課税において、売上仕入の取引に係るテナントの売り場使用料など賃借権等の対価が、法人税の所得および連結所得の計算上、小売企業側で益金、テナント側で損金に算入されていなければ、受取賃借料もしくは支払賃借料とはならないとされている（地方税法の施行に関する取扱いについて（道府県民税関係）4の4の8(6)）ため留意が必要である。

また、消費税法において、原則として棚卸資産の譲渡の時期は引渡しのあった日である（消基通9－1－1）が、売上仕入取引の場合

は、商品の販売者が販売した日が棚卸資産譲渡の時期となる（消基通9-1-3）。また商品の販売者が月次、週次、日次など売上の都度売上計算書を作成している場合は、継続適用を要件として売上計算書の到着日を棚卸資産譲渡の日とすることも認められている。

② 委託販売
　a　取引の概要
　　委託販売とは、委託販売契約に基づき、商品を納入する業者が委託者、小売企業が受託者となり販売を行う取引形態である。
　　委託販売においては委託販売契約に従い、小売企業は委託者より商品を預かり、委託契約期間にわたって商品販売を受託し、その手数料を受け取る。
　b　会計処理
　　委託販売における会計処理を設例を用いて解説する。

【設例】

委託者（商品納入業者）は受託者（小売企業）に商品を販売委託のため納品した。受託者はこの商品を顧客に2,000で現金販売し、手数料500を受け取った。

（小売企業への商品納入時の仕訳例）

仕訳なし

（小売企業の顧客への商品販売時の仕訳例）

（借）	現金預金	2,000	（貸）	仮受金	1,500
				手数料収入	500

③ 賃貸売上
　a　取引の概要
　　賃貸売上は、一定額または店舗売上の一定割合等の賃料を契約に基づいて賃借人から受け取る取引形態である。

具体的な賃料の形態としては、次のものが挙げられる。

> ● 完全固定家賃型
> ● 単純歩合家賃型
> ● 固定家賃＋売上歩合家賃型
> ● 最低保証付き歩合家賃型
> ● 最低保証付き逓減歩合家賃型

i　完全固定家賃型

　　賃貸テナント店の売上と関係なく一定額の賃料を受け取る。賃貸人にとって賃料の変動するリスクはないが、賃借人は店舗売上に季節変動がある場合等にリスクを抱えることになる。

ii　単純歩合家賃型

　　賃貸テナントの売上に対して一定の歩率を契約により設定し、実際売上高に歩率を乗じた金額の賃料を受け取る。賃貸人にとっては固定金額を回収できないためリスクが高く、一般的に歩率は高めに設定される傾向にある。

iii　固定家賃＋売上歩合家賃型

　　iとiiの合体型の形態である。算式は次のようになる。一般的に歩率は低めに設定される傾向にある。

> 賃料＝固定家賃＋実際売上高×歩率

iv　最低保証付き歩合家賃型

　　賃貸テナント売上高に対し基準売上高を設定し、その売上高が基準売上高以下であっても、基準売上高に設定した歩率を乗じた金額が最低限保証される。算式は次のようになる。

> 賃料＝基準売上高×歩率＋（実際売上高—基準売上高）×歩率

なお、最低保証付き歩合家賃型の一つの形態として、最低保証付き逓減歩合家賃型がある。これは、基本歩率を設定し最低保証のリ

スクをテナントが負う代わりに、一定の売上高を超えた額に対しては歩率を軽減する逓減措置をとる手法である。賃貸人とテナントの交渉となるポイントが多く、柔軟性の高い形態である。

　長引く消費の低迷や少子高齢化の進行に伴う市場規模の縮小の中、小売企業は苦戦を続けている。また、専門店やアウトレットモールなどの台頭も著しく、従来の百貨店やスーパーなどでは顧客を奪取されている状況にある。このような中、百貨店などは自社のブランド力に頼るだけではなく、旬の顧客ニーズに応えるテナントを店内に誘致することにより、来店者を増やし売上増の相乗効果を図る動きが広がってきており、店舗運営に占める賃貸テナントの役割は増大していくと考えられる。

b　会計処理

　賃貸売上は、一定額もしくは賃貸テナント売上の一定割合を受け取る契約となっていることが多い。この場合、賃料相当額のみを売上計上し、賃貸テナント店における売上総額を売上とはしない。

【設例】

（売上金の預り時の仕訳例）
賃貸テナントの本日分の売上金100,000を預かった。

| （借） | 現金預金 | 100,000 | （貸） | 預り金 | 100,000 |

（精算時の仕訳例）
当月分の賃借料を50,000と算定し、事前に立て替えていた水道光熱費等の賃貸テナント負担額50,000を控除した当月分のテナント売上金300,000を返却した。

（借）	預り金	400,000	（貸）	現金預金	300,000
				売上高(テナント賃料)	50,000
				立替金	50,000

c　ビジネスとしての賃貸売上

　賃料は、小売企業が回収しようとする経費の水準から通常は決定される。しかし、長引く不況に伴う消費の低迷で、小売企業ではテナントが集まらないなどのビジネス上の問題もおこっており、賃借人の賃料水準は下落傾向にあるが、賃貸人が負担すべき経費を回収できる水準は保つ必要がある。

　賃料形態については前述のとおりであるが、変動賃料契約の場合、テナント売上の増減に小売企業の収入が左右されるため、賃料の最低水準を確保するため賃貸テナントと年間での基準売上高を設定し精算する方法をとる場合も多い。

　なお、この契約の場合、未達成時の賃料の追加請求を失念しないよう、個々のテナント管理を行う必要がある。

d　賃貸テナント店の売上に関する実務慣行

　歩合制家賃方式については、従来より、次のような場合にはテナント店の売上高を小売企業側の売上とし同時に仕入を計上するという実務慣行もあった。

- 百貨店等がレジスターの管理、従業員の教育、商品の構成、レイアウトの指示など出店者の管理を自ら行っている。
- 百貨店等が商品の瑕疵について責任を負う。
- 百貨店等が契約により小売業者等の売場を恒常的に指定していない。
- 出店の外形的諸条件(看板、包装紙、制服など)からみて百貨店等の営業と認め得る。

　これは、昭和53年に公表された歩合制家賃形式による「テナント売上」の会計処理について(案)(業種別監査研究部会小売業部会)に基づき、「固定家賃＋売上歩合家賃型」を含み歩合制家賃の場合には、前述の要件を概ね満たし、店舗全体の営業活動または商品構成上、当然にその必須の一部分を構成すると認められるものについては、小売企業側の営業と考えるものであった。したがって、この

ような内容の委託契約を締結しているような場合には、業界として「委託販売」とも呼び、テナント店の売上高を小売企業が総額で売上計上していたと考えられる。

しかし、不動産の賃貸借契約に準じた契約内容であって、一定の固定額またはテナント店の売上の一定割合等を賃料等として収受している場合には、収益をテナント売上高の総額で表示するのではなく、テナントから収受する賃料相当額のみを純額で表示することになると考えられる。

④　割賦販売
　a　取引の概要
　　割賦販売とは、売上代金を月払いや年払い等の分割払いで回収する取引である。割賦販売は、主として外商販売のほか、店頭販売におけるクレジットカード決済の分割払いなどにおいて利用されることが考えられる。
　b　会計処理
　　割賦販売は、原則として商品を引き渡したときに売上計上する（販売基準）が、割賦金の回収期限の到来の日または入金の日をもって売上計上すること（割賦基準）も認められている（原則注解注6）。
　　これは、割賦販売は代金回収期間が長期にわたるため、回収リスクが高く、貸倒引当金等の計上にあたり慎重な対応が必要であるが、その算定には不確実性と実務上の煩雑さを伴うため、収益認識を慎重に行う観点から例外的な処理として認められるものである。
　c　現行の会計処理の論点
　　収益認識研究報告において、割賦販売の考え方について、今後の方向性が示された。
　　これによれば、比較可能性の観点から同一の取引については同一の会計処理結果となることが望ましいため、販売基準と割賦基準の選択適用とするのではなく、割賦販売の実質を反映する会計処理に

統一すべきとされている。

この点、実務上はほとんどの小売企業が販売基準を採用しているため、問題は少ないと考えられる。

さらに実務上、割賦販売の金利相当額を区分する処理と区分しない処理が混在している点についても、割賦販売が通常の販売取引と比べ代金回収に長期間を要し、分割払いとなっていることから金融取引の性格を有しており、商品の販売部分と金融取引部分に区分して会計処理することが適切である旨が言及されている。

d　税務上の取扱い

法人税法上、3回以上の分割払いでありかつ商品の引渡しから最終支払日までの支払期間が2年以上でありかつ商品の引渡しまでに支払期日が到来する金額の合計が商品の代金の3分の2以下である場合は、長期割賦販売等に該当し、延払基準で会計処理することにより、課税所得の繰延べが認められている。

よって、会計上と法人税法上の処理は以下の点が異なっている。

- 会計上は長期割賦販売等でなくとも延払基準が適用できる。
- 会計上は回収期限到来基準と入金基準の二つの方法が認められているが、法人税法上は入金基準しか認められていない。

3　外商販売

(1) 外商販売におけるプロセスの概要

外商販売とは、所得水準や社会的な地位等について、あらかじめ小売企業が定めた要件に照らして審査し、承認された顧客を外商顧客として店頭または店頭外で商品の販売を行う取引である。外商顧客は資金力があり、高額・大口の販売に結び付く可能性が高いため、専属の販売員を付けニーズにきめ細やかに対応し、さらに特別な値引きを設定することもある。

第4節　販売プロセス

　個人の外商顧客の場合、専属の販売員が顧客ニーズに合った商品や顧客から要望のあった商品を調達し、顧客宅に直接訪問して販売を行うこともあれば、外商顧客が店頭で買い物をする際に同行し、店内を案内しながら販促活動を行うこともある。
　なお、法人の顧客の場合は、販促物やユニフォームなどを小売企業に一括発注する場合が多い。
　外商販売におけるプロセスの業務フローは次のようになる。

図表2-4-3　外商販売における業務フローの概要

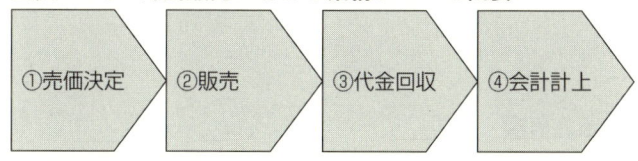

①売価決定 → ②販売 → ③代金回収 → ④会計計上

① 売価決定
　専属販売員が外商顧客と交渉を行い、適切な責任者の承認を得て、売価を決定する。一定の条件（大口取引や利益率の低い取引等）に該当する販売取引について、他の販売取引よりも厳しい認証基準を設けることもある。
　なお、外商顧客が店頭で商品を特段の交渉もなく通常どおりに購入する場合は、POSシステムにマスタ登録された通常の売価にて販売されることとなる。

② 販　売
　POSレジにて売上を計上し、商品を引き渡す。
　商品については、店頭で引き渡す場合もあれば、顧客宅へお届けする場合もある。

③ 代金回収
　通常は掛売形態であるため、売掛金のデータに基づいて請求書を発

行する。主な代金回収の方法としては、自動引落し、振込み、集金が挙げられる。

④ 会計計上

売上計上は、POSレジに読み込まれて集計された売上データに基づき、自動仕訳が会計システムにて行われることが多い。

売掛金回収は、入金事実に基づき手仕訳にて会計システムへ計上される場合もあるが、銀行預金口座への入金情報（入金データ）を銀行から入手し、これに基づき自動仕訳が会計システムにて行われることも多い。

(2) 内部統制上の留意事項

外商販売プロセスにおける重要なリスクと統制は次のようになる。

- 販売員による商品や現金の横領リスク
- 現金等受取り時の数え間違いのリスク
- POSへの売上登録を誤るリスク

① 持出商品の管理

個人の外商顧客への販売の場合、顧客の嗜好に合った商品を販売員がみつくろい顧客宅に持参して販売行為を行うことがある。外商顧客はこの中で気に入った商品があれば購入を決定するし、購入を迷う商品についてはいったん顧客先に商品を預ける場合もある。販売員は最終的な未購入品を再度店舗へ戻す必要がある。

このように、専属販売員が商品を持ち出す際には、商品は転売により換金可能であるため、商品が不正に横領されるリスクがある。このような販売員による不正行為を防止するために、持出商品については十分に管理することが必要である。

このようなリスクを防止・発見するためには、次のような内部統制を整えることが考えられる。

- 持出商品の一覧表を作成し、持出の際に外商員が一覧表と商品の現物の照合を行い上席者が承認し、また持ち帰った際にも一覧表と現物の照合を実施し、上席者の承認を受ける等の手続を実施する。
- 商品の持出しが長期化しないよう、持出期間の制限を最長数週間とする等、あらかじめ社内ルールを決めておく。

なお、持出商品は、店舗から持出品への移動であり、顧客が購入を決定するまでは百貨店の在庫であるため、棚卸の際には持出商品のカウント漏れが発生しないように留意する必要がある。

② 代金回収管理

外商販売においては、代金を専属の販売員が現金で回収してくることもあり、販売員による横領のリスクが存在する。

このようなリスクを防止・発見するためには、次のような内部統制を整えることが考えられる。

- 請求書の発行はシステム管理されたものだけを使用するようにし、手書きによる発行は原則として禁止する。外商販売も店頭販売と同様にPOSシステムに売上が登録され、POSシステムのみから請求書が発行されるようにすることにより、架空の請求書を発行できないようにする必要がある。

  なお、外商販売の性質上、顧客側の事情や要望により請求書の分割や統合を求められ、手書きの請求書を発行せざるを得ない場合もあると考えられる。この場合には少なくとも、販売員から独立した部署（例えば経理部門）において、手書きの請求書の作成と、不要となったシステム管理の請求書の保管を行うという仕組みとする必要がある。また、販売員にその理由等を記載した書類を提出させたうえで手書きの請求書を作成するなど、発行管理を厳重に行うことが重要である。
- 請求書は販売員を経由せず、販売員からは独立した部署（例えば

経理部門）から顧客へ直接送付することが必要である。ただし、外商販売の性質上、顧客側の事情や要望により、販売員が顧客へ直接手渡しせざるを得ない場合もある。このような場合には、請求書の発行部署（例えば経理部門）において、販売員にその理由等を記載した書類を提出させたうえで手渡しを認める等、当該請求書の送付管理を厳重に行うことが重要である。

- 領収書綴の現物管理を適切に行う。例えば、綴込式で、内1枚が綴込のまま控綴に残る様式で、連番を付した領収書を使用し、定期的に販売員以外の担当者が使用済み領収書（綴）について不正使用がないかどうかの検証を実施する。
- 集金の都度、回収した現金・領収書（控）・入金予定額の3点を販売員以外の担当者が照合し、不整合がないことを確かめる。

これらは、売掛金の滞留管理などの他の内部統制ともあいまって、リスクの防止や不正の発見に役立つこととなる。

③ **債権管理**

外商販売における売上高は、比較的高額となることが多く、外商顧客の所得水準にも変化があるため、債権回収のリスクが存在する。

このようなリスクに対応するため、債権管理を厳格に行う必要がある。外商顧客にはあらかじめ与信限度額を設定し、与信を超える販売を行う際には、与信枠の変更承認を行い販売の可否を判断する必要がある。また、外商顧客別に年齢調べ表を作成し、滞留先については、専属の販売員に定期的な滞留の理由や回収の方法について、報告をさせる等の必要がある。

(3) **会計処理**

① **外商販売における会計上の留意点**

外商販売は、店頭で商品を販売する以外に、持出商品を顧客宅で販売する場合がある。したがって、収益認識の時点について留意が必要

である。

　ここで、売上は実現主義に基づき商品の引渡しが行われたときに認識されるところ、外商販売の場合、顧客が買取りの意思表示を行い、持出商品が引き渡された時点が収益認識時点と考えられる。商品の引渡しの事実は、顧客から受領書を入手することにより把握できるため、受領書を必ず入手することを社内ルール化することにより、受領書に基づく売上計上が可能となる。

② 直送取引

　法人外商における取引で、同種の商品を大量に販売する場合などは、仕入業者から顧客へ商品を直送で納品する場合がある。この場合、売上計上をどの時点で行うかに留意する必要がある。

　売上は商品を顧客に引き渡した時点で計上するが、直送の場合は顧客への引渡しを直接確認することは困難である。よって、直送の場合は、顧客の受領印の押された物品受領書を仕入先から入手し、物品受領書の受領日に基づき売上を計上することが必要である。なお、物品受領書が入手できない場合は、出荷証明書等を仕入先から入手することも考えられる。

4　ギフト販売（中元・歳暮）

(1) ギフト販売プロセスの概要

　ギフト販売とは、中元や歳暮等、顧客が選んだ商品を、顧客の指定する受取人に、顧客の指定する日時に配送するという、特殊な販売形態である。これには、店頭による販売のほかに、通信販売によることが考えられる。

　近年、長引く消費の低迷により販売が落ち込んでおり、特に、わが国の慣習である中元や歳暮等については、各小売企業は顧客の獲得のた

め、早期受注による特典制度の導入、インターネット受注による利便性の確保、配送料の無料化などにしのぎをけずっている。

ギフト販売におけるプロセスの業務フローは次のようになる。

図表2-4-4　ギフト販売プロセスの業務フロー

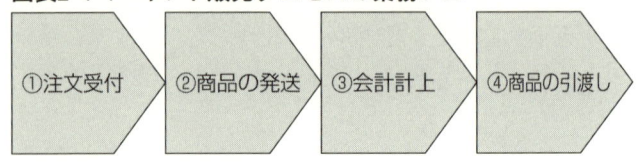

①注文受付 → ②商品の発送 → ③会計計上 → ④商品の引渡し

① 注文受付

　顧客（送り主）が店頭またはインターネットによりギフトの申込みを行い、小売企業が注文の受付処理を行う。対価は店頭で現金で受け取ることもあれば、クレジットカードが利用されることもある。

② 商品の発送

　商品の発送は、顧客から指定された着予定日に合わせ、発送される。発送は小売企業の配送センターから発送されることもあれば、メーカーから直送される場合もある。

③ 会計計上、④ 商品の引渡し

　売上の計上を出荷基準で行っている場合は、商品の発送日に売上計上を行うことが考えられる。よって、配送センターの出荷記録もしくはメーカーの配送記録等により出荷日を確認し、出荷の事実に基づいて、売上計上を行う。

　また、商品の引渡しをもって売上計上している場合は、商品の引渡時の受領書を入手し、送り先の商品の受領をもって、売上計上することが考えられる。詳細については後述する。

(2) 内部統制上の留意事項

ギフト販売プロセスにおける重要なリスクと統制は次のとおりである。

●決算前後において適切に期間帰属がなされないリスク（売上計上時期）

ギフト販売は受注日と商品の発送および商品の受領日が異なる場合が多い。よって、収益の認識を適切に行うためには、あらかじめ商品の発送日や商品の受領日を確認する手段を構築しておく必要がある。商品の発送が自社の配送センターで行われる場合は、出荷データを容易に入手できるが、直送による場合の出荷日の確認や商品受領日の確認には、メーカーや運送業者から情報を入手する必要があるので、事前に入手する資料・入手日の取決めをしておく必要がある。

(3) 会計処理
① 会計処理の考え方

商品の購入者（送り主）と商品の受取人が異なる取引について、処理を明示した会計基準は存在しないため、各小売企業の状況により各企業さまざまな会計処理が行われてきたと考えられる。

② 会計上の論点

収益認識は実現主義によることとされており（原則第二3B）、すなわち「財貨の移転又は役務の提供の完了」要件を満たす必要がある。

中元や歳暮等の場合、財貨が移転するのは受取人が商品を受領した時点であると考えられる。この点、実務上は代金を受領し商品を発送した時点で売上計上をする方法が多くとられているが、これは、受取人の商品受領日と商品の発送日が極めて近い等の理由により、受取人の商品受領日＝商品の発送日とみなしても収益の期間帰属に大きな差異がないと考えられるためである。

なお、受取人の商品を受領した時点を把握することは、受領書をす

べて収集する等、実務上は困難または煩雑なケースが想定されるため、あらかじめ受取人の商品の受領日を把握する仕組みを構築しておくことが必要である。

5 値引管理

(1) 値引管理プロセスの概要

販売価格は商品によって、全社的に統一された単価を使用する場合と、競合店の状況等各店舗の事情に応じた柔軟な価格設定を可能とするために各店舗の裁量によって決定される場合とがある。

ここで、小売業においては、顧客のニーズに応えるために多品種・大量の品揃えを行うが、陳腐化した製品や鮮度の落ちた食品などを抱え込むことはロスにつながる。したがって、そのような商品を抱え込むのではなく、適宜値下げを行い、商品を売り切ってしまうことによりロスを回避する傾向にある。

また、小売企業と仕入先とがお互い協力して通常価格より低い価格で一定期間、一定量の販売を行うこともある。

この点、百貨店においてもセール販売を定期的に実施するが、仕入先との取引形態により、セールによる値引きの負担を仕入先にも負わせる場合と百貨店のみが負担する場合がある。仕入先も負担する場合では、当初の値入率を変更しないようにするため、いったん商品を返品して購入単価を引き下げたうえで、セール品として再度仕入が行われている。

値引管理におけるプロセスの流れは次のようになる。

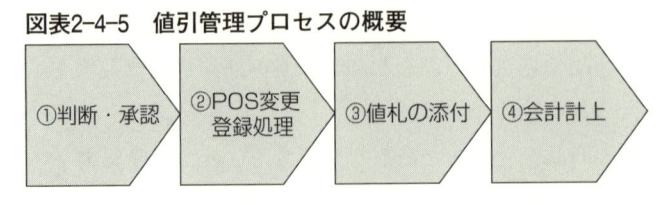

図表2-4-5　値引管理プロセスの概要

①判断・承認 → ②POS変更登録処理 → ③値札の添付 → ④会計計上

① 判断・承認

値引きに関しては、仕入先も費用負担する場合と小売企業のみが負担する場合で、判断・承認のタイミングが異なってくる。

前者の場合には仕入れる前に値引きが確定するため、仕入先との交渉前の段階で判断・承認が実行される。

後者の場合には、一定のルールを設けて各店舗が独自で判断・承認する場合と、本社が一括して判断・承認する場合がある。

② POS変更登録処理

POSの変更登録処理に関しては、通常のマスタ登録の流れと同様である。

売価に対する全社的なコントロールを重視するのであれば、店舗単位ではなくブロックごとで本部の営業部担当者が一括して登録し、各店舗のPOSレジ内商品マスタに反映させる、店舗独自で判断・承認を行う場合には、店舗に一定の権限を事前に付したうえで、店舗においてPOSに登録されたJANコード価格を変更することになる。

③ 値札の添付

事前にPOSに値引きが登録される場合には、特別な値札を添付することはないが、事後的に値引きを行う場合にはPOSに対応した値引読取シールを商品に添付する必要がある。

④ 会計計上

通常の売上の計上と同様である。

(2) **内部統制上の留意事項**

値引管理プロセスにおける重要なリスクと統制は次のとおりである。

- 適切な値引きがなされないリスク
- 正確な値引金額が反映されないリスク
- 仕訳に反映されないリスク

① 値引きの承認

値引きは売上額を直接下げる行為であり、値引実行が自由に行われると、従業員の横領等、不正が行われてしまうリスクが存在する。

これに対して、適切な責任者により値引承認がなされる体制またはルール設定により、従業員による自由な値引きを事前に防ぐことができる。また営業時間により下げ幅を決めるなど社内ルールを整備、徹底し値引機会を限定することによってさらにリスクを低減できる。

② 利益率のレビュー

店舗責任者および本社管理部により、各店舗の各品番の利益率を一定期間ごとに確認することにより、不正な値引きが発生していないかを事後的に確認することができる。

③ POSによる統制

あらかじめPOSに値引きマスタを登録しておくことにより、レジにて打ち間違えるリスクを低減することができる。またPOSに読ませるバーコードの貼り付けとレジの担当者を別にすることにより内部牽制を図ることが可能となる。

(3) 会計処理

① 通常の取扱い

値引きの会計処理は、売上時に変更された売価が登録されているため、通常の売上の会計処理と特段の違いは存在しないこととなる。

② 仕入先が負担するケースの取扱い

セール品や特売品などについて、商品の値引額の一部を仕入先に費用負担してもらうケースが考えられる。

例えば、百貨店などでは、所定の値入率を変更しないようにするため、いったん商品を返品して購入単価を引き下げたうえで、セール品として再度仕入が行われるため、やはり通常の売上の会計処理と同様の取扱いとなる。

また、スーパーなどでは、内容を仕入先と共有したうえで、仕入先と商品の種類や数量、期間を限定して相互の利益率を交渉し、値引販売を行う。この場合においても値下登録がなされるなどの後に売上としては通常の会計処理が行われることが考えられる。

6 現金管理

(1) 現金管理プロセスの概要

小売業において管理すべき現金は主として「店頭販売による売上金」「釣銭準備金」「両替機内の現金」となる。

その大半は、店頭販売時に発生し、一時的であれ店舗にて保管されることから、店頭販売プロセスにおいて併せて解説を行った。

ここでは、現金過不足管理業務および売上金以外の「釣銭準備金」「両替機内の現金」の管理業務を便宜上、「現金管理プロセス」として解説を行う。

① 釣銭準備金

通常、売場のレジでは釣銭用に一定金額の現金を保管している。売上金の入金処理を行う際これらの釣銭準備金をレジ内に保管したままにすることはリスクが高いため、釣銭準備金についてもレジから日々回収することとなる。その場合の保管方法には、売上金とともに回収

入金する方法と、売上金とは別に保管する方法がある。小型スーパーやコンビニなどでは、主として後者の方法を利用すると考えられる。

a 売上金と共に回収入金する方法

　　売上金と共に回収入金する場合には、釣銭準備金も「❷店頭販売」の流れの中で残高の検証を行うこととなる。内部統制上の留意点は前述を参考のこととする。

b 売上金とは別に保管する方法

　　一方、売上金とは別にして、レジ別の鍵付きロッカーなどで夜間保管する場合もある。

　　釣銭準備金が、特段のチェックもなくレジとロッカーを往復するのみであれば、紛失・盗難・不正等のリスクが高まることとなる。

　　したがって、この場合も、定期的に、あるいは抜き打ちによる実査を行い、実査結果と釣銭準備金としてあるべき現金残高との一致を確認することが必要である。この際、釣銭準備金のみをカウントするのではなく、売上金と合わせてカウントするほうが効果的である。なぜなら、売上金と釣銭準備金間の操作により、それぞれの現金残高を操作することが可能であるからである。

② 両替準備金

　　小売業の販売プロセスにおいては現金取引が主となるため、両替えは必須である。

　　大型店では大金庫内にさまざまな金種を常時保管しているため出納事務所での両替えが可能ではあるが、両替えが必要となるたびに出納事務所へと出向かなくてはならない、といった手間を省くため、店舗内に両替機が設置されていることも多い。

　　また、コンビニ等の小型店においては、両替機を保有せずに日々必要な金種を揃えておくという管理を行うことも考えられる。

　　なお、両替機内の現金は、当然のことながら両替えに伴って金種構成は変わるものの金額は一定に保たれている。

(2) 内部統制上の留意事項

現金管理プロセスにおける重要なリスクと統制は次のとおりである。

- 現金の紛失、盗難、流用等のリスク
- 現金授受時の数え間違い、渡し間違いのリスク
- 仕訳上漏れ、仕訳上誤り

① 現金実査

「釣銭準備金」については、店頭の従業員の管理下に置かれる側面が強いことから、紛失・盗難・不正等のリスクに留意する必要がある。具体的には、「(1)①釣銭準備金」に記載のとおりである。

また「両替機内の現金」については、不足している金種を定期的に確認し入替えを行う。よって、この入替えのタイミングなどで両替機内の現金実査を行い、実査結果と両替機内にあるべき現金残高との一致を確認することが必要である。

② 現金過不足の管理

現金過不足の発生要因としては、釣銭の受渡誤り、現金の紛失・盗難、売上高の計上誤り等が考えられる。故に、現金過不足が発生した場合は決して放置することなく、発生原因を調査分析し、顛末を証跡が残る形で上席者へ報告し、上席者の承認を得たうえで仕訳を修正することにより、適切に対応することが重要である。

実務的には、一定金額以上の現金過不足については原因調査・上席者への報告・上席者の承認を得たうえでの仕訳修正を要することとし、少額の現金過不足については機械的に会計処理を行うこととするなど、金額的重要性に応じて管理手法を使い分ける例もみられる。

③ 現金輸送サービスの利用

売上金を銀行に預け入れるにあたり、警備保障企業などが提供している現金輸送サービスを利用している場合も多い。売上金を銀行へ輸

送するのみならず、釣銭または両替用の紙幣と硬貨を準備して各店舗に届けるサービスも行われている。

また、売上金の輸送サービスについては、そもそも入金機が当該外部委託先の所有となっており、入金機から委託先が直接現金を回収するという形態もある。この場合、店舗の従業員は入金機内の現金をカウントする必要がないので業務の効率化を図ることができること、従業員が現金に接触することに伴うさまざまなリスクを低減することができることなどのメリットがある。

なお、月末や決算期末における現金残高を確定させるにあたっては、外部委託先から残高証明書を入手し、その管理下にある現金残高を明確にすることが必要となる。

④　現金保管エリアの管理

店舗内には一時的であれ多額の現金が保管されることになるので、現金の保管エリア（出納事務所、金庫室、入金機の設置エリア、夜間保管用ロッカーの設置エリアなど）における防犯対策も重要である。店舗によりさまざまな工夫がなされているが、例えば、次のようなものが挙げられる。

- 時間帯により、外部者が現金保管エリアへ入室することを制限する。
- 金庫を使用する必要がなければ、金庫や金庫室の鍵を施錠しておく。
- 金庫や金庫室の鍵を特定の者の管理下におき、鍵を使用できる者を限定する。
- 金庫室や入金機の設置エリアへの人の入室状況が視覚的にわかりやすく一目瞭然となるようにレイアウトを工夫する。
- 現金の保管エリアに防犯カメラを設置する。
- 夜間は金庫・金庫室・出納事務所等にセンサーを作動させ、金庫の開閉や入室、センサー解除等の異常があれば警報が鳴るようにするなど、警備システムを利用する。

(3) 会計処理

① 現金過不足による修正仕訳

POSシステムを通じて記帳された売上金額と実際現金残高とに相違が生じた場合には、次の会計処理を行うことが考えられる。

a 「実際現金残高＜帳簿上の現金残高」の場合

【設例】

実際現金残高が記帳された金額よりも10,000少なかった。				
(仕訳例)				
(借) 雑損失	10,000	(貸) 現金	10,000	

b 「実際現金残高＞帳簿上の現金残高」の場合

【設例】

実際現金残高が記帳された金額よりも10,000多かった。				
(仕訳例)				
(借) 現金	10,000	(貸) 雑収入	10,000	

② 銀行口座への預入れ時の仕訳例

売上金は銀行口座へと預け入れることとなるが、そのケースには大きく次の二つのケースがある。

a 直接銀行へ預け入れるケース

(預入時の仕訳例)

(借) 預金	1,000,000	(貸) 現金	1,000,000

※現金過不足はないと仮定する。

b 外部委託先が預け入れるケース

現金輸送サービスを利用する場合は、店舗から現金が回収されて銀行口座へ入金されるまでに数日間のタイムラグが生じる。この点、預入時の仕訳にはいくつかの考え方がある。

例えば、外部委託先の管理下にある輸送中の現金も、所有権が当社に存する限りは「現金」に違いはないという考え方から現金とし

て取り扱うことが考えられる。

また、外部委託先に対する債権ととらえ、内部管理上の便宜を図る観点から、次のように別勘定を使用することも考えられる。

(外部委託先への現金引渡時の仕訳例)

| (借) | 預け金 | 1,000,000 | (貸) | 現金 | 1,000,000 |

(外部委託先による銀行口座への入金時の仕訳例)

| (借) | 預金 | 1,000,000 | (貸) | 預け金 | 1,000,000 |

③ 釣銭準備金の会計処理

期中は、管理しやすいように別勘定(例えば「仮払金」など)や現金勘定の下に小勘定を設けて会計処理することも考えられる。

また、仮に実査等により現金過不足の発生が発見された場合には、店頭販売による売上金と同様に、発生原因の調査、顛末の報告、修正仕訳の計上を行うこととなる。

(釣銭準備金の払出時の仕訳例)

| (借) | 仮払金 | 1,000,000 | (貸) | 現金 | 1,000,000 |

(決算時の仕訳例)

| (借) | 現金 | 1,000,000 | (貸) | 仮払金 | 1,000,000 |

④ 両替えの会計処理

期中は、管理しやすいように別勘定(例えば「仮払金」など)や現金勘定の下に小勘定を設けて会計処理することも考えられる。

また、仮に実査等により現金過不足の発生が発見された場合には、店頭販売による売上金と同様に、発生原因の調査、顛末の報告、修正仕訳の計上を行うこととなる。

第4節　販売プロセス

(両替機セット時の仕訳例)

| （借） | 仮払金 | 1,000,000 | （貸） | 現金 | 1,000,000 |

(両替時および金種入替時の仕訳例)

| 仕訳なし |

(決算時の仕訳例)

| （借） | 現金 | 1,000,000 | （貸） | 仮払金 | 1,000,000 |

7　商品券管理

(1) 商品券ビジネスの取引概要

商品券管理プロセスを解説するにあたり、まずビジネスの仕組みと商品券の分類について触れる。

① 商品券ビジネスの仕組み

商品券とは現金と引換えに発行するものであり、商品等の対価として額面金額で流通する有価証券である。一般に百貨店やスーパーマーケット等の小売店舗で販売され、贈答用に利用される場合が多い。商品券ビジネスは現金と引換えに商品券を引き渡し、商品引渡時にこれを対価として回収するといった販売形態となっている。商品券の発行は、顧客の囲込みの戦略の一つであるといえる。

例えば、百貨店等では自社グループでのみ使用できる自社商品券(図表2-4-7-1参照)および全国百貨店協会に加盟している百貨店等で使用できる共通商品券（全国百貨店共通商品券）（図表2-4-7-2参照）を発行している。

第2章　会計と内部統制

図表2-4-7-1　自社商品券発行のイメージ

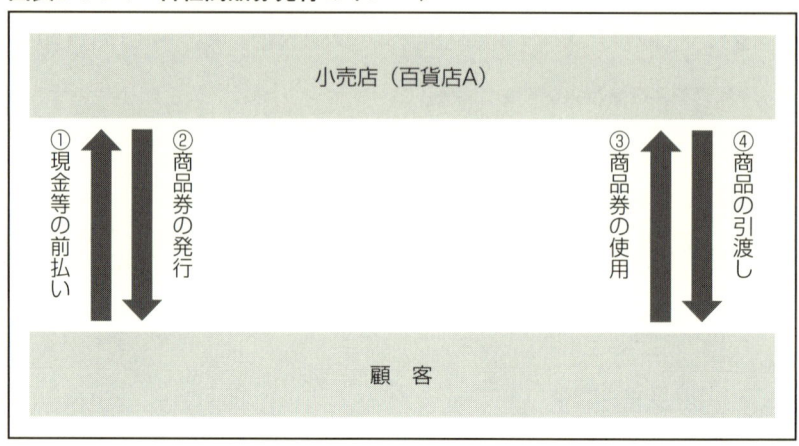

```
┌─────────────────────────────────────────────┐
│            小売店（百貨店A）                  │
│  ①現金等の前払い  ②商品券の発行              │
│                   ③商品券の使用  ④商品の引渡し│
│                                             │
│               顧　客                         │
└─────────────────────────────────────────────┘
```

図表2-4-7-2　共通商品券発行のイメージ

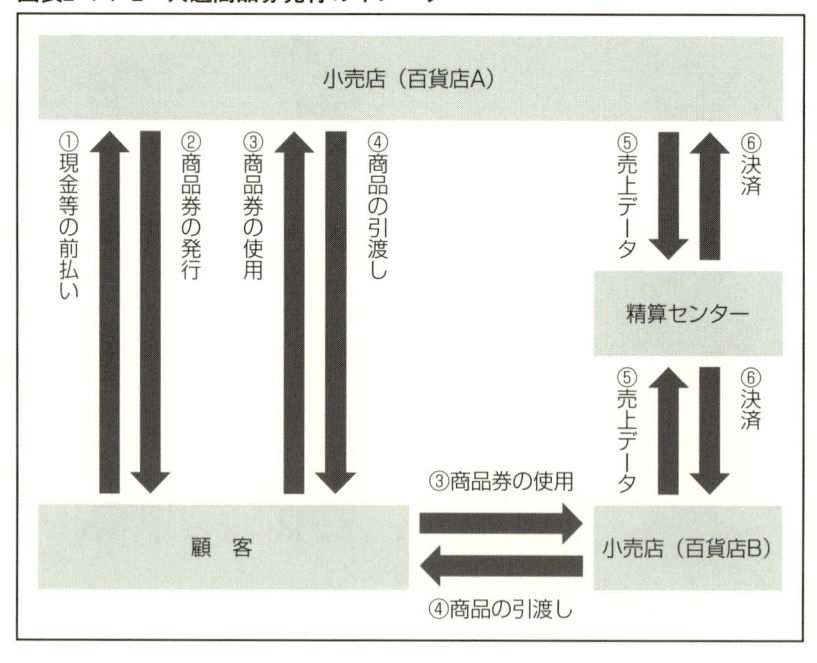

```
┌──────────────────────────────────────────────────┐
│              小売店（百貨店A）                     │
│ ①現金等の前払い ②商品券の発行 ③商品券の使用      │
│ ④商品の引渡し   ⑤売上データ  ⑥決済             │
│                                                  │
│                              精算センター         │
│                              ⑤売上データ ⑥決済  │
│                                                  │
│         ③商品券の使用                            │
│  顧　客  ────────────→  小売店（百貨店B）        │
│         ④商品の引渡し                            │
└──────────────────────────────────────────────────┘
```

226

② 商品券の費目別分類

商品券は、費目別には次のとおりに分類される。

図表2-4-7-3　費目別分類

商品券（広義）	商品券（狭義）	自社商品券(注1)
		全国百貨店共通商品券(注2)
		カタログ商品券(注3)等
		友の会お買い物券
	仕立券(注4)	洋服仕立券
		ワイシャツ仕立券
		セレクトオーダー仕立券等

(注1) 自社商品券とは自社グループでのみ使用できる商品券である。
(注2) 全国百貨店共通商品券とは全国百貨店協会に加盟している百貨店にて使用できる商品券である。
(注3) カタログ商品券とはカタログから顧客が好みの商品を選択する商品券である。近年、内祝、引出物等に利用されるケースが増えている。
(注4) ワイシャツまたは洋服の生地とセットにして販売し、オーダーシステムで仕立てるというサービス給付を目的とした券であり、仕立券の販売あるいは回収されるまでの預り金（前受金）を管理している。

③ 商品券の使用範囲別分類

商品券は、使用範囲別には次のとおりに分類される。

図表2-4-7-4　使用範囲別分類

商品券（広義）	自社商品券（図表2-4-7-1参照）	自社グループでのみ使用できる商品券
	共通商品券（図表2-4-7-2参照）	全国百貨店協会に加盟している百貨店等で使用できる商品券（全国百貨店共通商品券）全国CGC加盟スーパー共通商品券および業務提携した他店で使用できる商品券

④ 商品券発行主体が遵守すべき関連法規

券面に金額を印刷した商品券は、従来「前払式証票の規制等に関する法律」が適用となっていた。しかし、近年の情報通信技術の発達や利用者ニーズの多様化に伴う資金決済システムをめぐる環境の変化に対応して「資金決済に関する法律」が平成22年4月1日に施行されたことに伴い「前払式証票の規制等に関する法律」は廃止され、「資金決済に関する法律」に包括された。

基準日における未使用残高が1,000万円を超えるときは当該基準日（毎年3月31日および9月30日）の未使用残高の2分の1の額以上の額を供託・銀行等の保証により保全することが義務づけられている（資金決済に関する法律14）。

(2) **商品券管理プロセスの概要**

商品券の印刷から引当金の計上までの業務フローは次のとおりである。なお、ここでは主として自社発行商品券を前提とする。

具体的な会計処理に関しては「(4)会計処理」を参照のこと。

図表2-4-7-5　商品券管理プロセスの業務フロー

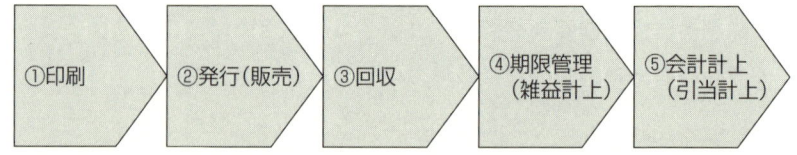

①印刷 → ②発行（販売）→ ③回収 → ④期限管理（雑益計上）→ ⑤会計計上（引当計上）

① 印　刷

商品券は販売前に印刷業者に印刷の依頼を行い、現品納入時に販売費及び一般管理費として費用計上する（【設例①】参照）。この段階では負債としての性質はない。

印刷業者への支払金額（商品券の印刷費用）のうち未発行分に対応する金額を実査により確定し、貯蔵品として資産計上する（【設例②】参照）。

② 商品券の発行（販売）

商品券の発行は店頭にてなされ、会計上は負債項目として「商品券」や「前受金」といった勘定で処理される。

③ 回　収

商品券の回収はレジにて商品と引換えにPOS処理が行われ、現金同様に管理される。回収された商品券は出納事務所にて保管される。回収時の仕訳は【設例⑤⑥⑦⑧⑨】のとおりである。なお、友の会商品券の回収は自社商品券の回収【設例⑤】にあたる。

④ 期限管理（雑益計上）

各小売企業は発行された商品券のうち、一定の期限の到来した商品券の残高を管理する。この残高に対して、小売企業は慣行的に雑益計上を行う（【設例⑫⑬】参照）。

⑤ 引当計上

過去に雑益計上した商品券のうち、当期未回収になっている残高に関しては未回収商品券として引当金計上が検討される。発行済みの商品券に関しては雑益計上したものも含めて精算センターにて回収管理されているため、各小売店では精算センターから送付されたデータより引当金計上金額を算定し、仕訳を起票する（【設例⑭】参照）。

(3) 内部統制上の留意事項

商品券管理プロセスにおける重要なリスクと統制は次のようになる。

- 金券類の紛失、盗難、横領等のリスク
- 金券等受取り時の数え間違いのリスク
- 仕訳漏れ、仕訳誤り

① 現物管理および実査

　金券類に関しては換金可能性が高く、横領の可能性が高い。したがって、未発行商品券に関しては管理簿にて現物管理を行い、盗難のリスクに備えるための統制が求められる。

　特に期末において未発行の商品券の実査を行うことは、内部統制上、有効である。

② 現金管理統制

　金券類は受取時に数え間違いが生じることがある。これにより回収商品券の金額誤りが生じるため、現金管理にあわせて金券類も管理するような内部統制の整備が求められる。詳細は❷、❻を参照とする。

③ 期限管理、回収管理

　一定期限の到来した商品券の雑益計上処理漏れ、未回収商品券引当金の計上に関する仕訳誤りが生じる可能性がある。特に引当金の見積りは、精算センターにて管理している商品券の未回収残高リストに基づくため、管理が不適切であることに伴い算定計算を誤るリスクがあり、それらを管理するための内部統制の整備が求められる。

以上より、勘定科目ごとに内部統制上留意すべき事項についてまとめると、次のようになる。

図表2-4-7-6　内部統制上の留意事項

勘定科目	内部統制
貯蔵品	未発行商品券に関して管理簿にて受払管理を行う。また日次で実査を行い、受払管理簿と実際在庫残高を照合する。
商品券	商品券管理システムにおいて発行年度別の発行残高を把握するための番号管理を行う。
雑益	商品券管理システムにおいて発行年度別の発行残高を把握するための番号管理を行う。

未回収商品券引当金	発行年度別の年度別回収実績の管理を行い、これに基づいて適正に発行年度別の回収率が算定されているか上席者が確かめる。

(4) 会計処理

① 商品券の印刷

　商品券は販売前に印刷業者に印刷の依頼を行い、現品納入時に販売費および一般管理費として費用計上する（【設例①】参照）。なお、支払完了時に貯蔵品計上し、棚卸後、発行商品券分を販売費及び一般管理費に振り替える場合もある。

　この段階では、いまだ発行されていないため負債としての性質はない。

　期末時点の未発行の商品券については、印刷業者への支払金額（商品券の印刷費用）のうち未発行分に対応する金額が貯蔵品として資産計上されることになる（【設例②】参照）。

【設例①】

印刷業者に商品券の印刷を依頼し、商品券（印刷単価＠1×1,000枚）が納品され、支払い（1,000）が完了した。
（仕訳例）

（借）	販売費及び一般管理費	1,000	（貸）	現金預金	1,000

【設例②】

期末に商品券の実査を行い、残高が500枚であった。
（仕訳例）

（借）	貯蔵品	500	（貸）	販売費及び一般管理費	500

② 商品券の発行（販売）

　商品券の発行には、自社発行商品券、共通商品券の発行、さらに仕立券発行のケースが挙げられる。

a 自社商品券の発行（販売）

商品券の発行は商品の引渡しを伴わず、後日商品を引き渡す債務が生じるため、会計上は負債項目として「商品券」や「前受金」といった勘定で処理される（【設例③】参照）。

なお、税務上は発行時に収益計上することが原則となっているが、会計上は負債計上されるのが一般的である。

b 共通商品券の発行

共通商品券についても、自社発行商品券と同様に店頭での発行時に「商品券」や「前受金」といった勘定で処理される。

c 仕立券の発行

仕立券の発行に関しても自社商品券の発行と基本的には相違なく発行時には次の会計処理がなされる（【設例④】参照）。

【設例③】

店頭にて商品券を販売し、現金10,000を受領した。

(仕訳例)

（借）	現金預金	10,000	（貸）	商品券	10,000

【設例④】

店頭にて仕立券を販売し、現金10,000を受領した。

(仕訳例)

（借）	現金預金	10,000	（貸）	仕立券	10,000

③ 商品券の回収（商品の売上計上）

商品の引渡時に商品券を回収する場合には、自社商品券を回収する場合、自社発行共通商品券を自社にて回収する場合、自社発行共通商品券が他社にて回収される場合、他社発行共通商品券を自社にて回収する場合に大別される。

第4節 販売プロセス

図表2-4-7-7 商品券の回収パターン

ケース	種類	発行	回収	設例
ケースa	自社商品券	自社発行	自社回収	【設例⑤】
ケースb	共通商品券	自社発行	自社回収	【設例⑥】
ケースc	共通商品券	自社発行	他社回収	【設例⑦】
ケースd	共通商品券	他社発行	自社回収	【設例⑥】

a 自社商品券の回収

　自社商品券を自社にて回収する場合は、負債計上した勘定を取り崩すとともに売上計上する（【設例⑤】）。

【設例⑤】

商品を販売し、自社商品券10,000を受領した。
（仕訳例）

　（借）　商品券　　　　　10,000　　（貸）　売上　　　　　10,000

b 共通商品券の自社発行・自社回収（商品の売上計上）

　商品券の店頭回収段階では、共通商品券について自社で発行したものか他社で発行したものかの区別が付かないため、一義的に立替商品券等の勘定を使用し、借方計上することとなる。
　したがって、自社発行商品券を自社にて回収する場合は立替商品券等の勘定を計上するとともに売上計上する（【設例⑥】）。

【設例⑥】

商品を販売し、共通商品券10,000を受領した。
（仕訳例）

　（借）　立替商品券　　　10,000　　（貸）　売上　　　　　10,000

c 共通商品券の自社発行・他社回収

　自社発行商品券を他社にて回収する場合には、その時点での仕訳

の起票はない。

【設例⑦】
他社にて商品を販売し、他社にて共通商品券10,000を受領した。
仕訳なし

d　共通商品券の他社発行・自社回収
　共通商品券を自社にて回収する場合には立替商品券を計上するとともに売上計上する（【設例⑥】参照）。

e　仕立券の回収
　仕立券の回収時には仕訳は起票されず、商品の引渡時に売上計上されるのが一般的である（【設例⑧⑨】参照）。

【設例⑧】
仕立券を回収し、ワイシャツ10,000の引換券を渡した。
仕訳なし

【設例⑨】
引換券を回収し、ワイシャツ10,000の引渡しを行った。
（仕訳例）

（借）	仕立券	10,000	（貸）	売上	10,000

④　共通商品券の精算
　全国百貨店共通商品券発行会に加盟している各百貨店は、その後回収された共通商品券を精算センターへ送付し、当該精算センターにて共通商品券は自社発行のものと他社発行のものとに区別される。
　自社発行他社回収の共通商品券が他社発行自社回収の共通商品券より多ければ全国百貨店共通商品券発行会への支払いがなされ、他社発

行自社回収の共通商品券が自社発行他社回収の共通商品券より多ければ全国百貨店共通商品券発行会からの受取りが行われ、加盟会社間の差金決済がなされることになる。

立替商品券等の精算時には次の会計処理がなされる。

【設例⑩】
自社発行他社回収共通商品券＞他社発行自社回収共通商品券のケース
自社発行他社回収の共通商品券20,000に対して他社発行自社回収の共通商品券10,000であったため精算を行った。
(仕訳例)

| （借） | 立替商品券 | 10,000 | （貸） | 未払金 | 10,000 |

【設例⑪】
他社発行自社回収共通商品券＞自社発行他社回収共通商品券のケース
他社発行自社回収の共通商品券20,000に対して自社発行他社回収の共通商品券10,000であったため精算を行った。
(仕訳例)

| （借） | 未収入金 | 10,000 | （貸） | 立替商品券 | 10,000 |

⑤ 商品券の雑益処理

税務上は、商品券を発行したときにこれを益金に算入することが原則的な取扱いとなっている。ただし、発行済みの商品券を管理番号等で発行に係る年度管理を網羅的に行っているような場合、税務上の特例処理として発行時に負債計上し、商品の引渡時に益金算入することも認められている。この際、その発行に係る事業年度終了の翌日から３年経過した日の属する事業年度末にいまだ商品の引渡しが完了していない商品券を収益計上することになる（法基通2−1−39）。

この点、会計上も、実務慣行的に未使用分について発行時から一定期間経過後に負債計上を中止し収益計上を行うことが一般的である。

すなわち、多くの百貨店等の小売企業においては商品の売上計上基準を商品引渡時としていることから当該税務上の特例処理をとる場合が多く、その場合には商品券を発行したときから3年等の一定期間経過後に未回収分に関して負債計上を中止し、雑益等の勘定科目で収益計上することが考えられる（【設例⑫】参照）。

【設例⑫】

商品券の販売から3年経過後も回収がない商品券が10,000生じていた。
(仕訳例)

（借）　商品券　　　　10,000　　（貸）　雑益　　　　10,000

⑥　商品券の雑損処理

前述のとおり、商品券を発行したときから3年等の一定期間経過後に収益計上した商品券が、その後回収（商品の販売）された場合には既に負債の計上は中止されているため損失を計上することになる。

【設例⑬】

商品を販売し、商品券の販売から5年経過後の商品券10,000を回収した。
(仕訳例)

（借）　雑損　　　　　10,000　　（貸）　売上　　　　10,000

⑦　負債計上を中止した項目に関する引当金

⑥のように、一定期間経過後の未回収商品券に関しても、顧客は引き続き商品券の使用が可能である。そのため負債計上した商品券に関してその利用時に発生する損失に備えて、今後使用が見込まれる金額を引当金として計上することを検討する必要がある（監査・保証実務委員会報告第42号）。

すなわち、会計上は、雑益計上した（負債計上を中止した）商品券に関して過去の回収実績に基づき、収益認識後の商品券の回収による

第4節 販売プロセス

損失の発生に備えて引当金の計上を検討することとなる。

なお、引当金の計上金額に関しては、【設例⑭】のとおり、過去最高の回収率の実績により過去最高の回収率の水準までで保守的に算定し、引当金計上することが考えられる。

【設例⑭】

	発行年度	発行金額	回収金額	未回収金額	回収率	引当金計上金額	
雑益計上済商品券	×1年	10,000	9,000	1,000	90%	0	(注1)
	×2年	10,000	8,000	2,000	80%	1,000	(注2)
	×3年	10,000	7,000	3,000	70%	2,000	(注3)
	×4年	10,000	6,000	4,000	60%	3,000	(注4)
	×5年	10,000	5,000	5,000	50%	4,000	(注5)
	×6年	10,000	4,000	6,000	40%	5,000	(注6)
	×7年	10,000	3,000	7,000	30%	6,000	(注7)
負債計上商品券（発行後3年以内）	×8年	10,000	2,000	8,000	20%	0	(注8)
	×9年	10,000	1,000	9,000	10%	0	(注8)
	×10年	10,000	500	9,500	5%	0	(注8)
	合計					21,000	

（注1） 10,000×(90%−90%)=0（過去最高の回収率は×1年度発行商品券となっている）
（注2） 10,000×(90%−80%)=1,000
（注3） 10,000×(90%−70%)=2,000
（注4） 10,000×(90%−60%)=3,000
（注5） 10,000×(90%−50%)=4,000
（注6） 10,000×(90%−40%)=5,000
（注7） 10,000×(90%−30%)=6,000
（注8） 雑益計上していないため商品券回収損の計上はない。

算出した×10年末の商品券回収損引当金21,000を計上する。

(仕訳例)

（借）	商品券回収損引当金繰入	21,000	（貸）	商品券回収損引当金	21,000

8　ポイント管理

(1) ポイント制度の概要
① ポイント制度とは

　ポイント制度とは商品販売額の一定割合をポイントとして顧客に付与し、顧客はそのポイントを次回以降の購入に際して使用すれば、無料もしくは割引価額にて別の商品を購入できるという制度である。これには、ある一定のポイントが貯まった段階ではじめて使用できる蓄積型と、ポイント残高にかかわらずポイント付与時に次回の来店時よりポイントを行使できる即時使用型とがある。

　ポイント制度は通信、小売、金融、外食、交通等幅広い業種で導入されており、その還元形態も自社の商品購入への充当に限定されるものから他社発行の商品券や電子マネーに交換が可能であるもの、他社の提供サービスの決済に際し利用されるもの等、さまざまである。

　小売業においても、百貨店、スーパー、家電量販店、ドラッグストアなど、多くの企業がポイント発行制度を採用している。

② 提携ポイント制度とは

　近年、さまざまな分野における複数の企業と提携し、相互に利用可能なポイントを発行・交換する制度が構築されている（図表2-4-8-1参照、以降「提携ポイント制度」という）。自社発行ポイントが他社の商品購入やサービスに利用され得ることから、次回の顧客の来店・自社商品の販売機会を失うことになるが、その反面、新規の顧客を開拓できるというメリットがある。

図表2-4-8-1　提携ポイント制度のイメージ

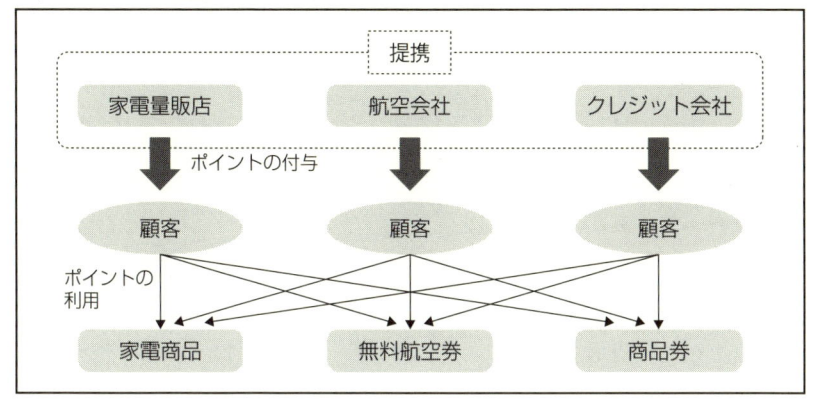

(2) ポイント管理プロセスの概要

ポイント管理プロセスにおける業務フローは次のようになる。

図表2-4-8-2　ポイント管理プロセスの業務フロー

①申込み → ②登録 → ③ポイント付与 → ④ポイント利用 → ⑤会計計上

① 申込み

ポイント制度は、企業にとっては継続的な顧客の囲込みができるメリットがあるが、そのためには、顧客からの申込みによりポイント付与対象者を特定することが不可欠となる。

② 登　録

顧客からの申込みを受け、ポイント付与対象者としての登録を完了させる。近年、ポイント制度を導入した企業においては、ポイント付与対象者が多数にわたるため、顧客情報を情報システムにて管理することが多くなってきている。

③ ポイント付与

　顧客のサービスの利用に応じてポイントを付与することになる。ポイントの付与は、企業にとって将来的な費用負担を生じることになるため、個々の顧客が保有しているポイント残高を把握しておく必要がある。近年は、情報システムの整備により、顧客の特定と保有ポイント残高を容易に把握することが可能になっている。

④ ポイント利用

　ポイント保有者の要求により、ポイントが商品代金または他のサービスの利用に充当される。ポイントの会計処理に関し、引当金を計上する場合は、通常、次期以降のポイントの利用見込額が算定上の重要な基礎となるため、利用状況の把握が重要である。

⑤ 会計計上

　(a)ポイント付与時に費用処理すること、(b)ポイント利用時に費用処理すること、(c)次年度以降の利用見込額を引当金計上することが考えられる。特に(b)、(c)の処理においては、付与額および利用実績を把握する仕組みを構築しておく必要がある。詳細は後述する。

(3) 内部統制上の留意事項

　ポイント管理プロセスにおける重要なリスクと統制は次のようになる。

- 顧客情報の漏えい
- 顧客特定の誤り
- ポイント付与率の改ざん
- 引当金計上における仮定の誤り（不適切な見積り）
- 仕訳漏れ、仕訳誤り　等

第4節　販売プロセス

① 情報を取り扱う従業員への徹底した指導・教育および情報システムのセキュリティの強化

　　顧客情報の漏えいを防ぐためには、情報を取り扱う者（または部署）を特定の者に定め、他の者が容易に情報を閲覧できないような仕組みを設ける必要がある。また、顧客情報管理に情報システムが利用されている場合には、外部からの不当なアクセスを防ぐ仕組みや漏えいが瞬時に把握できるような仕組みを構築する必要がある。

② ポイント付与率の定型化、システムによる注意喚起

　　販売担当者が自由にポイント付与率を設定できるようであれば、企業に不測の損害を与える可能性もある。そのようなリスクを防止するため、ポイントの付与率を定型化（例えば商品代金の10％）しておくことが重要となる。また、情報システムを設けて、販売担当者にポイント付与率の設定を委ねる場合には、最低付与率を超えての付与はできないようなシステム上の仕組みを構築しておくことも重要となる。

③ ポイント付与対象者の特定

　　顧客がポイントを利用して商品の購入またはサービスの提供を受けることになるが、ポイントの付与を受けるもしくは利用の権限のない者にまでポイントを付与または行使させては、企業は不測の損害を被ることになりかねない。このような事態を回避するために、ポイント制度の会員であることを証するものの提示を受けることが必要となる。

④ 付与額の把握、利用額の把握

　　ポイントの会計処理につき、発行企業においては将来の使用見込額に基づき引当金を計上することが多い。将来の使用見込額の判断については、見積りの要素を含むことから、その仮定が適切であることを保持しておくことが重要となる。通常、その仮定は、付与されたポイ

ントがどのくらい使用されたかにより設定されることが多いが、当該付与額に対する使用額を適切に把握するために、情報システムを整備し、集計の誤りが回避される仕組みを構築することが有効である。

(4) 会計処理
① 基本的な考え方

現在、わが国においてはポイントに関する明確な会計処理基準は設定されていない。企業会計原則等に基づき会計処理せざるを得ない状況であるが、平成20年6月18日（7月2日改定）に金融庁が公表した「ポイント及びプリペイドカードに関する会計処理について」がポイントに関する会計処理にあたり参考にはなる。

ポイント制度の会計処理方法は、大別して次のものが考えられる。

a　ポイントを発行した時点で費用処理（または売上のマイナス処理）を行う。

b　ポイントが利用された時点で費用処理するとともに、期末に未使用ポイント残高に対して過去の実績等を勘案して引当金計上を行う。

c　ポイントが利用された時点で費用処理（この場合は引当計上しない）を行う。

近年は、ポイント制度が定着し、ポイント管理に関する情報システムの整備が進んでいることから、過去のポイント使用の実績や未使用残高が容易に把握できるようになったため、多くの小売企業が、bの会計処理を採用していると考えられる。

以下、ポイントの会計処理の詳細について解説する。

② 引当金の計上要件

引当金が計上される要件としては、企業会計原則注解注18にて示されているとおり、(i)将来の特定の費用または損失であること、(ii)その発生が当期以前の事象に起因すること、(iii)発生の可能性が高いこと、

(iv)その金額を合理的に見積ることができることとされている。

a　ポイント制度について

　　ポイント制度に照らしてみると、ポイントの利用により将来の販売代金が減額される、すなわちポイント発行企業に将来的な費用負担があり（(i)の要件）、その将来的な費用負担の原因は過去の販売という事実に基づくこと（(ii)の要件）、さまざまな分野でのポイント制度が定着し、顧客がポイントと商品またはサービスを交換している事実に鑑みると、企業が費用負担を負う可能性は高いこと（(iii)の要件）から、その将来的な負担金額が合理的に見積れる場合（(iv)の要件）には、引当金を計上する必要があるといえる。

　　したがって、将来の負担額を合理的に見積ることができるか否かということが論点となる。

b　小売業における現状

　　ポイント制度の拡大によりポイントを有する顧客（権利者）が増加する傾向にあること、ポイントの還元方法が多様化してきていること、また、ポイントの還元に関し期限を設けることもあることから、ポイント管理には情報システムを利用していることが多い。

　　リライト式のポイントカードの利用をはじめ、ポイント利用の実績データを管理するシステムを整備することによって、過去のポイントの使用実績データや未使用ポイント残高が容易に把握できるため、将来のポイント使用見込額を合理的に見積ることが可能になってきている。

　　このようにポイント引当金の計上の要否は、会社の管理意識に依存する部分もあるが、ポイント制度と将来における義務の履行とは不可分であることから、小売業においても財務健全性の観点よりシステムの整備を進め、引当金の計上に踏み切る企業も多い。

　　なお、スタンプカード形式の場合、ポイントの付与や利用実績に関するデータを管理することが事実上難しいため、将来の負担額について合理的な見積金額を算出することは困難である。

c　提携ポイント

　　　複数の企業と提携し、相互に利用可能なポイントを発行・交換する制度が設けられている場合がある。

　　　自社が発行したポイントが他社のサービスに利用された場合には、他社から相応の請求があり将来的な負担を負うことになるため、引当金計上の要件を充たす場合には、自社サービス利用における引当金と同様の処理をすることが多いと考えられる。

　　　他方、他社で発行したポイントを自社のサービスに利用された場合には、利用ポイント相当額の補填を他社に要求し、収益計上または費用のマイナス処理をすることなどが考えられる。

③　ポイント付与の性質に基づく考察

　　ポイントを付与するという行為の性質としてはさまざまな見解があるが、小売業においては、①売上値引きとしての性質を有するという考え方と、②将来の販売促進としての性質を有するという考え方の二つが代表的である。

　　a　費用計上区分

　　　ポイントに係る費用計上額は、一般的に、売上高の控除項目とする考え方と販売費及び一般管理費区分に計上する考え方がある。売上高の控除項目とする考え方は、過去の商品の販売の事実および販売金額を基礎にしてポイントが付与されている点に着目したものであり、他方、販売費及び一般管理費とする考え方は、ポイント制度が発行元の販売促進策であるという点に着目したものである。

　　　このポイント付与の性質をどのように考えるかによって、会計処理も異なってくると考えられる。

　　b　費用算定基礎

　　　ポイント引当金は、期末のポイント未使用残高のうち使用見込額に対して算定されるが、その算定の基礎を、①商品の販売価額とする考え方と②商品原価とする考え方がある。

第4節 販売プロセス

　金融庁が平成20年6月18日（7月2日改定）に公表した「ポイント及びプリペイドカードに関する会計処理について」において、引当計上の算定の基礎を商品原価としていること、また、ポイントが一時にすべて利用されたとしても、発行元の負担は商品原価の範囲に限られるという観点から、実務上はポイントの使用見込額に原価率を乗じることもある。

　一般的に考えられる会計処理を次に示す。

【設例① ポイントの会計処理：b】

（前提）
- 当社は、当期よりポイント引当金を計上している。
- 1,000円の商品を販売し、100ポイントを顧客に付与した。なお、1ポイントは1円に還元できるものとする。
- 当期中に50ポイントが使用され、売価500円の商品を450円にて販売した。
- 期末日において、未使用の50ポイントのうち40ポイントが翌期以降に使用されると見込んでいる。

a　販売時（ポイント発行時）の仕訳例

（借）現金預金	1,000	（貸）売上高	1,000

ポイント付与に関しては特段の処理は行わない。

b　ポイント使用時の仕訳例

（借）現金預金	450	（貸）売上高	500
売上値引	*50		

※ポイント使用額である。原価率は乗じていない。

c　決算時の仕訳例

（借）ポイント引当金繰入額	40	（貸）ポイント引当金	40
（売上値引）			

翌期以降ポイント使用見込額40、原価率は乗じていない。

第2章　会計と内部統制

【設例②　使用見込額の算定方法：ポイントの有効期限がない場合】

（前提）
- 当社は、ポイントの使用見込額について、期末のポイント未使用残高に使用率を乗じることにより算出している。
- ポイント使用率は、過去5年間の期末における未使用ポイントが翌期以降に使用された割合にて算出している。
- 各年度末における、ポイントの未使用残高と翌期以降の使用高は、次の表のようであった。

	未使用残高	翌期以降の使用高
X01年度	2,000	1,300
X02年度	1,800	1,100
X03年度	2,100	1,400
X04年度	1,900	1,000
X05年度	2,200	1,200

- ポイントの使用期限はない。

X06年度末のポイント未使用残高は2,000である。

a　ポイント使用率の算定

$$\frac{翌期以降の使用高\ 1,300 + 1,100 + 1,400 + 1,000 + 1,200}{未使用残高\ 2,000 + 1,800 + 2,100 + 1,900 + 2,200} = 60\%$$

b　使用見込額の算定

X06年度末未使用残高　2,000　×　使用率　60%　=　1,200

【設例③　使用見込額の算定方法：ポイントの有効期限がある場合】

（前提）
- 当社は、ポイントの使用見込額について、期末のポイント未使用残高に使用率（＝1－失効率）を乗じることにより算出している。
- ポイント失効率は、過去5年間の期末における未使用ポイントが翌期以降に失効した割合にて算出している。

● 各年度末における、ポイントの未使用残高と翌期のポイントの失効高は、次の表のようであった。

	未使用残高	翌期以降の失効高
X01年度	2,000	800
X02年度	1,800	500
X03年度	2,100	900
X04年度	1,900	800
X05年度	2,200	1,000

● ポイントの使用期限は期末日より5年である。
● X06年度末のポイント未使用残高は2,000である。

a　ポイント失効率の算定

$$\frac{\text{翌期以降の使用高　}800 + 500 + 900 + 800 + 1,000}{\text{未　使　用　残　高　}2,000 + 1,800 + 2,100 + 1,900 + 2,200} = 40\%$$

b　使用見込額の算定

X06年度末未使用残高2,000×（1－失効率40%）＝　1,200

(5) 税務上の取扱い

　販売費等の損金算入について、税務上の基本的な考え方として債務確定主義がとられている。税務上の債務確定主義に照らせば、ポイントを使用するかどうかは顧客に委ねられており、付与した時点で債務が確定したとはいえず、原則としてポイント付与時に損金に算入することはできない（法基通9-7-2）。

　したがって、ポイント引当金を計上した場合、繰入額については原則として申告書上の加算処理、戻入額については減算処理することが必要となる。

9　POSシステムによる売上集計

(1) 小売業のPOSシステム

　小売業は、不特定多数の一般消費者を対象として多品種の商品を取り扱い、大量の取引が発生する業種である。POSシステムには、業種・業態により銀行POSシステム、飲食店POSシステム等が存在するが、小売業では大量の商品販売を正確かつ迅速に処理することに適したJAN型と呼ばれるバーコード式POSシステムが普及している。

　JAN型POSシステムは、商品メーカー側で、あらかじめJANコードと呼ばれる自社商品を識別するための統一バーコードを商品に印字しておき、小売業側は、JANコードを読み取ることで商品情報を取得するタイプのPOSシステムである。JANコードは、商品単品ごとの名前の役割を果たし、商品マスタを参照するキーとなる。

図表2-4-9-1　JANコード

タイプ	桁数	バーコード例	構成
標準タイプ	13桁	4901234567895	●国コード（2桁）：日本45、49 ●メーカーコード（5桁） ●商品アイテムコード（5桁） ●チェックデジット（1桁）
短縮タイプ （印刷面積が小さい商品）	8桁	49012345	●国コード（2桁）：日本45、49 ●メーカーコード（4桁） ●商品アイテムコード（1桁） ●チェックデジット（1桁）

(2) POSシステム導入のメリット、デメリット

　POSシステムの導入により、次のようなメリット、デメリットがあるといわれている。

① ハードメリット
　ハードメリットとは、POS機器の導入から得られるメリットのことであり、次のものが挙げられる。
- レジ処理の効率化、ミスの減少
- レジ担当者の教育の簡易化、アルバイトの活用範囲の拡大
- 値付け作業の軽減
- 現金管理の合理化
- 売上処理の省力化、迅速化

② ソフトメリット
　ソフトメリットとは、POSデータの活用から得られるメリットのことであり、次のものが挙げられる。
- 売筋商品、死筋商品の把握による商品効率の向上
- 品揃え管理への活用
- 効果的な販促の実施と効果の測定
- 効果的な価格設定

　小売業ビジネスにおいては、「商品政策」→「商品の品揃え計画」→「発注」→「検品」→「値付け」→「棚割・陳列」→「販売」→「検証」のステップから構成されるマーチャンダイジングサイクルを効率化、高度化し、粗利の改善、在庫回転率の向上につなげることが課題と考えられる。
　この中でPOSシステムは、マーチャンダイジングサイクルにおける「販売」を業務効率化の観点から支えるとともに、「検証」より先のサイクルに役立つ詳細な販売データをタイムリーに提供する役割を果たしている。例えば、単品ごとにバーコードでスキャンすることで、長年わからなかった単品レベルの販売実績を把握でき、売筋商品や死筋商品の「検証」が容易になり、「商品政策」や「品揃え計画」に生かすことも可能となっている。

③ デメリット

デメリットには次のものが挙げられる。
- 顧客情報の流出リスク
- システムダウンによるPOSシステムの稼働停止

(3) JAN型POSシステムの普及状況
① JAN型POSシステム導入台数の推移

　POSシステムは、主に精算業務の効率化を目的とする百貨店業界を中心に1970年代前半より普及が始まったが、本格的な普及は、1970年代後半のJAN型POSシステムの登場以降である。

　㈶流通システム開発センターの推計によれば、1979年にJAN型POSシステムを導入したのは、わずかに1店舗3台であった。しかし、1982年秋に㈱セブン・イレブン・ジャパンがJAN型POSシステムの全店導入を開始したことを契機に、商品バーコードのマーキングも進みだし、本格的なPOS時代を迎える。

第4節　販売プロセス

図表2-4-9-2　JAN 型 POS システムの新規導入台数推移

　JAN 型 POS システムの新規導入台数（累計）は、1989年に10万台を超え、2010年3月末現在で110万台となっている。単年度の推移では、1990～1998年に毎年6万台を超える台数が新規に導入され、ピークの1998年には7万6千台が導入されている。

② JAN メーカーコード登録企業件数の推移
　JAN メーカーコードの登録企業数の増加は、㈱セブン・イレブン・ジャパンの POS 導入開始時期と重なっており、JAN コードの普及と POS システムの普及が歩調を合わせて進んでいったといえる。現在、商品に JAN コードを付けている企業は11万9千社（2010年3月末時点）を超え、実質的な標準コードとして日常のあらゆる商品に取り付けられ、流通の効率化に役立っている。

(4) POSシステムを利用した売上集計の流れ

小売業ではPOSレジで代金の受取りと商品の引渡しが同時に行われるため、売上取引は商品がレジを通過するタイミングで成立する。

ここでは、取引発生の起点であるPOSレジでの処理が、POSシステムを通じて、売上取引として集計され、会計システムに起票されるまでの業務フローを解説する。

図表2-4-9-3 売上情報の流れ

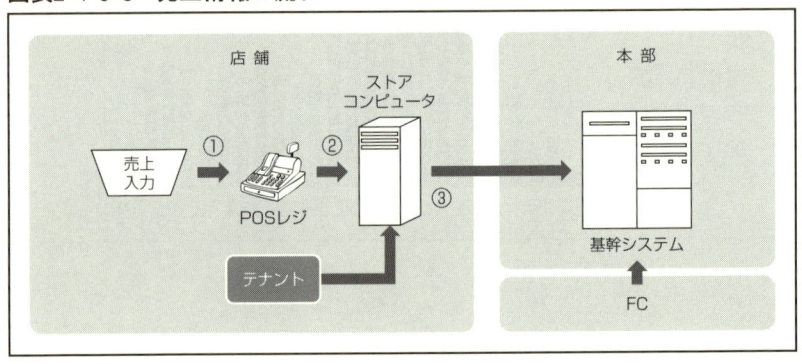

① POSレジでのバーコード・スキャン

店頭販売員は、POSレジのスキャナーで商品に印字されているバーコードの読取りを行う。読み取られたバーコードはストアコンピュータ内のマスタより該当商品の登録情報が瞬時に呼び出され、この価格の呼出作業をPLU（プライス・ルック・アップ）という。

POSレジで商品の販売金額が計算され、代金精算が行われる。現金、商品券、クレジットカード、ポイント等の形態に応じた受領代金をレジ入力し、精算が完了する。

なお、POSレジを操作する場合は、最初にレジ担当者の登録を行う必要があり、不正の牽制が図られている。

第4節　販売プロセス

② ストアコンピュータへのデータ送信

　営業終了後または一定の時点において、店舗内のすべてのレジでは１日のジャーナルを印刷し、売上情報と現金在高との照合が行われる（レジ締め処理）。各レジで確定した売上データは、各レジよりストアコンピュータに集められ、店舗の１日分の売上データとして蓄積される。テナントの売上も報告される。

③ ストアコンピュータから本部基幹システムへの伝送

　ストアコンピュータは、本部サーバーの基幹システムと接続されており、一般的に各店舗の売上データは、例えば夜間バッチにより本部の基幹システムに伝送され、他のフランチャイズ店舗等での売上データとあわせ、会社全体の売上データとして集計される。

図表2-4-9-4　売上情報の流れ

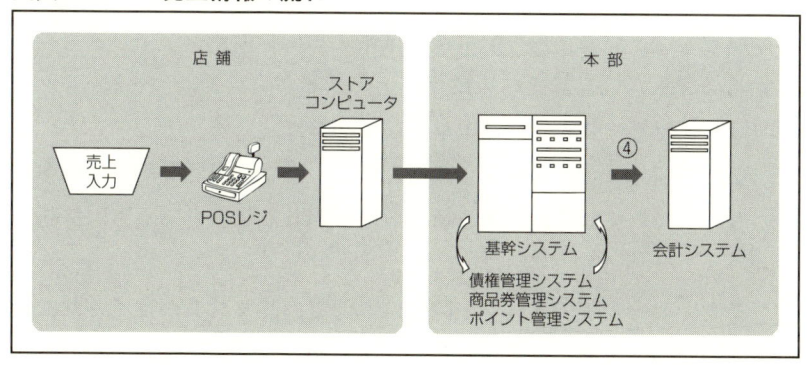

④ 会計システムでの売上計上

　集計された売上データをもとに基幹システムで自動仕訳が作成され、一般的に１日単位、週単位、月単位等の決められたタイミングで定期的に会計システムに送られる。

　売上データは、売上の会計処理の基礎となるとともに、売価還元法

第2章 会計と内部統制

に基づく棚卸資産の算定基礎ともなる。

図表2-4-9-5　POSレジと商品マスタの関連

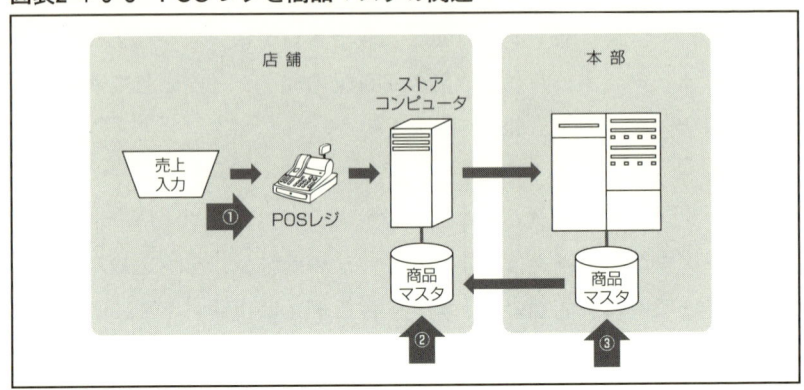

⑤　商品マスタ管理

　POSレジにおいて売価が把握されるが、小売業における売価管理においては、商品マスタが重要な役割を果たしている。小売業において商品マスタに登録される情報は、商品名および前述のJANコードのほか、売価や仕入先の標準単価などが挙げられる。

　なお、商品マスタに決定された売価について、生鮮食品等回転が速いものについては店頭による値引きが行われる場合もある（図2-4-9-5①）。

　また、セール等のイベント時には本部で商品マスタが変更され、各店舗の商品マスタに反映される場合や（図2-4-9-5③）、各店舗におけるイベントにより各店舗の商品マスタが変更される場合もある（図2-4-9-5②）。

　このように、POSシステムによる売価の確定に商品マスタが大きく関与することから、内部統制上、商品マスタの変更手続やアクセス制限について有効な統制が整備されていることが望ましい。

第4節　販売プロセス

10　調剤売上

(1)　調剤売上とは

　ドラッグストアにおける特有のものとして調剤売上がある。調剤とは、医師の処方箋に基づいて医療用医薬品を薬剤師が調合することをいい、ドラッグストアにおいては、このような調剤業務を行う薬局を併設している店舗や調剤専門薬局を展開しているケースが多い。

　調剤売上は保険に基づき患者負担分と保険請求分とに分類され、前者は現金等で店頭において患者より受け取り、後者は国等の保険者に対して請求が行われる。回収は審査支払機関による事務点検や審査を経て国民健康保険組合や社会保険事務所等へ請求が行われるため調剤業務実施より通常2か月後に入金されることから、それまでは売掛金として計上されることとなる。

(2)　調剤売上プロセスの概要

　調剤売上プロセスの大まかな業務フローは次のとおりである。なお、ここでいう調剤売上には医薬品の販売と調剤料を含むものとする。

図表2-4-10　調剤売上業務フローの概要

①売価の登録　→　②受付処理　→　③会計計上

①　売価の登録

　　調剤売上の場合、医薬品の販売価格は薬価として公定価格が定まっているため、これに基づいて商品マスタ、さらにはレセプトコンピュータへ登録が行われる。

　　レセプトコンピュータとは、医療費計算を行うために処方した医薬

品の内容等を管理するシステムである。調剤売上は調剤行為を計数化した調剤報酬点数計算に基づいて算出され、計算過程が複雑であるため通常このような計算システムにより調剤売上の計算が行われる。

② 受付処理

患者負担分と保険請求分とで業務フローは異なる。

患者負担分については、通常の商品と同様に、当該販売情報を各販売員またはレジ担当者がPOSレジにて受付処理を行う。

保険請求分については、患者が持ち込んだ処方箋の内容をレセプトコンピュータへ入力することによって受付処理が行われる。なお、前述の保険計算もレセプトコンピュータへ患者の保険情報を入力することによって自動で行われる。

③ 会計計上

会計計上も、患者負担分と保険請求分とで業務フローは異なる。

患者負担分の売上については、通常の商品と同様にPOSシステムより基幹システムを通じて会計システム上、売上が自動計上される。

保険請求分については、レセプトコンピュータより管理資料を作成し、これに基づいて売掛金の計上伝票を起票し、適切な責任者の承認を得て計上される。

(3) **内部統制上の留意事項**

調剤売上プロセスとして内部統制上、重要なリスクと考えられるものは調剤売上の計上金額を誤るリスクであり、対応する統制は次のようになる。

① リスク

調剤売上の計上金額に関する計算は、複雑な保険の点数計算に基づいて行われ、かつ売上時に全額を現金回収するのではなく、むしろ売

掛金として計上される金額のほうが通常大きな割合を占めることから、いったん計上金額を誤った場合には看過されてしまうリスクが高いといえる。

また、実際に売上計上を行った後に、国等の保険請求先による審査の結果、返戻が行われることも実務上しばしば見受けられる。

② 統　制

　患者負担分については現金等の裏付けがあるため通常の商品販売と同様の統制が行われるが、保険請求分については、処方箋とレセプトコンピュータの登録内容との照合を店舗の薬剤師のみならず本部においても、保険計算に精通した担当者が再検証するといった仕組みを作ることが有効と考えられる。

　また、保険計算に関する専門知識を有さない場合であっても、調剤売掛金の回収サイトは通常2か月程度であることから、直近2か月の売上計上額より売掛金の理論値を算出し、帳簿残高との間に異常な乖離が見受けられた場合には内容を検討することで架空債権が計上されるリスクを抑えることができるため、経理部門等がこのようなチェックを行うことも有効である。

　このほか、調剤在庫の場合、より厳格に管理が行われていることから一般商品と異なり盗難等によるロスが発生する可能性が低く、このため棚卸によって売上計上の誤りを発見することも可能である。

(4)　会計処理

　調剤売上については、本人負担分は現金で受け取り、保険請求分は売掛金として計上することとなる。

　売掛金については通常2か月で回収されることから、入金時に個別消込により決済処理が行われる。

　なお、本人負担割合は原則として3割負担であるが、所得や年齢により異なる場合もあるので留意を要する。

第 2 章　会計と内部統制

以下、設例を用いて仕訳例を示す。

【設例】

　調剤報酬点数表に基づいてレセプトコンピュータにより調剤報酬が1,500と計算された。

　患者の加入する医療保険の給付率に基づいて450を患者負担分として現金で受け取った後、1,050を保険請求分として保険者に請求した。

(仕訳例)

(借)	現金	450	(貸)	売上	1,500
	売掛金	1,050			

第 5 節
固定資産管理

1 小売業における固定資産管理プロセスの概要と特徴

(1) 固定資産管理プロセスの概要

小売業においては、図表2-5-1-1のようなビジネスプロセスとなるところ、本節においては、店舗出店および店舗維持・退店に係る業務を取り扱うものとする。

図表2-5-1-1 固定資産管理プロセスの位置づけ

①出店管理	②購買	③在庫管理	④販売(債権管理)	⑤店舗維持・退店
●資産の取得 ●賃貸借取引 　(借地権) ●リース取引				●減価償却 ●減損処理 ●資産除去債務 ●引当金

(2) 固定資産管理の特徴
① 出店戦略

小売業における出店パターンとしては、土地・建物(付属設備を含

む)・器具備品等（以下「土地・建物等」という。）について、自社所有とするのか、土地は賃借したうえで建物等は自社所有とするのか、あるいは土地・建物等ともに賃借するのかといったように、その所有形態にはいくつかの組合せが考えられる。

図表2-5-1-2　出店パターンのイメージ

パターン	取引内容
土地・建物等（すべて自社所有）	●購入 ●ファイナンス・リース取引
土地賃借＋建物等自社所有	（土地）土地賃貸借取引 （建物等） ●購入 ●ファイナンス・リース取引
土地・建物等（すべて賃借）	●賃貸借取引 ●オペレーティング・リース取引

（注）付属設備、器具備品については、この他に受贈取引が考えられる。

　多店舗展開を特徴とする業態においては、資金的な制約から物件の調達について賃借契約によることが多く、特に不動産取引固有の法律関係が論点となる。

② スクラップ・アンド・ビルド
　固定資産の取引に関する小売業の特徴として、店舗のスクラップ・アンド・ビルドが頻繁に行われる点が挙げられる。
　例えば、百貨店業では、重要な販売促進活動の一環として、店舗単位の大規模な投資やテナント単位の小規模なシーズンごとの改装が行われる。また、多店舗展開しているスーパーマーケット業、コンビニ業、ドラッグストア業等では、収益基盤の拡大等を目的として毎年のように新規出店が行われる一方で、業績不振店舗の撤退を余儀なくされるケースも多くある。

固定資産は金額的に重要性が高く、かつ1年以上の長期間にわたって使用することから企業の財務報告へ及ぼす影響が大きいが、業界として頻繁に取得あるいは除却の処理が行われることを鑑みると、内部統制による管理をはじめ、会計上も十分留意すべきである。

③　固定資産の受贈

　売場の内装工事あるいは陳列棚等の什器類について、取引先より受贈あるいは、取得代金を負担してもらうというケースがある。

　小売業の場合、スクラップ・アンド・ビルドを繰り返すことで毎期の設備投資額が大きくなることから、仕入先等に一部資金負担してもらうことで負担を軽減できるというメリットがある。

　また、資産を贈与する側にとっても、自社商品を陳列するスペースを確保でき、社名を入れることで広告宣伝になるような什器であればメリットがある。このような直接的、間接的な影響を踏まえメーカー側における販売促進策の一環として資産の贈与が行われるのである。

　なお、通常賃借取引ではなく受贈という形で行われるのは、贈与側にとって、店舗単位で広範囲に分散する固定資産の管理を行うことは事実上困難であり、一方、小売企業の側からはリニューアルの際に自社の判断で廃棄・移動ができるというメリットがあるためである。

2　出店管理（資産の取得）

(1)　出店管理プロセスの概要

　小売業において、どこに、どのような、どの規模の店舗を展開するかという出店戦略は非常に重要である。

　店舗の出店管理プロセスの大まかなフローは次のとおりである。

図表2-5-2　出店管理プロセス（資産の取得）の業務フロー

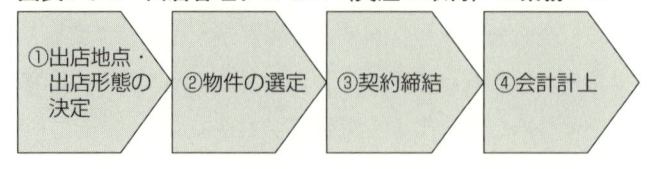

①出店地点・出店形態の決定 → ②物件の選定 → ③契約締結 → ④会計計上

① 出店地点・出店形態の決定

　新規出店に際して、商圏人口や近隣の競合状況等を勘案のうえ店舗開発部門等、専門部署が出店地点および出店形態を検討する。

　店舗開発部門等で決定された事項については取締役会等において協議され、全社的な意思決定が行われる。

② 物件の選定

　①の意思決定に従って適当な物件を選定する。その際に物件の形態に応じて店舗への投資額を試算し、将来の利益計画をベースに所定の期間内において投資額を回収できるか否か検討し、最終的な意思決定の判断材料とする。

　通常、投資額を借入れによるか自己資金によるかの資金調達手段の選択とともに①と併せて意思決定が行われることが多い。

③ 契約締結

　新規出店にあたって物件を取得する場合、まずは土地・建物売買契約を締結することになるが、最も重要である所有権の移転時期に関する事項は、「買主が代金の全額を支払い、売主がこれを受領したとき」というように当該売買契約書のなかで謳われることが一般的である。

　ただし、第三者への対抗要件としては登記の移転が必要であるため、契約締結と同時に登記移転手続も行っておかなければならない。

　なお、物件の売買にあたっては、抵当権や（土地の場合）地上権等の権利が設定されている場合、所有権そのものが移転された場合であっても、後に他人の代物返済で物件を差し押さえられる等思わぬ事

態を引き起こす可能性があるため、そのような権利設定の有無についても事前に登記簿で確認しておく必要がある。

不動産の売買契約については、金額が高く複雑な権利関係が潜んでいるリスクもあることから、契約や登記内容の検討に際して弁護士や司法書士等専門家の意見も踏まえ慎重に対応することが肝要である。

④ 会計計上

資産の取得については、売買契約書において所有権の移転時期を確認したうえで、計上処理を行う必要がある。また資産の取得原価については、購入代価だけではなく付随費用も含めなければならない。

以上に留意して、担当者は伝票を起票のうえ上席者の承認を得る。

(2) **内部統制上の留意事項**

固定資産の計上に関しては、出店時あるいは改装時に新規取得した資産の実在性および計上時期の妥当性が損なわれるようなリスクを低減する必要がある。

出店管理プロセスにおける重要なリスクと統制は次のとおりである。

- 取得原価の計上額を誤る。
- 資産と費用の処理区分を誤る。
- 計上時期を誤る。
- 受贈資産の計上額を誤るあるいは計上が漏れる。
- 固定資産台帳と会計上の金額が合致しない。
- 架空資産の計上。

① 取得原価の計上額の誤りに対応する統制

当該リスクに対応する統制としては、次のものが挙げられる。
- 資産の取得にあたって、固定資産台帳の計上額が見積書、請求書等に基づいて行われていることを経理担当者等が確認する。
- 経理担当者は固定資産の取得原価に含めるべき支出額の範囲は妥

当であるか確認する。
- 経理担当者は資産の取得原価に含むべき共通費用について、各資産に漏れなく按分されているか、配賦計算の妥当性を検証する。

なお、固定資産の取得にあたって想定される不正として、購入担当者が、購入先と通謀して実際よりも高い価額で購入し、差額をバックリベートとして受け取るといったことが考えられる。このようなものを防止・発見する仕組みとして、購買担当者以外が固定資産の購入価額の確認を実施する必要があるが、併せて購入価額が予算や過去の実績等を踏まえ異常な価額になっていないかといった観点からもチェックを行うことが重要である。

② 資産計上と費用計上の区分誤りに対応する統制

資産計上すべきものと費用計上すべきものを誤るリスクに対応する統制としては、次のものが挙げられる。
- 資産計上されるべき固定資産の金額区分管理が社内規程などにより適切に定められ、運用されているかを確認する。これには、例えば税務上の少額資産（取得価額10万円以上20万円未満）、さらには税務上費用処理される取得価額10万円未満の資産の区分管理などが挙げられる。
- 固定資産の使用価値を高めるようないわゆる資本的支出と、維持・管理のための費用である修繕費の区分が請求書等の内容を検討することにより適切に行われ、前者については資産計上、後者については費用処理されていることを経理担当者が確認する。

③ 計上時期の誤りに対応する統制

当該リスクに対応する統制としては、次のものが挙げられる。
- 固定資産の稼働時期が明確となるよう現場責任者は適切な稼働報告書を作成する。
- 経理担当者は建設仮勘定の内容を検討し、既に稼働しており本勘

定へ振り替えるべきものがないか確認する。

④ 受贈資産の計上誤りあるいは計上漏れに対応する統制
　受贈資産については、経理担当者は受贈資産に係る覚書等が、受贈を受けたすべての店舗から網羅的に入手されているか確認のうえ、適切な計算によって計上額が算定されているか併せて検討する。

⑤ 現物資産と帳簿残高が一致しないリスクに対応する統制
　当該リスクに対応する統制としては、次のものが挙げられる。
- 現物資産と、固定資産台帳、試算表上の残高が合致しているか勘定科目ごとに検証する。
- 計上した資産については循環的・定期的に現物確認を行う。
- オペレーティング・リース資産についても管理台帳を作成し同様に定期的に現物確認を行う。
- 経理担当者は、建設仮勘定の中に、長期にわたって滞留しており、今後の使用見込みがないものが含まれていないか検討する。

(3) **会計処理**
① 取得原価の範囲
　固定資産の取得原価には購入代金のほか、取得に要した付随費用を含めたものとし、また、購入に際して値引きまたは割戻しを受けたときは、これを購入代金から控除する（連続意見書第三　四1）。
　税務上は、棚卸資産のように少額な付随費用の損金処理が認められていないことから、引取運賃、運送保険料、購入手数料、関税、据付費用、電気配線工事費等、資産を事業の用に供するために直接要した費用はすべて取得価額に含めることになる（法令32、54等）。したがって、不動産取引において通常発生する仲介手数料等も取得価額に含めて処理する必要がある（法令54Ⅰ①）。
　また、土地を取得した場合に、その造成または改良に要した費用も

取得価額に算入しなければならない（法基通7-3-4）。

なお、不動産取得税については税務上取得価額に含めないことが認められている（法基通7-3-3の2）。

② 少額資産の処理

会計上、重要性の乏しいものは、1年以上使用するものであっても消耗品に準じて販売費及び一般管理費として処理されることが考えられる。

ここで、税務上は10万円未満の資産については一括損金処理、10万円以上20万円未満の資産については3年間での償却が認められることから、会計上もこれを参考とし固定資産計上の社内基準として10万円あるいは20万円といった金額が一般的に用いられている。

例えば、20万円未満の資産を重要性の乏しいものとして会計上費用処理した場合は、10万円以上20万円未満のものについては申告調整を行い、税務上は3年間にわたって償却することになる（法令133の2）。

なお、商品の陳列棚等で、組み合わせて使用されるようなものの場合は、一体として機能する単位で重要性の判断を行う必要があることに留意する（法基通7-1-11）。

③ 固定資産の受贈

固定資産の受贈を受けた場合、会計上は固定資産の取得原価を公正な評価額（時価）で計上すると一般的に考えられる。

ここでは、広告宣伝用資産等の受贈取引を前提とするが、公正な評価額を判断するにあたっては、税法上の取扱いを参考にして取得原価を決定することが考えられる。

税法上は、取引先から広告宣伝用資産等として固定資産の受贈を受けた場合、具体的には受贈側における取得価額の3分の2に相当する金額に基づいて受贈益を計上することになる（法基通4-2-1）。

第5節　固定資産管理

【設例】
> 新規出店に際して、化粧品メーカーから自社商品を陳列するための社名入り什器を受贈された。メーカーの取得原価は900である。
>
> (仕訳例)
>
> （借）固定資産　　　　※600　　（貸）固定資産受贈益　　　600
>
> ※900×2/3＝600

　損益計算書上、貸方の固定資産受贈益は一般的に営業外収益として計上される。

　なお、受贈した側の処理としては、その効果が長期にわたることから税務上の繰延資産として長期前払費用等の勘定計上され、その資産の耐用年数の10分の7相当の年数（上限は5年）で償却することができる（法基通8－1－8、8－2－3）。

④　資本的支出と修繕費の区分

　店舗のリニューアル時等において、支出した内容がいわゆる資本的支出に該当するのか、修繕費に該当するのか判断を要することがある。

　資本的支出とは、固定資産の価値を高めるあるいは耐用年数を延長させるようなものであり、資本的支出に該当する場合は、固定資産の取得原価に含められ減価償却を通じて耐用年数にわたって費用化されていくが、修繕費に該当する場合は発生時に費用化される。

　会計上、このような区分の取扱いを具体的に定めた基準はないため、その判断にあたって実務的には税法上の取扱いを参考にすることが多いと考えられる。

　税法上は次の算式によって算出される（法令132）。

a 耐用年数を延長させる支出

$$資本的支出 = 支出金額 \times \frac{支出後の使用可能年数 - 通常の修理のみを行った場合の残存年数}{支出後の使用可能年数}$$

b 資産価値を増加させる支出

資本的支出 = 支出直後の資産の価額 − 通常の修理をした場合の支出時の予想額

一方、上記に該当しないような支出で、機能維持のためのものや毀損した資産につき原状を回復するために要したものは修繕費として処理される。

3 出店管理（賃貸借取引）

(1) 賃貸借取引の概要

出店管理プロセスにおいて、賃貸借取引における詳細プロセスの大まかな業務フローは次のとおりである。ここでは、主として賃料の支払いまでを取り扱い、契約の終了に関する詳細は「❽店舗閉鎖」において解説を行う。

図表2-5-3-1　出店管理プロセス（賃貸借取引）の業務フロー

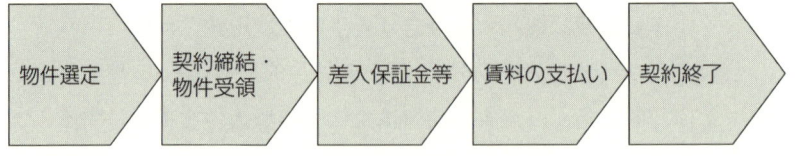

物件選定 → 契約締結・物件受領 → 差入保証金等 → 賃料の支払い → 契約終了

① 出店パターン（賃貸借取引）と契約形態

店舗の出店に際し、物件を選択の後に土地や建物等の賃借契約を締結することとなるが、当該賃貸借取引のパターンには次の三つが考えられる。当該取引パターンと契約形態との関係は図表2-5-3-2のよう

に整理できる。なお、各契約形態および一時金の性質については後述する。

図表2-5-3-2　出店パターンと契約形態の関係のイメージ

出店パターン	契約形態
土地・建物等ともに賃借	（土地） ● 普通借地権を設定 ● 定期借地権を設定
	（建物等） ● 建物等の賃貸借契約（建物等の賃借権を設定）
土地を賃借＋建物自社所有	（土地） ● 普通借地権を設定 ● 定期借地権を設定
建物を賃借	（建物等） ● 建物等賃貸借契約（建物等の賃借権を設定）

② 契約の概要

建物を所有するために行う土地の賃借取引および建物自体の賃借取引については、借地人・借家人保護を目的とした借地借家法が適用される。

a　借地権の設定

民法上、建物を利用するために土地を借りるには、土地の使用料を支払うことによって直接的に土地を支配することができる地上権、もしくは債権であり間接的に土地を支配するにすぎない賃借権を設定することが想定されている。

借地権とは、この地上権と賃借権を指すが（借地借家法2）、一般的には後者の賃借権取引が多いとされている。なお、建物の所有を目的としない駐車場等に関しては借地借家法の適用はない。

借地権には、次のような種類がある。

図表2-5-3-3　借地権の種類

```
ア　普通借地権
イ　定期借地権 ┬ i   一般定期借地権
              ├ ii  建物譲渡特約付借地権
              └ iii 事業用借地権
```

ア　普通借地権

　賃借契約期間は、基本的に当事者間の合意に基づいて決められるが、最低30年以上とすることが借地借家法上定められている（借地借家法3）。契約期間の更新についても最低期間が定められている。

　なお、契約更新しない場合で、契約期間満了時に建物が残る場合、借主は貸主に対して当該建物の買取請求権を有している（借地借家法13Ⅰ）。

イ　定期借地権

　定期借地権は普通借地権と異なり、借地借家法上は借地契約の更新請求や建物の再築による借地権の期間延長といった借主保護の規定は適用されず、期間の満了とともに借地権が消滅する。

i　一般定期借地権（借地借家法22）

　契約期間を50年以上とする場合に、契約更新および建物の築造による期間延長が認められず、かつ建物の買取請求権も認められないといった特約を公正証書等の書面で行うことによって、借地期間満了により消滅するような借地権をいう。契約満了時には更地にして地主へ返還することが求められる。

ii　建物譲渡特約付借地権（借地借家法24Ⅰ）

　契約期間を30年以上とし、契約期間経過後、借地上の建物を

貸主に相当の対価で譲渡する旨を定め、当該契約期間の満了をもって消滅するような借地権をいう。

ⅲ 事業用借地権（借地借家法23）

事業に用いるための建物を利用することを目的とし、かつ存続期間を10年以上30年未満とする場合、契約更新および建物の築造による期間延長が認められず、かつ建物の買取請求権も認められないものをいう。なお、事業用借地権についても設定契約は公正証書による必要がある。

なお、このような事業用借地権の場合も、契約満了時には建物は借主の責任で取り壊し、更地にして返還する必要がある。

定期借地権の場合、いずれにしても貸主との合意があれば実務上は契約期間を更新することが可能である。ただし、期間満了前に解約することは基本的には認められない。

実務的には、小売企業にとっては機動的な退店を可能とするために、通常の賃借契約を締結したい場合であっても、地主に借地権契約を求められ、これにやむを得ず応じるといったことが、出店の立地条件として魅力的な物件であれば考えられる。

b 建物の賃借権の設定

建物の賃貸借について、期間の定めがある場合において、当事者が期間の満了の1年前から6月前までの間に、相手方に対して更新をしない旨の通知または条件を変更しなければ更新をしない旨の通知をしなかったときには、従前の契約と同一の条件で契約を更新したものとみなすとされている（借地借家法26）。

ただし、公正証書による等書面によって契約をするときに限り、契約の更新がないこととする旨を定めることができる（借地借家法38Ⅰ）。

建物の賃貸借が期間の満了または解約の申入れによって終了する際には、建物の賃借人は、賃貸人に対しその造作買取請求権が認め

られているが（借地借家法33Ⅰ）、これは特約によって排除できる（借地借家法37）。

　したがって、通常の賃貸借契約では賃借人の原状回復義務が定められていることが一般的である。

③　一時金の種類

　土地や建物の賃貸借契約を締結するにあたっては、契約締結時に礼金、権利金、敷金、保証金、建設協力金等の名目で、借手から貸手へ金銭を交付することが一般的である。

　これらの一時金は、当事者の合意により決定されるものであり、一時金の名称いかんにより直ちにその性質が決まるものではない。また各地域の商慣習の違いなどにもよると考えられるが、一般的にその後に借手に返還されるかどうかで、大きく次の二つの性質に分類できる。

a　権利金・地代方式（借手に返還されないもの）

　借地権等の設定にあたり、借地権の対価もしくは賃料の前払いとして、借手から貸手に金銭が交付されることがある。これらは契約書上、権利金や礼金等の名称で記載され、契約が終了しても返還されることは予定されていない。

　また、いわゆる敷引きなど、契約書上、敷金や保証金の名称で記載されるものであっても、その一部の金額について将来返還されない定めがある場合は、実質的にこれに該当する。

b　保証金方式（借手に返還されるもの）

　契約により、将来的には貸手から借手に返還されることが予定された金銭が借手から貸手に交付されることがある。これらは預託金的性格を持つ一時金であるといえ、さらに次のように分類できる。

ⅰ　敷金タイプ

　賃借料等の債務を担保するために借手が貸手に預託する金銭であり、賃貸借契約終了時には、借手の未履行債務を精算した後の

全額が返還される。したがって、その経済的実態は担保提供された金銭と考えることができる。

敷金の預託は賃貸借期間の開始時に行われるほか、賃貸借期間の開始前に一部の金額を預託しておくことも多い。

ⅱ 建設協力金タイプ

建設協力金は、主として賃貸借対象物件を建設するための資金に充てるため、借手が貸手に預託した金銭であり、契約で定められた返済条件に従って貸手から借手に返還される。したがって、建設協力金の経済的実態は金銭の貸付と考えることができる。

建設協力金の返済条件は契約によりさまざまであり、契約後すぐに返済が開始するケースのほか、一定期間据え置き後に返済が始まるケースもある。また、現金あるいは月々の賃借料と相殺される形で回収されるケースもある。

なお、契約書上は保証金や差入保証金の名称が用いられていても、その経済的実態は上記のいずれの場合もあり得る。したがって、契約内容を総合的に判断し、その経済的実態を検討する必要がある。

一般的に、返還条件が賃貸借契約の終了を条件としている場合は敷金としての性質を有する可能性が高く、返還条件が賃貸借契約の終了と連動していない場合は建設協力金としての性質を有する可能性が高いと考えられる。

図表2-5-3-4　一時金の性質による分類のイメージ

	権利金・地代方式		保証金方式	
返還の有無	借手に返還されない		借手に返還される	
性質	賃借権の譲渡対価	賃料の前払い等	賃貸借契約から生じる借手の債務の担保	主として貸手の資金調達

第2章　会計と内部統制

対象となる資産	土地	土地建物	土地建物	土地建物
会計処理科目例	借地権	（長期）前払費用	敷金・保証金等	建設協力金

(2) 内部統制上の留意事項

小売業の出店管理プロセス（賃貸借取引）における重要なリスクと統制は次のようになる。

- 一時金に対する経済的実態判断を誤る。
- 差入預託保証金等の期末評価を誤る。

① 預託時の留意事項

差入保証金等の経済的実態はさまざまであり、契約書上の名目のみでは判断がつかないことが多く、経済的実態によりその後の会計処理が異なってくるため、出店や賃貸借契約締結に関する意思決定を行う時点で、契約書の内容を十分に確認しておくことが必要である。

② 与信管理および契約管理台帳の整備

差し入れた敷金や建設協力金は長期債権であり、かつ常時滞留状況を確認できないケースも多い。また相手先に信用状況の判断が難しい個人も多く含まれることから、比較的与信管理が困難である。その一方で、金額が多額の場合は、貸し倒れた際の影響が大きいため、その与信管理は重要な課題である。なお、特に建設協力金を支出する場合には、契約締結時に担保をとることが可能か交渉することが望ましい。

また、契約締結後は、建設協力金の返還状況や他のテナントの動向調査（退去状況等）、定期的な残高確認の実施等により、適時に信用情報や残高内容の検討ができる体制を構築することが重要である。

特に小売業においては、多店舗展開を行うケースが多いことから、賃貸借契約の数も多く、またその内容もさまざまである。よって、与

信管理を円滑に行い、かつその経済的実態に応じた会計処理を行うために、店舗に関する賃貸借契約を一元管理するための契約管理台帳を作成し、出店・退店・賃料改定等の情報が適時に反映されるように内部統制上の仕組みを整備すべきである。

(3) **会計処理**

　借地権等の設定にあたり、収受する一時金の性質には大きく①権利金・地代方式、②保証金方式があると考えられる。ここでは、その性質ごとに会計処理の解説を行う。

　会計上は金融商品会計基準に定められているものを除き、借地権等に関する明確な会計基準が存在しないことから、法人税法の取扱いを参考としつつ契約や商慣習に基づき、その経済的実態に応じた会計処理を行うと考えられる。以下、主として税法上の取扱いについて解説を行う。

① **権利金・地代方式**

　a　土地を賃借するために支出する権利金（借地権）

　　税法上、借地権とは地上権または土地の賃借権をいうとされている（法令137）。

　　ア　設定時

　　　借地権として資産計上されるものは次のとおりである（法基通7－3－8）。

> - 借地権の設定に伴い借地権の対価として土地の所有者または借地権者に支払った金額
> - 土地の上にある建物等を取得した場合におけるその建物等の購入代価のうち借地権の対価と認められる部分の金額
>   ※建物等の購入代価の概ね10％以下の場合は建物の取得価額に含めることができる。
> - 賃借した土地の整地に要した費用
> - 借地契約にあたり支出した手数料その他費用の額
> - 建物を増改築するにあたり、その土地の所有者等に対して支出した

費用の額

契約期間を更新する場合に支払われる更新料については借地権の取得価額に含まれるが、次の算式によって算出された金額については税務上損金算入することになる（法令139）。

損金算入額＝更新直前の借地権価額×更新料の額÷更新後の借地権価額

（設定時の仕訳例）

（借）　借地権　　　　××××　　（貸）　現金預金　　××××

イ　借地権保有時

借地権は税務上非償却資産とされており、通常減価償却は実施しない。なお、会計上は減損会計の適用対象資産となるため、留意が必要である。

ウ　終了時

契約終了時に権利金の返還請求権があるか否かが論点となるが、判例上契約当事者が契約終了時に返還する旨の合意をしている等特段の事情がない場合は、返還請求はできないとされている。したがって、通常は契約終了時に除却処理を行うことになる。

（契約終了時の仕訳例）

（借）　借地権除却損　××××　　（貸）　借地権　　　××××

b　地代の一括前払い

当事者の契約により、定期借地権の設定にあたって、契約時に授受される一時金を、借地権者が地主に対して契約期間にわたる賃料の前払いをすることは法的に可能であり、国税庁が公表している書式例に準拠した契約が締結されているという前提で、税務上、前払費用として次のように取り扱うこととされている（国税庁課税部長の平成17年1月7日付国土交通省に対する文書照会の回答「定期借地権の賃料の一部又は全部を前払いとして一括して授受した場合に

おける税務上の取扱いについて」)。

ア　設定時

借地権者である小売企業が契約時に支払った一時金は、一括して支払った前払賃料として処理することとなる。

（設定時の仕訳例）

（借）　長期前払費用　　××××　　（貸）　現金預金　　　××××

イ　保有時

契約期間にわたって、当該前払賃料を規則的に償却する。

（償却時の仕訳例）

（借）　長期前払費用償却　××××　　（貸）　長期前払費用　××××

c　建物を賃借するために支出する権利金等

建物等の賃借にあたり、権利金等を支出する場合には、当該支出額は税法上の繰延資産に該当することとなる（法令14、法基通8－1－5）。これらは、会計上は繰延資産の定義に合致しないが、効果が及ぶ期間にわたり長期前払費用として処理されると考えられる。

ア　設定時

建物を賃借するために支出する権利金等には、次が挙げられる。

ⅰ　建物の新築に際しその所有者に対して支払った権利金等で当該権利金等の額が当該建物の賃借部分の建設費の大部分に相当し、かつ、実際上にその建物の存続期間中賃借できる状況にあると認められるものである場合

ⅱ　建物の賃借に際して支払ったⅰ以外の権利金等で、契約、慣習等によってその明渡しに際して借家権として転売できることになっているものである場合

ⅲ　上記以外の権利金等の場合

(設定時の仕訳例)

(借)	長期前払費用	××××	(貸)	現金預金	××××

イ　保有時

　保有時には、税務上、次の期間にわたり規則的に償却を行う(法令64、法基通8-2-3)とされており、会計上も税務に従って償却されるケースが多い。

　ⅰ　その建物の耐用年数の10分の7に相当する年数
　ⅱ　その建物の賃借後の見積残存耐用年数の10分の7に相当する年数
　ⅲ　5年(契約による賃借期間が5年未満である場合において、契約の更新に際して再び権利金等の支払いを要することが明らかであるときは、その賃借期間)

(償却時の仕訳例)

(借)	長期前払費用償却	××××	(貸)	長期前払費用	××××

② 保証金方式

　a　敷金タイプ

　　ア　設定時

　　　敷金は契約期間満了時には法的に返還請求権が発生することから、その支払額により処理する(金融商品実務指針133)。

　　　貸借対照表への表示は「保証金敷金」「差入保証金」等の名称により、ワンイヤールールに従い、流動資産もしくは投資その他の資産とされることとなる。

　　　ただし、差入先の財政状態の悪化等、回収可能性に疑義が生じた場合は、回収不能見込額について引当金の計上を行う(金融商品実務指針133)。

第5節　固定資産管理

（設定時の仕訳例）

| （借） | 差入れ敷金 | ×××× | （貸） | 現金預金 | ×××× |

イ　返還時

　　敷金は、借手が原状回復義務等の義務をすべて履行し物件を貸手に返還した時点で、その残額に対しては借手の返還請求権が発生するため、敷金から未収入金等に振り替える処理を行う。

（返還時の仕訳例）

| （借） | 未収入金 | ×××× | （貸） | 差入れ敷金 | ×××× |

b　建設協力金タイプ

　　店舗を賃借する場合で、建物の建設資金を当初借主が負担し、数年後に分割払いで預託受入先である貸主より返還されるといった内容が賃貸借契約の中で約されることがある。

　　このような資金を建設協力金といい、典型例としては、当初無利息とし、10年経過すると低利の金利が付き、その後10年にわたって現金で返済されるものが挙げられる（金融商品実務指針221）。

　　このように将来返還される建設協力金等の差入預託保証金（敷金を除く）は、当初、返済期日までのキャッシュ・フローを割り引いた現在価値で認識する。割引率は差入企業が通常は対象の土地・建物に抵当権を設定することから、リスクフリーレートを採用する。

　　当該差入額はこの現在価値よりも多額になるが、これは、預託期間中の家賃が低く抑えられていることの見返りであると想定されることから、差額については長期前払家賃として計上し、契約期間にわたって各期の損益に配分する（金融商品実務指針133）。一方、返済額と当初現在価値との差額は償却原価法により配分し受取利息として計上する。

　　一般的な建設協力金の仕訳例について、設例を用いて解説する。

第2章　会計と内部統制

【設例】

借地への出店に際し、地主に対して建物の建設代金として2,000を建設協力金として差し入れた。この建設協力金は賃借契約上、次の約定となる。
- 当初5年間無利息で据置き
- 5年経過後より年利1%を付して毎期末に400ずつ分割返済が行われる。よって10年後には完済される。
- 使用する割引率は2%とする。

以上の条件よりキャッシュ・フローの状況は次のとおりとなる。

	キャッシュ・フロー（A）	ディスカウントファクター（B）	現在価値（A）×（B）
6年後	420	$1/(1+0.02)^6 = 0.88797$	373
7年後	416	$1/(1+0.02)^7 = 0.87056$	362
8年後	412	$1/(1+0.02)^8 = 0.85349$	352
9年後	408	$1/(1+0.02)^9 = 0.836755$	341
10年後	404	$1/(1+0.02)^{10} = 0.82034$	331
計	2,060		1,760

（契約時の仕訳例）

（借）	長期貸付金(建設協力金)	1,760	（貸）	現金預金	2,000
	長期前払賃料	240			

（1年経過後の仕訳例）

（借）	長期貸付金(建設協力金)	※35	（貸）	受取利息	35

※建設協力金1,760×2%（割引率）＝35
⇒これにより長期貸付金（建設協力金）の残高は1,795（＝1,760＋35）となる。翌期以降、残高（6年後以降は返済額も加味）に対して割引率を乗じた額が毎期残高に加算されていく。
なお、全額回収時には計算上必ず残高は0になる。

（借）	支払賃料	※24	（貸）	長期前払賃料	24

※長期前払賃料240÷10年＝24

なお、返済期日までの期間が短いものや損益への影響が低いものについては、現在価値に割り引かない処理を行うことが認められる。

また、賃貸借契約を中途で解約した場合には、長期前払家賃はその繰延べの根拠を失い、全額償却されることとなる。

建設協力金の貸借対照表への表示は「長期貸付金」「建設協力金」等の名称を用い、ワンイヤールールに従い流動資産もしくは投資その他の資産の区分に表示されることとなる。

キャッシュ・フロー計算書における建設協力金の支出および回収は、投資活動によるキャッシュ・フローの区分で表示されるが、回収方法が家賃と相殺の場合は、キャッシュ・フローを生じさせていないことから留意が必要である。

③ 貸倒れの会計処理

差入預託保証金の回収可能性に疑義が生じ、回収不能と見込まれる金額がある場合には、貸倒引当金の計上が必要となる。

その場合は、個別に回収可能性を見積ることとなり、貸手がどのような法的手続を申し出ているか、差入預託保証金の性質が何であるか、預託している店舗の営業が継続するか否かで回収可能見込額が異なる。

貸手が申し出た法的手続が会社更生か民事再生であれば、敷金は賃料の6か月分までは共益債権として取り扱われ（会社更生法48Ⅲ、民事再生法92Ⅲ）一般債権よりも優先的に弁済されるが、建設協力金は一般債権として取り扱われる。

また、スポンサーに店舗の営業が引き継がれる場合においても、敷金は賃貸借契約と不可分であることから当然にスポンサーに引き継がれることとなるが、建設協力金については、当然には引き継がれないため、貸倒れのリスクが高い。

いずれにせよ差入預託保証金の回収可能性がどの程度認められるかはケースバイケースであり、個別かつ慎重に見積る必要がある。

(4) 開　　示
① 期末における時価等の開示
　　返還される差入預託保証金は金銭債権であることから、貸借対照表計上額に重要性が認められる場合には、財務諸表において金融商品の時価等の注記が必要となる（金融商品会計基準40－2）。小売業の場合は、多数の店舗を賃借していることから、差入預託保証金に重要性が認められ、注記が必要となるケースも多い。
　　差入預託保証金の時価を算定する方法は、通常、差入預託保証金に市場価格がないことから、将来キャッシュ・フローを貸手の信用リスクを加味した割引率で現在価値に割り引く方法による。その際、敷金は、その返還時期が賃貸借契約終了時であることから、店舗の平均的な営業期間に基づき、返還の時期を合理的に見積ることが考えられる。この店舗の平均的な営業期間は、資産除去債務の計上を行った際の見積りと整合したものであることも考慮する。

(5) 税　　務
　　建設協力金については、前述のとおり会計上割引現在価値で当初計上額を算出し、以降毎期長期前払家賃の償却と受取利息の計上が行われるが、税務上もこのような処理が認められるか否かが論点となる。
　　これについて、債権金額と取得金額が異なる場合にその差額を金利調整として償却原価法の適用を認めている税務上の取扱い（法基通2－1－34）が類推適用されるという見解もあるが、債権金額と取得金額が同一である建設協力金については適用されないと考え、税務上申告調整するケースも見受けられる。

4　出店管理（リース取引）

(1) リース取引の概要

リース取引とは、「特定の物件の所有者たる貸手（レッサー）が、当該物件の借手（レッシー）に対し、合意された期間（以下「リース期間」という。）にわたりこれを使用収益する権利を与え、借手は、合意された使用料（以下「リース料」という。）を貸手に支払う取引」（リース会計基準4）をいう。

小売業においては、リース資産の借手に該当するケースがほとんどと想定されるため、以下は借手に係る事項のみ取り扱う。

リース取引は概ね次の業務フローとなる。ここでは、主としてリース料の支払いまでを取り扱い、契約の終了に関する詳細は「❽店舗閉鎖」において解説をする。

図表2-5-4-1　出店管理プロセス（リース取引）の業務フロー

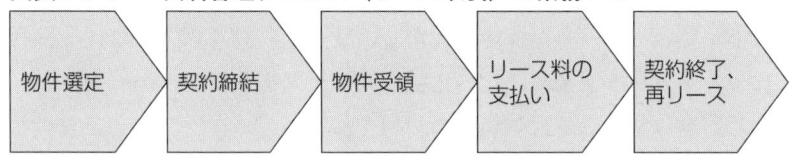

物件選定 → 契約締結 → 物件受領 → リース料の支払い → 契約終了、再リース

通常、リース物件の選定は借手である小売企業側が行うとともに、リース会社との間でリース料率等の諸条件が決定される。その後、リース会社から物件の購入先に代金が支払われ、リース会社はリース期間にわたり購入代金に利息を付して企業に請求を行う。

リース契約終了時点では、小売企業は、契約を終了して物件をリース会社に返還するほか、再リース、または物件の購入を行うケースもある。

リース取引は、自社で所有する場合に比べ、毎月一定のリース料の支払いを行えば、減価償却や償却資産税の計算、付保等の管理上の手間が省かれることから、多くの企業で利用されている。

小売業においては、機動的な店舗戦略を可能にするために資産を自社所有しない方針の企業が多いことからもリース取引は広く活用される。

(2) **内部統制上の留意事項**

小売業の出店管理プロセス（リース取引）における重要なリスクと統制は次のようになると考えられる。

> ● リース取引の認識が漏れる。
> ● ファイナンス・リース取引、オペレーティング・リース取引の区分を誤る。
> ● リース資産に関する減損等の検討が漏れる。

① 適切な者による賃貸借契約のレビュー

契約書上は通常の賃貸借契約やレンタル契約となっている契約の中にも、リース取引として処理しなければならないものがある。

例えば、長期間解約不能であったり、中途解約の場合に多額の違約金が発生するような契約であったりするケースについては、リース取引と判定される可能性が高い。特に小売業においては、多数の店舗を賃借しているケースが多いことから、リース取引の認識が漏れることによるリスクは他業種に比べ比較的高いと考えられる。

したがって、賃貸借契約等の契約を締結する時点において、適切な者が賃貸借契約をレビューし、当該契約がリース取引に該当するか否かの検討を行う体制を構築することが重要といえる。

② リース契約管理台帳の整備

契約上は賃貸借取引であることなどから、リース物件の管理はリース会社が作成した資料によっていることも考えられる。

しかしながら、リース取引の経済的実態は自社所有の物件と変わらない場合（ファイナンス・リース取引）は、自社で所有する固定資産に必要な管理と同レベルの管理が必要と考えられる。特に固定資産の減損の判定や、資産除去債務の計上を行う際には、リース資産が検討

の対象から漏れないように、リース契約を一元管理できる台帳を整備する等の対応が必要である。

(3) **会計処理および表示**
① **リース取引の区分**

リース取引の会計処理は、その経済的実態からファイナンス・リース取引とオペレーティング・リース取引に大別される。

ファイナンス・リース取引とは、リース期間の中途において解約不能のリース取引で、リース物件からもたらされる経済的利益とコストが実質的に借手に帰属することとなるリース取引をいい、具体的には以下の判定基準のいずれかを満たした場合に、ファイナンス・リース取引と判定される（リース適用指針9）。

図表2-5-4-2 リース取引の分類

判定基準	内容
現在価値基準	解約不能のリース期間中のリース料総額の現在価値が、見積現金購入価額の概ね90％以上
経済的耐用年数基準	解約不能のリース期間が、当該リース物件の経済的耐用年数の概ね75％以上であること （ただし、リース物件の特性、経済的耐用年数の長さ、リース物件の中古市場の存在等を勘案すると、現在価値基準の判定結果が90％を大きく下回ることが明らかな場合を除く。）

さらに、ファイナンス・リース取引のうち、次の要件のいずれかに該当する場合は、所有権移転ファイナンス・リース取引とされ、それ以外は所有権移転外ファイナンス・リース取引に区分される（リース適用指針10）。

- リース期間終了後またはリース期間の中途で、リース物件の所有権が借手に移転する。
- リース契約上、借手に対して、割安購入選択権が与えられており、その行

使が確実に予想される。
- リース物件が、借手の用途等に合わせて特別の仕様により製作または建設されたものである。

　一方、オペレーティング・リース取引とは、ファイナンス・リース取引以外のリース取引をいう。

② ファイナンス・リース取引の会計処理および表示
　a　会計処理
　　ファイナンス・リース取引に区分されたリース取引については、その経済的実態が自社で購入した場合と同一であるため、自社で購入した場合と同様の会計処理が求められる（リース会計基準9）。

（リース契約開始時の仕訳例）

| （借） | リース資産 | ××× | （貸） | リース債務 | ××× |

（リース料支払時の仕訳例）

| （借） | リース債務 | ××× | （貸） | 現金預金 | ××× |
| | 支払利息 | ×× | | | |

（減価償却費計上の仕訳例）

| （借） | 減価償却費 | ××× | （貸） | 減価償却累計額 | ××× |

　リース資産の減価償却費の計上にあたっては、所有権移転ファイナンス・リース取引の場合は自社所有資産と同一の処理を行うこととなるが、所有権移転外ファイナンス・リースにおいては、原則として、リース期間を耐用年数とし、残存価額をゼロとして計算する（リース会計基準12）。なお、リース取引の終了後に再リースが行われるケースが多いが、上記の耐用年数の判定にあたっては、リース物件の状況等から借手の再リースを行う意思が明らかな場合を除いて、再リース期間は耐用年数に含めないとされる（リース適用指針12）。

また、利息相当額については、原則として利息法により期間配分することが求められているが（リース適用指針24、39）、所有権移転外ファイナンス・リースについてはリース資産総額に重要性が乏しい場合は、利息部分を区分しない方法や定額法により期間配分する方法も容認されている（リース適用指針31）。

　また、少額のリース資産および短期のリース取引については、オペレーティング・リース取引の会計処理に準じて、通常の賃貸借処理に係る方法に準じて会計処理を行うことができるとされている（リース適用指針34、35、45、46）。

図表2-5-4-3　ファイナンス・リース取引の会計処理

		会計処理
所有権移転	原則処理	●リース資産とリース債務を計上する。 ●利息相当額…リース期間にわたって利息法により配分する。 ●減価償却費…自己所有資産と同一の方法による。
	簡便的処理	●少額のリース資産および短期のリース取引…賃貸借処理に係る方法に準じる
所有権移転外	原則処理	●リース資産とリース債務を計上する。 ●利息相当額…リース期間にわたって利息法により配分する。 ●減価償却費…リース期間を耐用年数とし、残存価額をゼロとする。
	簡便的処理	●リース資産総額に重要性が乏しい場合…利息相当額を区分しないまたは定額法により期間配分 ●少額のリース資産および短期のリース取引…賃貸借処理に係る方法に準じる。

b　表　示

　リース資産の表示については、リース物件に応じて、有形固定資産、無形固定資産の各区分において「リース資産」として表示され

る。ただし、各区分の他の表示項目に含めて表示することも可能である（リース会計基準16）。

一方、リース債務については、ワンイヤールールに基づき、流動負債もしくは固定負債に分類し「リース債務」として表示される（リース会計基準17）。

また、財務諸表のおける注記事項として以下の項目の注記が必要である（リース会計基準19）。

- ●リース資産の内容
- ●リース資産の減価償却の方法

③ オペレーティング・リース取引の会計処理および表示

リース契約がオペレーティング・リース取引と判定された場合は、当該リース契約は通常の賃貸借取引に準じて会計処理される。

（リース料支払時の仕訳例）

（借） 支払リース料 ×××	（貸） 現金預金 ×××

また、オペレーティング・リース取引のうち解約不能のリース取引については、解約不能期間に係る未経過リース料を一年内の金額と、それ以外の金額に分けて注記する必要がある（リース会計基準22）。

④ リース取引における留意点

小売業においては、店舗を賃貸借しているケースが多く、前述のとおり、こうした賃貸借契約においても、ファイナンス・リース取引や解約不能なオペレーティング・リース取引に該当し、売買に準じた会計処理や注記が必要となるケースがあるため留意が必要である。

一般に、留意が必要なものは、次のケースである。

- ●解約不能期間が長い。
- ●中途解約時に契約期間のうち残存期間の賃料が要求される。
- ●中途解約時に違約金が発生する。

●中途解約時に敷金等が没収される。

　賃貸借契約書にこれらの記載がある場合は、当該賃貸借契約について経済的実態に即して判断することが必要である。

　少なくとも、解約不能期間が1年を超えるような場合は、解約不能オペレーティング・リース取引として注記が必要である。違約金が発生するケースや、敷金等が没収されるケースでは、当該金額が月額賃料の何か月分に相当するか等を考慮し、実質的な解約不能期間を算定することになると考えられる。

　さらに、上記解約不能期間がリース物件の経済的耐用年数の75％を超える場合には、現在価値基準が90％を大きく下回ることが明らかな場合等リース契約の経済的実態から借手がリース物件に係るほとんどすべてのコストを負担しないと認められる場合を除き、ファイナンス・リース取引に該当することとなる（リース適用指針9(2)但書、13）。

　なお、土地については経済的耐用年数が無限であるため、所有権移転条項付あるいは割安購入選択権付のリース取引でない限りは、フルペイアウトの要件を満たさないと考えられるためオペレーティング・リース取引となる（リース適用指針19、98）。また、土地と建物を一括したリース取引については、原則としてリース料（＝賃借料）総額を合理的な方法でそれぞれに係る部分に分割したうえで現在価値基準の判定を行う（リース適用指針20、99）。

(4) リース取引の税務

　リース取引に関しては、リース会計基準の適用に合わせる形で平成19年度税制改正が行われ、リース取引に係る基本的な点については両者の差異は解消されている。しかしながら、制度趣旨が異なることから、細かな点では差異が残っており、実務においては留意が必要となるケースもある。なお、主要な差異は次のとおりである。

- ファイナンス・リース取引に関する判定基準において、税務上は割引前のリース料総額がリース物件取得価額（付随費用含む）の概ね90％を超えるかどうかで判定する点（法令131の2 Ⅱ）。
- 所有権移転ファイナンス・リース取引の判定において、税務上はリース期間が耐用年数に比して相当短いリース取引が判定要素として挙げられている点（法令48の2 Ⅴ⑤）。
- 所有権移転外リース取引の減価償却方法において、税務上はリース期間定額法のみが認められる点（法令48の2 Ⅰ⑥、Ⅴ④）。
- 重要性が乏しいリース取引において、税務上は賃貸借処理を容認する規定がない点。ただし、会計上重要性が乏しいとして賃貸借処理を行った場合でも、賃借料として費用処理した金額が税務上の償却費として損金経理した金額に含まれるとされているため（法令131の2 Ⅲ）、支払リース料が均等で税務上の減価償却費と同額になる場合については、申告調整は不要となる。

5　店舗の維持（減価償却）

(1)　減価償却の概要

店舗の維持運営にあたり、会計上は減価償却および減損に留意することとなる。まず、減価償却プロセスの大まかな業務フローは次のとおりである。

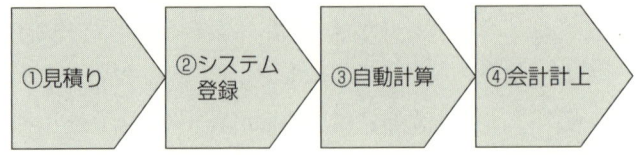

図表2-5-5　減価償却プロセスの業務フロー

①見積り → ②システム登録 → ③自動計算 → ④会計計上

① 期間の見積り

　減価償却とは、固定資産の取得価額を利用可能な期間にわたって費用配分することをいい、取得または改装にあたり、その耐用年数、償却方法、償却開始時期の判断を行うこととなる。

　利用可能な期間については、経済的使用可能予測期間に見合った合理的な耐用年数を利用することが前提である（監査第一委員会報告第32号）。

　なお、税法上取得資産の種類ごとに法定耐用年数が詳細に定められており、現行の会計実務上はこれを参考とすることも多い。

② システム登録、③ 自動計算

　多くの企業においては、減価償却を行うにあたり、固定資産システムを導入し、取得原価、償却方法、耐用年数、償却開始時期を登録することにより、自動計算を行う仕組みを構築している。

　したがって、取得時に当該登録が適切になされれば、以降は耐用年数の短縮が見込まれるような特殊事情が発生しないかぎり、固定資産システム上で自動計算されていくことになる。

④ 会計計上

　多くの企業で、固定資産システム上で自動計算された減価償却費について、自動的に会計システムに取り込む仕組みを構築している。

　したがって、原則的に人手が介在する余地はないが、固定資産システムから会計システムへのデータ転送に関してはチェックを行う必要がある。

　また、定借物件の償却や減損処理の関係で会計上と税務上の償却計算が乖離している場合は、二重管理が必要となり固定資産システム外で手計算が行われることもあることに留意を要する。

(2) **内部統制上の留意事項**

減価償却プロセスにおける重要なリスクと統制は次のとおりである。

- 償却計算を誤る
- 仕訳漏れ、仕訳誤り

① **償却計算の誤りに対応する統制**

減価償却計算は自動計算により規則的に行われるため、通常は不正や誤謬の発生する余地は少ないといえる。

ただし、自動計算が規則的に行われるという性質上、例えば税制改正の際に、改正内容に沿った正確な対応が行われないと、期間を経過してから税務調査等で誤りが発覚する可能性がある。その場合、影響額が重要な金額となりかつ数期間に及ぶというリスクがあるので、改正時には内部牽制によるチェックをより慎重に実施する等、十分に留意する必要がある。

② **整合確認**

経理担当者等が会計上の自動仕訳金額と固定資産システムで算定された金額とが整合することを確認する。

(3) **会計処理**

① **減価償却方法の基本的な考え方**

減価償却方法としては、小売業では他の一般的な業界と同様、定額法あるいは定率法を採用しているケースが多い。

定額法は毎期の減価償却額を一定とする方法で、定率法は一定の償却率を毎期簿価に乗じて減価償却額を算出する方法である。

選択した減価償却方法は、重要な会計方針として有価証券報告書および会社法上の計算書類において開示される。

a　減価償却方法の変更

減価償却方法は会計方針に該当するが、その変更について会計方針

の変更を会計上の見積りの変更と区別することが困難な場合には、会計上の見積りの変更と同様に取り扱い、遡及適用は行わないこととされている（過年度遡及会計基準19、20）。

b　耐用年数の変更

耐用年数の変更は、基本的に会計上の見積りの変更に該当するものとして取り扱われ（過年度遡及会計基準12）、過年度遡及会計基準では、次のような注記をすることとされている（過年度遡及会計基準18）。

- 会計上の見積りの変更がなされた場合には変更の内容。当該変更が当期に影響を及ぼす場合は当期への影響額
- 当期への影響がない場合でも将来の期間に影響を及ぼす可能性があり、かつその影響額を合理的に見積ることができるときには当該影響額。ただし、将来への影響額を合理的に見積ることが困難な場合には、その旨

② 遊休資産の減価償却

遊休資産についても減損の有無にかかわらず、会計上減価償却費を計上することになるが、当該償却費は原則として営業外費用として処理する（減損適用指針56）。

税務上は、遊休資産の中でも、現時点では使用していないものの必要な補修を行えばすぐに稼働し得るような状態にあるものについてのみ、減価償却費の損金算入が認められている点に留意する必要がある。

③ 定期借地権が設定されている借地上の店舗建物の減価償却

定期借地権契約を締結している店舗物件については、貸主との合意に基づいて契約が更新される可能性が否定されるわけではないが、法律上は契約期間の到来に基づき更地にして返還することが想定されている。

したがって、このような建物の減価償却については、通常の法定耐用年数等に準じた経済的耐用年数ではなく、契約期間にわたって定額法により償却することが合理的と考えられる。もちろん、更新が合理的に見込まれる場合はこの限りではない。

【設例】

出店用地の賃借にあたり、契約期間20年の事業用定期借地権を設定することで地主と合意した。

建物の取得価額は10,000である。なお残存簿価は0とする。

減価償却の仕訳例

| （借） 減価償却費 | 500 | （貸） 減価償却累計額 | 500 |

10,000÷20年＝500

6 固定資産の減損処理

固定資産の減損処理とは、資産の収益性の低下により投資額の回収が見込めなくなった場合に、一定の条件の下で回収可能性を反映させるように帳簿価額を減額する会計処理のことをいう（減損意見書）。

小売業の場合、後述のように通常は店舗単位で減損の要否を判定することになることから、特に多店舗展開を行っている業態では、店舗の業績によって固定資産の減損損失の計上額が毎期大きく左右されることになり、企業の業績に重要な影響を及ぼすこともある。

(1) 減損プロセスの概要

減損プロセスの大まかな業務フローは次のとおりである。

図表2-5-6-1　減損プロセスの業務フロー

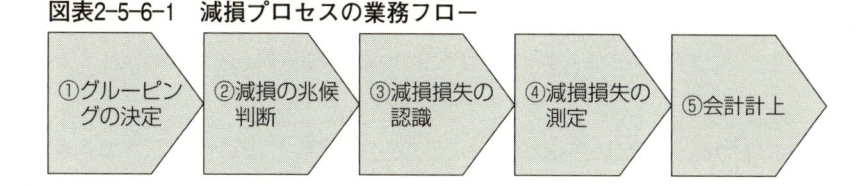

①グルーピングの決定 → ②減損の兆候判断 → ③減損損失の認識 → ④減損損失の測定 → ⑤会計計上

① グルーピングの決定

　　固定資産の収益性を判断するうえで、まず資産のグルーピングを行うことによって、グループごとに収益性の低下の有無を判断することになる。このグルーピングは他のグループのキャッシュ・フローから概ね独立したキャッシュ・フローを生み出す最小単位となる。

　　小売業の場合、一般的には各店舗単位で独立したキャッシュ・フローを生み出すものと考えられ、また管理会計上も独立して管理されているものと想定されることから、投資の成否判断とリンクさせるためにも、店舗単位で固定資産の収益性を判断することが考えられる。

　　なお店舗以外の資産である本社ビルやストックヤード、社員寮等は共用資産として、関連する資産グループに含めてより大きな単位で判定すると考えられる。

② 減損の兆候の判定

　　減損の兆候がある資産グループについてのみ、減損損失を認識すべきか否かの回収可能性テストを実施する。

　　次の要件のうち一つでも該当するものがあれば減損の兆候ありと判断する（減損会計基準二１、同適用指針11～17）。

　a　営業活動から生じる損益が継続してマイナスの場合

　　　概ね２期連続赤字で、かつ翌期の見込みが明らかに黒字であると見込めない場合が該当する。なお、事業の立上げ時など当初より継続してマイナスとなることが予定されている場合は、実際のマイナス額が当初計画よりも著しく下方に乖離していないのであれば減損の兆候にあたらないとされている（減損適用指針81）。

小売業の場合、新規出店時において、当初は赤字を見込むケースも見受けられるが、当該趣旨を鑑み実質的な判断を行うべきである。

b　使用範囲または方法について回収可能価額を著しく低下させる変化がある場合

- 資産グループが使用されている事業の大幅な縮小・廃止または再編成
- 当初の予定より著しく早期に行われる除却・売却
- 当初の予定または現在の用途と異なる用途への転用
- 遊休状態になり、将来の用途が定まっていない
- 資産グループの稼働率が著しく低下した状態が続いており、かつ回復見込がない
- 資産グループの著しい陳腐化等の機能的減価の発生
- 建設仮勘定に係る建設についての計画中止、大幅な延期または当初の計画からの著しい停滞

小売業において、退店の意思決定を行うといった場合には、この要件に該当することになる。

c　経営環境の著しい悪化

- 市場環境の著しい悪化
- 技術的環境の著しい悪化
- 法律的環境の著しい悪化

d　市場価格の著しい下落

- 資産グループの市場価格が帳簿価額から少なくとも50％程度下落した場合

③　減損損失の認識、④　減損損失の測定

②において減損の兆候があると判断された場合、該当する固定資産簿価と当該固定資産から得られると想定される将来キャッシュ・フローとの大小関係を比較し、将来キャッシュ・フローが固定資産帳簿

価額を下回る場合には減損損失が認識される。

　減損損失が認識されると、次に④減損損失の測定段階に進むことになる。ここでは、将来キャッシュ・フローの割引現在価値と正味売却価額のいずれか大きい方と、固定資産帳簿価額との差額について減損損失を計上することになる（詳細は「(4)会計処理」参照とする）。

⑤　会計計上

　減損処理は算出過程において見積りの要素が多分に含まれており、金額も重要なものとなることが多いことから、経理責任者による承認が適切に行われる必要がある。

(2)　**内部統制上の留意事項**

　減損プロセスにおける重要なリスクと統制は次のとおりである。

- 減損損失が適時に計上されない。
- 減損損失の計上が漏れる。
- 減損損失の計算を誤る。

①　減損の判定に対する統制

　通常は減損判定に際して店舗単位でグルーピングを行うことから、多店舗展開を行っている場合は、本来ならば減損を認識しなければならない店舗の検討が漏れてしまうリスクがある。

　このようなリスクを回避するためには、社内規程を整備し減損の兆候を網羅的に把握する仕組みを整え、減損判定の基礎資料と会計上の数値との整合性を検討するほか、業績不振店舗については期中より注視しておく等の対応が考えられる。

　また、②についてもいえることであるが、通常は経理部内のみで算定が行われることから、計算担当者とは別に経理責任者による適切な承認が必要である。

② 減損損失の計算誤りに対応する統制

　計算過程が複雑になり見積りの要素も大きいことから、実施手順について手順書等を作成し、計算担当者以外の者によっても検証可能となるよう整備しておく必要がある。

(3) 会計処理
① 減損の兆候判定
　a　兆候判定のポイント

　　減損の兆候判断として、特に店舗損益が2期連続赤字になっていないか否かが重要なポイントとなってくる。2期連続赤字の場合、翌期の黒字が確実に見込めるケースを除き、減損の兆候ありとして減損の認識段階に進む。

　　なお、店舗損益は、本社が全社共通のコストとして負担している本社費について配賦した後のベースで判断することに留意する。

　　また前述のように、新規出店で当初より赤字が見込まれている場合は、予算より著しく下方に乖離しない限りは減損の兆候を判定する対象期間から除外することも考えられる。

　　このほか2期連続赤字に該当しない場合であっても、退店の意思決定を行った場合には減損の兆候に該当するため、特にスクラップ・アンド・ビルドを積極的に行っている企業は留意を要する。

　b　転貸物件における兆候判定のポイント

　　通常の営業を行っている店舗と異なり、自社において事業を行っていないものの賃借契約の関係等から直ちに撤退できない場合に、第三者へ転貸することがあるが、このような転貸物件については、賃貸損益より投資額の回収可能性を判断することになる。

　　したがって、減損の兆候判断や将来キャッシュ・フローの見積りは賃貸損益を基礎として通常の店舗とは別途検討する必要がある。

② 減損損失の認識の判定および測定

　減損の兆候があると判断された資産グループについて、資産グループから得られる割引前将来キャッシュ・フローの総額が、帳簿価額を下回るか否かのテストを実施する。

　資産グループから得られる割引前将来キャッシュ・フローの総額が、帳簿価額を下回った場合は減損損失の測定へ進むこととなる。

　これまでの流れを図表に示すと、次のようになる。

図表2-5-6-2　減損損失の認識までの会計判断

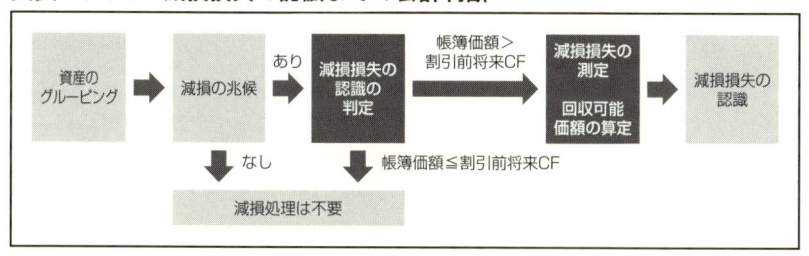

```
資産の      →  減損の兆候  → あり → 減損損失の  → 帳簿価額＞     → 減損損失の  → 減損損失の
グルーピング                        認識の判定     割引前将来CF     測定              認識
                                                                   回収可能
                ↓ なし              ↓ 帳簿価額≦割引前将来CF         価額の算定
              減損処理は不要
```

③ 割引前将来キャッシュ・フローの見積り

　減損の認識段階では該当店舗から得られる割引前将来キャッシュ・フローと固定資産の帳簿価額（無形固定資産および未経過リース債務を含む）とを比較し、前者が後者を下回る場合は、最終段階である減損の測定へと進むことになる。

a　経済的残存耐用年数

　減損損失の認識の判定の段階では、将来キャッシュ・フローを何年間と見積ることができるかについて、資産グループの将来キャッシュ・フロー生成能力にとって最も重要な構成資産を選定し、当該資産の経済的残存使用年数を見積る。

　経済的残存使用年数とは、現時点から正味売却価額と使用価値が等しくなると考えられるまでの期間のことをいうが、実務上は減価償却の算出時において利用している固定資産の残存耐用年数を用いる（減損適用指針21、99）。

ただし、見積期間の上限として最長20年という制限がある。

b　将来キャッシュ・フローの算定

将来キャッシュ・フローの見積りは以下に従って行う（減損適用指針18(1)(2)）。

● **主要な資産の経済的残存使用年数が20年以下の場合**

> 主要な資産の経済的残存使用年数までの割引前将来キャッシュ・フロー＋経済的残存使用年数経過時点の資産グループ中の主要な資産の正味売却価額

● **主要な資産の経済的残存使用年数が20年を超える場合**

> 20年目までの割引前将来キャッシュ・フローの合計＋20年経過時点の回収可能価額

ただし、長期間経過後の将来キャッシュ・フローを合理的に見積ることが困難な場合は、20年経過時点の回収可能価額に代えて、正味売却価額とする。

将来キャッシュ・フローの見積りは、取締役会等の承認を得た中長期計画に、経営環境等外部要因に関する情報および予算等内部の情報を加味し、現在の使用状況や合理的な使用計画等を考慮して見積る（減損適用指針36）。このとき、将来キャッシュ・フローは主たる資産の残存耐用年数の期間にわたって見積ることになるが、見積期間経過時点における主要な資産の売却によって得られるキャッシュイン・フローを含むことに留意する。

中長期計画の見積期間を超える期間の将来キャッシュ・フローは、合理的な反証がないかぎり過去の一定期間における実際のキャッシュ・フローの平均値にこれまでの趨勢を踏まえた一定または逓減する成長率の仮定を置いて見積る等による（減損適用指針36）。

なお、遊休資産については合理的な使用計画がない場合、もはや使用による将来キャッシュ・フローを見積ることはできないため、正味売却価額をもって帳簿価額と比較する。

第5節　固定資産管理

④　回収可能価額の見積り

③において減損損失を認識すべきであると判断された資産グループについて、帳簿価額を回収可能価額まで減額し、その減少額を減損損失として当期の損失とする。回収可能価額とは、正味売却価額と使用価値のうちいずれか高い方の金額のことをいう（減損適用指針28）。

資産グループについて認識された減損損失は、各構成資産の帳簿価額等に基づき配分する。

a　正味売却価額の算定方法

正味売却価額＝資産グループの時価－処分費用見込額

不動産については、時価の算定は不動産鑑定評価等による。

器具・備品等で自社における合理的な見積りが困難な場合は、製造業者や販売業者等適切と考えられる第三者から、マーケット・アプローチ等の方法に基づいて算定された価格を入手し、これを用いることができる。

処分費用見込額については類似の資産に関する過去の実績や処分を行う業者からの情報等を参考にし、現在価値で見積る。

b　使用価値の算定方法（減損適用指針31）

②において既に算出している将来キャッシュ・フローを割引率により現在価値に割り引く。

c　割引率の検討

③では、将来キャッシュ・フローに見積りと実績が乖離するリスクを反映させなくてもよかったが、減損損失の測定にあたって算定する割引率にはそのようなリスクを反映させる必要がある（キャッシュ・フローにリスクを反映しているケースを除く）。なお、リスクフリーレートは使用できないとされる（減損適用指針43～47）。

> ⅰ　その資産グループに固有のリスクを反映した収益率
> ⅱ　その企業に要求される資本コスト（加重平均資本コスト）
> ⅲ　その資産グループに類似した資産グループに固有のリスクを反映した市場平均と考えられる合理的な収益率

iv その資産グループのみを裏付けとして大部分の資金調達を行ったときに適用されると合理的に見積られる利率

⑤ 表　示

減損損失は、損益計算書上、特別損失として計上される（減損会計基準四２）。

貸借対照表上は固定資産の取得原価から直接控除する場合と減損損失累計額として間接控除する形式で表示する場合とが認められている（減損会計基準四１）。

また、有価証券報告書上、損益計算書の注記事項として、減損損失を認識した資産グループの概要、減損損失を認識した経緯、グルーピング方法、正味売却価額の時価算定方法、割引率等を開示する必要がある（財規95の３の２）。

7　資産除去債務

(1)　取引フローの特徴

資産除去債務計上プロセスの大まかな業務フローは次のとおりである。

図表2-5-7-1　資産除去債務計上プロセスの概要

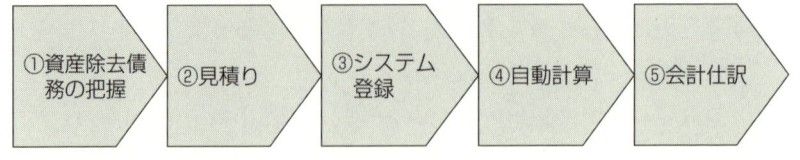

①資産除去債務の把握 → ②見積り → ③システム登録 → ④自動計算 → ⑤会計仕訳

① 資産除去債務の把握

資産除去債務とは「有形固定資産の取得、建設、開発又は通常の使用によって生じ、当該有形固定資産の除去に関して法令又は契約で要

求される法律上の義務及びそれに準ずるもの」(資産除去債務会計基準3(1))をいう。資産除去債務の計上にあたっては、まず、これらの資産除去債務の有無について調査を行う必要がある。

　小売業においては、多店舗展開している企業が大多数と考えられ、他業種に比べ賃貸借契約に付随する原状回復義務の重要性が高い。

② 　見積り

　資産除去債務が識別された場合には、その除去に要する割引前キャッシュ・フローおよび履行時期の見積りを行い、それらに基づき計上すべき資産除去債務の金額を計算する。

③ 　システム登録、④ 　自動計算

　資産除去債務に関する会計処理は、資産の使用期間を通じて毎年行われることから、台帳等のシステム対応を行っているケースも多くみられる。その場合は、システムで自動計算を行うための基礎情報をシステムに登録する作業が必要となる。

⑤ 　会計仕訳

　資産除去債務は、上記の除去義務を有する資産の取得に伴い発生する。したがって、通常、資産の計上処理と同時に資産除去債務の計上処理が行われることになるが、期末(四半期末)の決算業務において、一括して計上することも考えられる。

　また、資産除去債務の計上に伴い帳簿価額に加算した金額の費用化については、期末決算業務の中で資産の減価償却と同時に実施されることとなる。

(2) 　内部統制上の留意事項

　資産除去債務計上プロセスにおける重要なリスクと統制は次のとおりである。

- 資産除去債務の計上が漏れる。
- 資産除去債務の見積りや計算を誤る。

① 資産除去債務の網羅性の確認

　資産除去債務の計上にあたっては、まず網羅的に資産除去債務の情報を収集することが重要である。そのためには、経理部門のみならず総務部門や現場の店舗責任者等、組織を横断した協力体制を構築することが必要となる。

　具体的には、経理部等が中心となって調査票を作成し、実際に資産を管理・使用している部署に送付・回収し、それをとりまとめることで資産除去債務の把握を行っている企業が多いといえる。参考までに一般的な調査資料の一例を示すと、次のとおりとなる。

図表2-5-7-2　調査資料の例

会社名	事業所	業種	設備種類	場所	有形固定資産簿価	敷金・保証金簿価	特定有害物の使用	PCB廃棄物の保管	定期借地権	建物等の賃借	その他
○○○○	本社	製造業	全社統括								
	△△工場		工場								
	…										
	その他		社宅等								
	計										
××××	本社		全社統括								
	◇◇支店		営業所								
	…										
	計										

② 資産除去債務の見積りの妥当性、計算の正確性の確保

　資産除去債務の計上にあたっては、除去費用、履行時期等の見積りを行う必要がある。こうした見積りは、担当者の主観が入る余地が大きく、内部統制上特に留意が必要である。主観を極力排除するためには、基礎となる前提条件や計算手法については事前に担当監査人と十

分な協議を行ったうえで、社内規程・マニュアル等で明確に文書化しておくことが重要となる。

さらに、計算の正確性や計算に入力する基礎情報の正確性についても十分に知識を持った上長により承認されるべきである。

(3) 会計処理・表示・税務
① 資産除去債務の定義
　資産除去債務とは有形固定資産の取得、建設、開発又は通常の使用によって生じ、当該有形固定資産の除去に関して法令又は契約で要求される法律上の義務及びそれに準ずるものをいうとされている（資産除去債務会計基準3(1)）。

　具体的にはアスベストやPCBなど法令で除去等が義務づけられている場合の除去費用や、事業用定期借地契約や賃貸借契約により原状回復が義務づけられている場合の原状回復費用（「❸出店管理（賃貸借取引）」を参照とする）がこれに該当する。

　なお、旧借地法上の借地権および借地借家法上の借地権については契約期間満了時に借地権者は借地権設定者に対し建物の買取請求権を有することが法的に定められており（借地借家法13Ⅰ）、特約でこれを排除することは認められていない（同法16）。したがって、契約上で原状回復義務が定められていても無効となることから資産除去債務はないものと考えられる。ただし、このような場合であっても、必ずしも何らの債務も負わないということではないため、実務的には個別の判断を要することも考えられ、十分に留意が必要である。

② 会計処理および表示
　資産除去債務が存在する場合は、資産除去債務を負債として計上したうえで、該当する資産の帳簿価額に加算し、資産の残存耐用年数にわたって費用化することが求められる（資産除去債務会計基準7）。

a 資産除去債務の原則的な会計処理

資産除去債務については、次のような会計処理が行われる。

ア 資産除去債務の計上

　資産除去債務は、除去に要する将来の支出額を現在価値へと割り引き、負債として計上する（資産除去債務会計基準4、6）。当該資産除去債務に対応する除去費用については、負債の計上額と同額を、関連する有形固定資産の帳簿価額に加える（同基準7）。なお、割引率は資産除去債務の履行時期までの期間に応じた無リスクの税引前割引率を用いる（資産除去債務会計基準6(2)）。

イ 減価償却費の計上

　資産計上された資産除去債務については、当該資産の減価償却に応じて規則的に費用化する（資産除去債務会計基準7）。

ウ 利息費用の計上

　利息費用は時の経過に伴う資産除去債務の調整額であり、期首の負債計上額に割引率を乗じて計算される。なお、割引率は資産除去債務を計上した時点の割引率が以後も継続して用いられ、見積キャッシュ・フローが増加する場合を除き、見直しは要求されていない（資産除去債務会計基準49）。

エ 履行差額の計上

　有形固定資産の除去（履行）に伴い、計上された資産除去債務も取り崩すこととなる。なお、履行時に、資産除去債務の残高と除去のために実際に支払われた額との間に差額が生じる場合には、当該差額は履行に伴う損益となるといえる。

　当該差額（履行差額）は、損益計算書において、原則として除去費用の計上区分と同一の区分に表示する（資産除去債務会計基準15）。

オ 表示項目

　負債計上された資産除去債務については、ワンイヤールールに

第5節 固定資産管理

基づき流動負債・固定負債に区分して表示する。

資産計上された資産除去債務に係る費用処理額および時の経過に伴う資産除去債務の調整額については、いずれも対象となる資産の減価償却費と同じ区分で表示する（資産除去債務会計基準13、14）。

【設例①】

> A社は土地の事業用定期借地契約を締結し、当該土地の上に店舗建物を建設した。A社は当該店舗建物について定期借地期間が終了した後、撤去する契約上の義務を有している。
>
> - 店舗の取得日　　　　　　　　　X1年度期首
> - 借地期間　　　　　　　　　　　5年
> - 建物の耐用年数の見積り　　　　5年
> - 割引率　　　　　　　　　　　　2.13%
> - 撤去費用の見積額　　　　　　　10,000
> - 建物の償却方法　　　　　　　　定額法
> - X5年に実際に発生した撤去費用　10,100
>
> | | 建物期首簿価 | 減価償却費 | 建物期末簿価 | 資産除去債務期首簿価 | 利息費用 | 資産除去債務期末簿価 |
> |---|---|---|---|---|---|---|
> | X1年度 | 9,000 | 1,800 | 7,200 | 9,000 | 192 | 9,192 |
> | X2年度 | 7,200 | 1,800 | 5,400 | 9,192 | 195 | 9,387 |
> | X3年度 | 5,400 | 1,800 | 3,600 | 9,387 | 200 | 9,587 |
> | X4年度 | 3,600 | 1,800 | 1,800 | 9,587 | 205 | 9,792 |
> | X5年度 | 1,800 | 1,800 | 0 | 9,792 | 208 | 10,000 |
>
> **（資産除去債務計上の仕訳例：X1年度）**
>
> A社は取得した建物について、契約上の原状回復義務を有していることから資産除去債務を計上する必要がある。計上される資産除去債務の額は、原状回復費用（撤去費用）の見積額10,000を、割引率2.13%を用いて5年間割り引いた9,000となる（以下、建物本体については考慮外とする）。
>
> | （借） | 建物 | 9,000 | （貸） | 資産除去債務 | 9,000※ |
> |---|---|---|---|---|---|

※9,000=10,000/(1+2.13%)^5

撤去費用の見積額、資産除去債務の履行時期については本設例では所与であるが、実務においては契約条件や過去の撤去費用の発生実績等を勘案しつつ合理的な見積りを行う必要がある。

(減価償却費計上の仕訳例)

本設例の場合、借地期間の終了時点で建物の撤去義務があることから、建物の耐用年数および資産除去債務の履行時期は5年後と見積られている。

| (借) | 減価償却費 | 1,800 | (貸) | 減価償却累計額 | 1,800※ |

※1,800=9,000/5

(利息費用計上の仕訳例)

| (借) | 利息費用 | 192 | (貸) | 資産除去債務 | 192※ |

※192=9,000×2.13%

(X1年度の貸借対照表・損益計算書における表示)

(貸借対照表)
有形固定資産 - 建物　　　　　7,200(=9,000−減価償却累計額1,800)
固定負債 - 資産除去債務　　　9,192 (=9,000+192)

(損益計算書)
販売費及び一般管理費　　　　1,992 (=1,800+192)

(履行差額の仕訳例および表示:X5年度)

(借)	減価償却累計額	9,000	(貸)	建物	9,000
	資産除去債務	10,000		現金預金	10,100
	履行差額	100※			

※100=10,100−10,000

(損益計算書)
販売費及び一般管理費　　　　2,108 (=1,800+208+100)

第5節　固定資産管理

b　資産除去債務の簡便的な会計処理

賃貸借契約において敷金を支出している場合には、上記の原則的な方法に加え、資産計上された敷金のうち原状回復費用に充てられ回収が見込めない金額を合理的に見積り、そのうち当期に帰属する金額を費用計上する方法が認められている(資産除去債務適用指針9)。

【設例②】

> B社は店舗建物の賃貸借契約を締結し、賃貸借建物に内部造作を実施した。B社は当該内部造作について賃貸借契約が終了した後、撤去する契約上の義務を有している。
> - 店舗の開店日　　　　　　　X1年度期首
> - 店舗の平均営業期間　　　　10年
> - 撤去費用の見積額　　　　　1,000
> - 契約に基づく敷金の拠出額　10,000
>
> (X1年度の仕訳例)
>
> ア　敷金を計上するともに敷金の回収が見込めない額のうち、当期対応分を費用計上
>
> 簡便的な会計処理を用いる場合、撤去費用に充てられることで敷金の回収が見込めない額1,000を店舗の平均営業期間10年で除した額100を当期に対応する費用として、資産計上された敷金から減額する処理を行う。簡便的な方法では、原則的な方法のような割引計算は求められていない。
>
> | (借) | 敷金 | 10,000 | (貸) | 現金預金 | 10,000 |
> |---|---|---|---|---|---|
> | | 敷金償却 | 100 | | 敷金 | 100※ |
>
> ※100=1,000/10年
>
> イ　X1年度の貸借対照表・損益計算書における表示
>
> (貸借対照表)
> 投資その他の資産 - 敷金　　　9,900 (10,000－100)
> (損益計算書)
> 販売費及び一般管理費　　　　100
>
> 当期に費用配分された敷金の回収不能額は、原則的な方法による場合と同じく、内部造作の減価償却費と同一の区分で表示される。

なお、簡便的な会計処理は資産除去債務に対応する敷金が資産として計上されていることが前提であるため、資産除去債務の額が資産計上した敷金を上回っているケースでは、採用することができないと解される。また、建設協力金は原状回復義務を担保していないことから、建設協力金についてこのような処理を行うことはできないと考えられる。

c 見積りの実施および変更

資産除去債務の会計処理にあたっては、各種の見積りが行われるが、資産除去債務を計上した時点から、重要な状況の変化が生じた場合は見積りの変更を行う必要がある。

多店舗展開している小売業であれば、撤去費用の見積りは過去の実績等から見積ることができる場合が多いと考えられる。一方、店舗の平均的な営業期間については、過去の閉店実績や営業期間等の統計的分析や、企業の店舗戦略やビジネスモデル、競合他社との競争状況等の総合的な検討を行ったうえで、合理的な見積りを行う必要があると考えられる。

なお、見積りの変更を行う場合、変更は将来に向かって行われ、過去に費用計上した額の修正は行わない（資産除去債務会計基準10）。

d 注記事項等

資産除去債務については、重要性が乏しい場合を除き次の注記が求められている（資産除去債務会計基準16）。

- 資産除去債務の内容についての簡潔な説明
- 支出発生までの見込期間、適用した割引率等の前提条件
- 資産除去債務の総額の期中における増減内容
- 資産除去債務の見積りを変更したときは、その変更の概要および影響額
- 資産除去債務は発生しているが、その債務を合理的に見積もることができないため、貸借対照表に資産除去債務を計上していない場合には、当該資産除去債務の概要、合理的に見積もることができない旨およびその理由

なお、上記注記事項のうち、重要な資産除去債務が発生しているにもかかわらずその債務を合理的に見積ることができない旨の注記を行う場合には、当該事象が極めて稀な事象と想定されていることから、合理的な見積りが本当に不可能であるか慎重に検討する必要がある（資産除去債務適用指針２）。

③ 税　務

　a　申告調整

　　資産除去債務の会計処理にあたって計上される資産および負債計上額は、いずれも法人税法上の資産および負債とは認められないことから、法人税の所得計算において申告調整する必要がある。

　　設例①についてＸ１年度の別表４および別表5-1を示すと、次のとおりとなる。

```
（別表４）
加算 - 留保　資産除去債務（負債）否認　　9,192
減算 - 留保　資産除去債務（資産）否認　　7,200


（別表5-１）
資産除去債務（負債）　　　9,192
資産除去債務（資産）　　　△7,200
```

　b　税効果会計

　　資産除去債務の会計処理を行うことにより会計上の資産および負債の額と税務上の資産および負債の額とに差異が生じることから、税効果会計の対象となる。

　　資産計上された資産除去債務は、将来加算一時差異の定義を満たすことから、繰延税金負債が計上され、他方、負債計上された資産除去債務については、将来減算一時差異の定義を満たすことから、繰延税金資産が計上されることになる。

　　ただし、繰延税金資産については、回収可能性の判定が必要なた

め、会社分類によっては一時差異のスケジューリングを行うこととなるが、負債計上された資産除去債務はその除去債務の履行によって差異が解消されることに留意が必要である。すなわち、監査委員会報告第66号「繰延税金資産の回収可能性の判断に関する監査上の取扱い」に従い、回収可能性を勘案し計上することとなる。

8 店舗閉鎖

(1) 店舗閉鎖に係る取引フローと支出の種類

一般に、店舗閉鎖に係る業務フローは次のとおりである。

図表2-5-8-1　店舗閉鎖フロー

≪自社店舗のケース≫

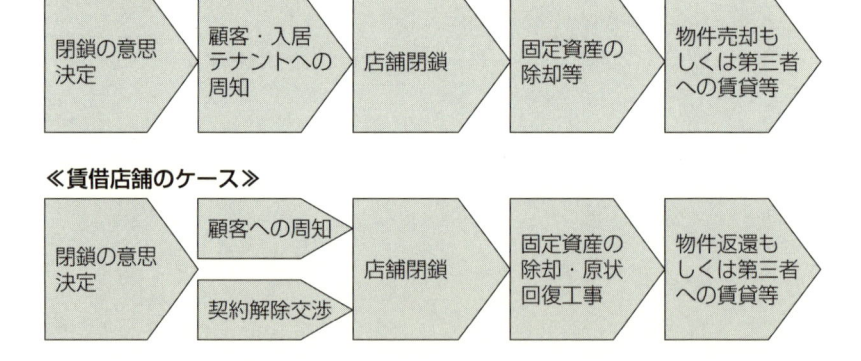

閉鎖の意思決定 → 顧客・入居テナントへの周知 → 店舗閉鎖 → 固定資産の除却等 → 物件売却もしくは第三者への賃貸等

≪賃借店舗のケース≫

閉鎖の意思決定 → 顧客への周知／契約解除交渉 → 店舗閉鎖 → 固定資産の除却・原状回復工事 → 物件返還もしくは第三者への賃貸等

取締役会や常務会等の意思決定機関において店舗閉鎖が決定されると、賃貸借契約を締結している場合は、貸手にその旨を通告し、契約解除条件の交渉が行われ、解約の条件が決定する。貸手との合意内容は、「合意解約書」や「覚書」として明文化される。

その後、顧客や入居テナント等への周知を行ったうえで店舗を閉鎖し、不要資産の処分・原状回復等が行われる。店舗閉鎖後は、物件を売

却または賃貸借契約を終了し物件を返還するケースのほか、第三者に賃貸するケースも見受けられる。

店舗閉鎖にあたって発生する損失は、概ね次のとおりである。

① **固定資産除却損および撤去費用等**

店舗閉鎖により使用しなくなった固定資産の帳簿価額、また固定資産の撤去のための費用、賃貸借契約による原状回復義務を履行するための費用である。

また、対象物件に関し建設協力金を差し入れていた場合は長期前払家賃の未償却残高について、対象物件を事業譲渡等で譲り受けのれんを各店舗に配分していた場合は、のれんの未償却残高についても処理が必要となる。

② **賃貸借契約に関連する解約違約金**

契約満了をもって契約解除する場合は、違約金の発生はないが、契約期間の途中で解約する場合は、敷金等が没収されるケースや所定の違約金を支払うケースがある。

また、通常の賃貸借契約では解約の6か月程度前に申出をすることとなっており、この期間より短い期間内に賃貸借契約を解除する場合には、該当する期間の賃借料の支払いが要求される。

さらに、物件の一部を他のテナントに賃貸しているようなケースでは、当該テナントに対する営業補償金が発生することもある。

③ **その他**

一定期間店舗に設置することを条件に店舗什器の贈与を受けていた場合に、当該期間内に店舗を閉鎖すると、贈与取引に関して違約金が発生するケースがある。

また、店舗閉鎖に伴いパート等の人員整理を行う場合の割増退職金等が発生することもある。

(2) 内部統制上の留意事項

　小売業の店舗閉鎖プロセスにおける重要なリスクと統制は次のようになると考えられる。

> ● 店舗閉鎖に係る損失の計上が漏れる
> ● 店舗閉鎖に係る損失金額の測定を誤る

① 店舗閉鎖に関連する情報収集体制の構築と網羅性の検証

　店舗閉鎖にあたってはさまざまな損失が発生するため、店舗の閉鎖決定の情報や、貸手との解約条件の合意に関する情報について、速やかに経理部等に伝達される体制を構築する必要がある。

　さらに、決算期末においては、固定資産台帳と閉鎖店舗の一覧表を照合して除却処理の漏れがないか確認したり、撤去費用についても漏れがないか請求書等を確認したりするなどの検証作業が必要である。

② 損失金額の妥当性の検証

　店舗閉鎖に関連する損失金額が正確に測定されているかどうかについて、除却稟議や請求書、固定資産台帳等と損失金額が整合性しているか確認する必要がある。特に、部分除却を行っている場合には、除却すべき金額が適切に把握されているかどうか、図面等を入手して慎重に検証を行う必要がある。

　さらに、後述する「店舗閉鎖損失引当金」を計上する場合には、発生損失額等を合理的に見積るために、見積りの前提条件の文書化や、前提が適切かどうか、また計算過程が正確かどうかについて検証することも重要である。

③ 転貸物件の管理

　小売企業が借地権契約により長期間にわたって拘束されている場合で、業績悪化等により当該物件において自社店舗による営業を継続することが合理的ではないと判断した場合に、他社への賃貸を行うこと

が考えられる。

　このような取引を転貸というが、貸主は、借主が第三者へ借地上の建物を賃貸あるいは譲渡する場合であっても、不利益を被らないのであれば拒否することはできないとされている（借地借家法19）。

　特に多店舗展開をしている小売業の場合、過去に出店した店舗を他社に転貸するケースも見受けられるが、減損会計の適用や資産の維持管理コストの会計処理区分等に留意が必要である。

(3)　会計処理・表示・税務
① 　固定資産の部分除却処理

　店舗のリニューアルに際し、一括で大量に取得している什器類等について部分的に除却する場合、個々の資産ごとに償却計算が行われていないことが考えられることから、除却損算定の基礎となる帳簿価額の算出が論点となる。

　この点、税務上は当該資産の法定耐用年数を基礎とし、未経過年数に基づいた未償却残高相当額をもって除却対象資産の帳簿価額、つまり除却損の金額とできる旨が定められている（法基通7-7-5）。

② 　転貸物件

　転貸物件に関しては、転貸先より受け取る賃貸料および地主に対して支払う賃借料は、通常の主たる営業活動とは異なることから営業外損益の区分で処理されると考えられる。

　さらに、リース適用指針47項によると、転リース取引について、貸手として受け取るリース料総額と借手として支払うリース料総額の差額を手数料収入として純額計上すべき旨が定められており、不動産賃貸借取引もリース会計の適用対象であることから、この定めに基づいて賃貸借料については純額処理することになると考えられる。

　なお、固定資産の減損を判定する際のグルーピングについても通常の店舗とは異なり賃貸借損益に基づいて減損の兆候の判定や、減損テ

ストを実施することになる。

③ 店舗閉鎖に係る損失の会計処理

　固定資産除却損については、通常は、閉鎖の意思決定の段階で減損の兆候が認められることから、その時点で減損損失として計上される。ただし、実務上は意思決定から固定資産の除却がすぐに行われた場合には、固定資産除却損として計上されることもある。

　撤去費用については、店舗を賃借している場合には、原状回復義務として資産除去債務が計上されているため、通常は閉鎖に伴い追加的な損失は発生しない。ただし、当初見積額と実際の支出額との差額が発生し、履行差額が計上されることもある。一方、店舗を自社所有しているケースでは、撤去を行った時点もしくは後述の引当の要件を満たした時点で、損失を認識することとなる。

　また、賃貸借契約に関連する解約違約金についても、同様に賃貸借契約の解約時点もしくは引当金の要件を満たした時点で、損失として処理する。

④ 店舗閉鎖損失引当金の計上

　店舗の閉鎖にあたっては、顧客や入居テナント等への周知期間が必要なケースや、契約上一定期間前に解約の予告が必要なケースが多いことから、閉鎖の意思決定を行ってから実際に店舗を閉鎖するまで数か月間要するケースが少なくない。そのため、その間に（四半期）決算を迎えた場合、引当金の計上の要件を満たすものについて、店舗閉鎖損失引当金を計上する実務が多く行われている。

　引当金の対象となる損失の範囲は、前述の減損会計基準および資産除去債務会計基準の適用対象外となるものすべてであり、多岐にわたる。そのため、会計方針もしくは損益計算書注記において、引当対象となった主な損失の内容について開示されることが望ましい。

　また、賃貸借契約の解約に係る損失を引当対象とする場合は、契約

上明記されているケースもあれば、相手方との交渉により決定されるケースもあることから、どの時点で見積可能と判断するかは個別具体的に検討する必要がある。

⑤ 表　示

店舗閉鎖に係る損失の損益計算書への表示は、「店舗閉鎖損失」「店舗閉鎖損失引当金繰入額」「賃貸借契約解約損」等の科目で、主に特別損失の区分で計上されている。しかし、小売業においては店舗の閉鎖は頻繁に行われることも多いことから、販売費及び一般管理費もしくは営業外費用の区分に計上されているケースも見受けられる。

図表2-5-8-2　有価証券報告書における開示状況

〔年度（日付）：決算日が2009／06／30以降、2010／06／30以前〕
〔業種（金融庁）：小売業〕

表示区分＼勘定科目	固定資産除却損		店舗閉鎖損失及び店舗閉鎖損失引当金繰入		賃貸借契約解約損	
	件数(件)	割合(%)	件数(件)	割合(%)	件数(件)	割合(%)
販売費及び一般管理費	13	8	10	8	4	8
営業外費用	9	6	5	4	6	12
特別損失	136	86	110	88	40	80
計	158	100	125	100	50	100

店舗閉鎖損失引当金を計上する場合には、ワンイヤールールに基づき、流動負債もしくは固定負債として計上される。

⑥ 税務上の取扱い

店舗閉鎖に係る損失については、内容がさまざまであり、また税務上損金算入が認められるタイミングと、会計上損失が計上されるタイ

ミングが異なるケースが多いことから、申告調整にあたっては留意が必要である。

第6節
友の会会計

1 友の会事業の取引概要

(1) 友の会事業の主な目的および仕組み

　小売業では百貨店を中心として、顧客を会員化することにより囲い込み、販売を促進することを目的とする友の会事業を運営している。顧客は会員になることにより、さまざまな特典を享受することができる。

　友の会事業は、主に次のような目的および仕組みにより成り立っている。

図表2-6-1　友の会事業の内容

主な目的	●前払式特定取引による商品売買の取次 ●商品売買の斡旋、割賦販売および信用販売の斡旋 ●文化教養教室、スポーツ教室の運営 ●映画、演劇、展覧会、ショーなどの企画、主催 ●旅行業、旅行業者代理業 ●広告業
仕組み	●会員が設定された積立コースに従って、毎月一定額の積立てを行う。 ●会員としての各種特典サービス・優待が利用できる。 ●会員が満期手続を行うことにより、積立金額にボーナス分が加算され会員証にチャージまたは商品券（特定の店舗で利用可能）が

319

> 発行される。多くの場合、12か月で満期を迎えて1か月分のボーナス分が付与される。

(2) 友の会が遵守すべき割賦販売法上の事項

　友の会事業は、会員が友の会に資金を前払いするという前払式特定取引業であり、事業の健全な推進と会員の債権保護の観点から割賦販売法が適用される。

　具体的な内容として、事業者の財産状況および収支状況の目安としての経常収支率、流動比率、純資産比率が割賦販売法施行規則の定める基準値を下回る場合などには、経済産業大臣より新規会員募集禁止、さらには事業許可取消しもあり得る（割賦販売法20の2）。

　以上より、友の会事業は独立した法人として運営する必要があり、資金の運用方法としてはグループ会社への貸付けや国債の購入などリスクの低い運用に限られている。

2　友の会事業プロセス

　友の会事業における業務プロセスについて大別すると、会員に対する積立金の収受および商品券の発行と、百貨店またはグループ会社に対する貸付・商品券の精算および手数料の受取りという二つの取引に分類される。時系列で並べると次のようになる。

第6節　友の会会計

図表2-6-2　友の会事業の業務フローのイメージ図

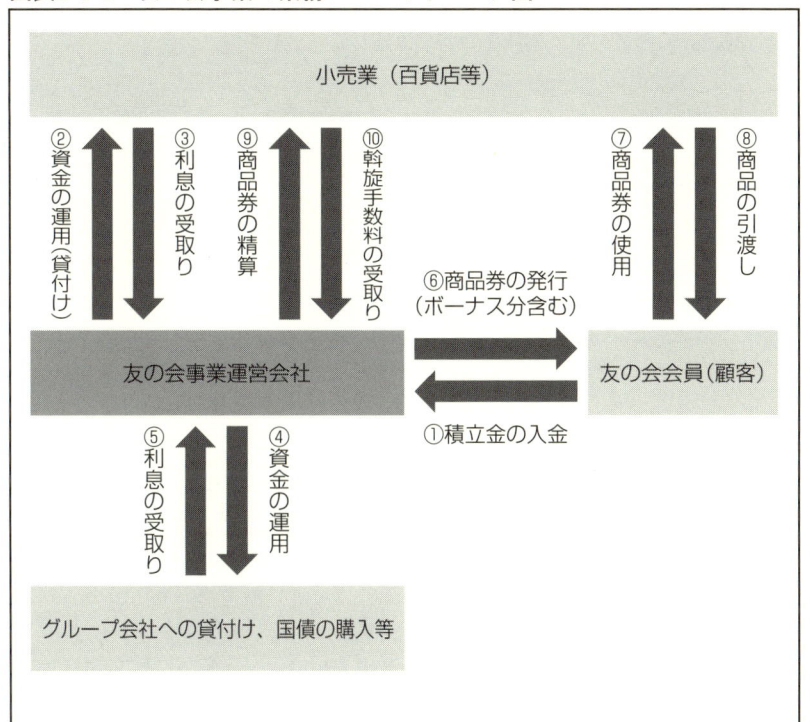

```
                      小売業（百貨店等）
    ②       ③   ⑨       ⑩              ⑦       ⑧
    資       利   商       斡              商       商
    金       息   品       旋              品       品
    の       の   券       手              券       の
    運       受   の       数              の       引
    用       取   精       料              使       渡
    （       り   算       の              用       し
    貸           　        受
    付           　        取
    け           　        り
    ）
                                  ⑥商品券の発行
                                  （ボーナス分含む）
         友の会事業運営会社   ←――→   友の会会員（顧客）
                                   ①積立金の入金
    ⑤       ④
    利       資
    息       金
    の       の
    受       運
    取       用
    り

         グループ会社への貸付け、国債の購入等
```

① **積立金の入金**

　　会員から積立金の入金がなされる。主な入金方法は百貨店店頭での現金入金や口座振替である。

② **資金の運用（貸付け）、④資金の運用**

　　積立金は会員が解約手続をしない限り原則として返金の必要がないため、資金の運用を行う。資金の運用方法は百貨店ほかグループ会社への貸付けや国債の購入などリスクの低い運用に限られている。

③⑤ **利息の受取り**

　　貸付先の百貨店やグループ会社から貸付金に対する利息を受け取る。

⑥ **商品券の発行（ボーナス券分含む）**

　　会員からの積立が満期を迎え所定の手続が完了するとボーナス券を含めた商品券の発行がなされる。

⑦ **商品券の使用、⑧　商品の引渡し**

第2章　会計と内部統制

会員は付与された商品券を使用して百貨店で商品を購入する。
⑨　**商品券の精算、**⑩　**斡旋手数料の受取り**
友の会事業運営会社は会員の商品券の使用分について百貨店に対して券面相当額を支払う。また、その際にあわせて会員の商品券の使用額の一定割合を顧客斡旋手数料として百貨店から手数料を受け取る。

3　内部統制上の留意事項

友の会事業における重要なリスクと統制は次のようになると考えられる。

- 現金、商品券、景品を横領されるリスク
- 預り金および商品券管理システムが不正使用されるリスク

友の会事業において会員から積立金を収受するにあたっては、百貨店の店頭にある友の会専用カウンターで現金により受け取ることが多い。したがって、窓口担当者によりレジの中にある現金が横領されるおそれがある。また、友の会商品券については電子媒体での残高管理が主流となっているため、実際には入金がないにもかかわらず電子媒体上の残高をシステムで操作することにより、不正に商品券残高を増額されるおそれが生じる。

これらのリスクを防止・発見するためには、例えば、マニュアル操作による友の会商品券残高の修正履歴のレポーティングをシステムでサポートし、日次で出力される当該レポートを上席者が検証することが考えられる。

各勘定科目と対応する内部統制は次のようにまとめられる。

図表2-6-3　勘定科目と対応する内部統制

勘定科目	内部統制
現金および預金	日次で出納帳または預金帳と現物在高の一致を確認する。また上席者が帳簿を閲覧し必要に応じて現物を確認する。
貯蔵品（未発行商品券）	受払管理簿を作成し受払管理を行い、日次で実際在高と管理簿残高の一致を確かめ、上長が管理簿を閲覧し必要に応じて現物を確認する。また定期的に実査を行い、上席者が受払管理簿と実際在高の一致を確認する。
貯蔵品（景品等）	受払管理簿を作成し、受払監理を行う。また定期的に実査を行い、上席者が実際在高と管理簿残高の一致を確認する。
前受金（積立金）	マニュアル操作による友の会商品券残高の修正履歴のレポーティングをシステムでサポートし、日次で出力される当該レポートを上席者が検証する。 前受金システムにおいて日次でバッチ処理が行われ、上席者がシステム残高と帳簿残高の一致を定期的に確認する。
友の会商品券	「第4節 7 商品券管理(3)内部統制上の留意事項」参照

4 会計処理

(1) 会員による積立入金

会員による入金額は、商品券発行時まで前受金として計上される。

【設例①】

> 友の会会員（毎月10,000円の積立コースを選択）による、積立金10,000円の入金があった。
> **(入金時の仕訳例)**
>
> | （借） | 現金預金 | 10,000 | （貸） | 前受金 | 10,000 |

(2) 会員の満期手続完了による商品券発行（ボーナス分を含む）

積み立てられた前受金とボーナス分の合計額の商品券が発行される。

【設例②】

　友の会会員（毎月10,000円の積立コースを選択）が満期（12か月）までの積立を完了させ、ボーナス分を加算した130,000円の商品券を発行した。
（商品券発行時の仕訳例：【設例⑥】を前提）

（借）	前受金	120,000	（貸）	商品券	130,000
	未回収ボーナス券	10,000			

(3) 商品券の回収
① 百貨店に対する未払金の計上

　友の会発行の商品券は友の会会員が百貨店で使用することにより回収される。その後、精算センターでの選別の結果、確定額が百貨店より通知され未払金額を把握する。

【設例③】

　百貨店において友の会会員が友の会商品券を使用して、130,000円の商品を購入した通知を受けた。
（未払金計上時の仕訳例）

（借）	商品券	130,000	（貸）	未払金	130,000

② ボーナス分の費用計上

　ボーナス分については、どのような性質のコストとしてとらえるかによって会計処理は異なる。

　損益計算書項目としては、売上の斡旋手数料に対する必要不可欠のコストであるとの考え方から「売上原価」として費用計上する場合と、販売促進費であるとの考え方から「販売費及び一般管理費」として費用計上する場合があるが、設例④～設例⑥は前者を前提とする。

　また費用計上のタイミングの論点として、実務上、次の会計処理方法が考えられる。

第6節　友の会会計

会計処理方法①	積立金の入金ごとに費用計上【設例④】
会計処理方法②	商品券発行時に一括費用計上【設例⑤】
会計処理方法③	商品券回収に応じ費用計上【設例⑥】（設例②を前提）

【設例④】

友の会会員（毎月10,000円の積立コースを選択）による、12回目の積立金の入金があり満期手続を完了した。

（積立時の仕訳例）

（借）	現金預金	10,000	（貸）	前受金	10,000
	売上原価	833		仮受金	833*

＊10,000×1／12＝833

前受金残高は120,000円、仮受金残高は10,000円、売上原価の累計は10,000円となっている。

満期手続完了時に前受金および仮受金残高を商品券残高に振り替える。

（満期時の仕訳例）

（借）	前受金	120,000	（貸）	商品券	130,000
	仮受金	10,000			

【設例⑤】

友の会会員（毎月10,000円の積立コースを選択）による、12回目の積立金の入金があり、満期手続を完了した。

（積立時の仕訳例）

（借）	現金預金	10,000	（貸）	前受金	10,000

（満期時の仕訳例）

（借）	前受金	120,000	（貸）	商品券	130,000
	売上原価	10,000			

【設例⑥】

百貨店において友の会会員が友の会商品券を使用して、130,000円の商品を購入した。

（未払金計上時の仕訳例）

（借）	商品券	130,000	（貸）	未払金	130,000
（借）	売上原価(注)	10,000	（貸）	未回収ボーナス券	10,000

（注）商品券130,000のうち10,000はボーナス分と想定している。

③　百貨店からの斡旋手数料の受取り

会員の商品券の使用額の一定割合を、斡旋手数料として百貨店から受け取る。通常は商品券の精算と同時になされる。

【設例⑦】

百貨店において友の会会員が友の会商品券を使用して、130,000円の商品を購入した。これに伴い、百貨店から売上高の9％の斡旋手数料を収受した。

（斡旋手数料受取時の仕訳例）

（借）	売掛金	11,700	（貸）	手数料収入	11,700*

＊130,000×9％＝11,700

(4) 商品券の雑益処理および負債計上を中止した項目に関する引当金

第4節「⑦商品券管理」にて前述のように、商品券を発行したときから一定期間経過後に収益計上した商品券が、その後回収（商品の販売）された場合には既に負債の計上は中止されているため雑損を計上することになる。

そのため負債計上した商品券に関してその利用時に計上される損失に備えて、今後使用が見込まれる金額を引当金として計上することを検討する必要がある（監査・保証実務委員会報告第42号）。

第7節
フランチャイズチェーンの概要

　コンビニエンスストア等の小売業における規模拡大のための一手段としてフランチャイズ展開があり、多くの企業がフランチャイズ展開を行っている。本節では、小売業におけるフランチャイズビジネスの概要と会計処理について解説する。

1　小売業におけるフランチャイズビジネスの概要

⑴　フランチャイズの定義

　フランチャイズとは、フランチャイザーがフランチャイジーとの間に契約を結び、自己の商標、サービスマーク、トレード・ネームその他の営業の象徴となる標識、および経営のノウハウを用いて、同一のイメージの下に商品の販売その他の事業を行う権利を与え、一方、フランチャイジーはその見返りとして一定の対価を支払い、事業に必要な資金を投下してフランチャイザーの指導および援助のもとに事業を行う両者の継続的関係をいう（第1章第4節参照）。

　なお、本節では、フランチャイザーを「本部」、フランチャイジーを「加盟店」と呼ぶこととする。

2　フランチャイズの業務プロセス

(1) 業務フロー

フランチャイズビジネスにおける業務フローは次のようになる。

図表2-7-2-1　フランチャイズの業務フロー

①戦略決定 → ②新規出店（加盟）→ ③（本部）商品戦略、物流・インフラ構築、経営指導 → ④商品の購入、販売 → ⑤本部への納金精算

① 戦略決定

　本部は、チェーン店の出店に際し、過去に集積した売上データやエリア特性を考慮することにより、利益の見込まれる出店候補エリアおよび具体的な候補地を決定する。これは加盟店単独での調査能力は限られている中で、利益獲得見込みのないエリアへの出店やチェーン内での競合を避け、フランチャイズチェーン（FC）としての利益の向上を図るためである。

② 新規出店（加盟）

　加盟店の加盟からオープンまでの一般的なフローは次のようになる。

- 事業説明の実施
- フランチャイズ契約の締結（加盟金・保証金の受取り）
- 出店にあたっての各種契約手続
- 店舗の内外装の施工
- 教育研修
- 店舗の完成、商品、什器の搬入
- オープン

a　加盟金・保証金

　　フランチャイズ契約を締結する場合、通常、加盟店は本部に対し加盟金を支払う。当該加盟金は、フランチャイズパッケージの実施許諾の対価としての性格があるため、本部は返還義務を負わないのが通常である。

　　また、本部に対し保証金を預託する場合もあるが、当該保証金は契約終了時点に返還されるのが通常である。

b　出店にあたっての契約手続

　　通常、加盟店は店舗物件を自ら保有するため加盟店のオーナーが契約主となって資産を購入または賃借する。

　　ただし、本部が店舗物件を加盟店に賃貸するケースや、加盟店に代わって店舗の賃貸借契約者となり加盟店に転貸するケースもある。

③　本部の役割

本部は、FC全体の魅力を高めるため、次のような各種の役割を担う。

a　効率的な物流網の構築

　　本部は、エリアを統括する物流拠点である共同配送センターを設け、商品を集積させて効率的な物流網を構築する。集積された商品は加盟店別に仕分けされ、配送トラックにより各店舗に配送される。こうした物流網の構築により、必要な商品が必要な量だけ必要な時に、加盟店へ配送されることなる。

b　商品開発および在庫管理

　　本部では、店舗における販売時点の情報（商品コード、金額、個数、販売時間、天候、顧客性別・年齢層、販促情報等）を管理するPOSシステムにより、購買者層別売上や地域別売上を把握している。この売上データをもとに商品開発を行うことで、より高い確率で売筋商品の開発が可能になる。

また、商品開発のみならず在庫管理にも売上データは活用されており、過去の売上データと他店の販売状況を勘案することにより、今後の売筋商品を予想する。これにより、最適な発注を行うとともに、機会損失（販売機会の逸失）が生じないように工夫する。

c　広告宣伝活動

広告宣伝活動は、原則として本部で一括して行われる。これにより、FCが統一的なイメージを保ち、全国どの店舗でも均一的な商品・サービスを受けられるようにして顧客の安心感を得ることができるためである。また、加盟店ごとに広告宣伝を行うことにより規模の経済が働き安価に広告宣伝を行うことができる。

d　ITインフラの構築

本部では、POSシステムをはじめとしたレジや商品管理システム等のITインフラの開発を行い、FC全体に統一的なシステムを導入している。こうしたITインフラを整え加盟店に提供することにより、加盟店による売上、仕入、在庫等の管理の負担を軽減することができる。また、本部主導により収支、損益の適正な管理を行うことができるとともに、今後の商品開発に必要な情報収集も可能となる。

e　経営指導および経営資料の作成代行

本部は、加盟店とのフランチャイズ契約の一環として、定期的に加盟店の営業現場の視察を行い、経営指導や助言・相談を行う。また、加盟店の経営資料（決算書等）を、ITを通じて記帳・作成し、毎月、ロイヤルティの計算も含めて加盟店へ送付する。アルバイトの給与計算や実地棚卸の結果および売価還元法による棚卸金額の算定についても代行することもある。

④ 加盟店の活動（商品仕入等）
　a　加盟店の商品仕入

　　加盟店は、通常、本部が推奨する商品について本部を経由して発注・仕入を行う。本部は、加盟店の商品仕入の代金について、加盟店に代わり定期的に供給業者に支払う（これを支払代行と呼ぶ）。

　　なお、本部は加盟店の商品仕入の支払代行を行っているという位置付けであるため、本部による支払代行時は、未収もしくは立替えの会計処理が行われる。

　b　加盟店の棚卸

　　加盟店の棚卸は、通常、加盟店ではなく本部、または本部が委託した外部棚卸業者が実施することになっている。これは、ロイヤルティの計算が売上総利益を基礎として計算されるため、正確なロイヤルティ計算のために、正確な棚卸が行われることが求められるからである。

　　なお、前述のように通常、店舗の決算書は本部で作成しており、棚卸の結果および売価還元法による棚卸金額の算定についても、本部が行うことになる。

⑤ 納金精算

　　加盟店は本部より前述のような各種経営ノウハウの提供を受ける。この見返りとして、加盟店はフランチャイズ契約上、一定の対価を支払う義務を負い、この一定の対価はロイヤルティもしくはチャージと呼ばれる。

　　したがって、加盟店はこのロイヤルティを本部に納金し、同時に本部による費用請求や、加盟店での立替分などを精算することとなる。

　a　オープン・アカウント制度

　　通常、加盟店の売上金は、フランチャイズ契約により本部が管理することになっており、加盟店は本部へ定期的に送金する。本部では、加盟店から預かった売上金から、一定期間におけるロイヤル

第2章　会計と内部統制

ティ、加盟店の商品仕入代金、水道光熱費負担額等を差し引いた金額を、定期的に加盟店へ送金し精算する。

　その際、本部は各加盟店について、関連する債権債務を一つの勘定により管理し、定期的な決済に利用している。これをオープン・アカウント制度と呼び、通常は、加盟店に対する純額の債務を本部が加盟店に支払うことにより決済される。一方で、加盟店が赤字の場合等は、本部は加盟店に対し純額の債権を持つ場合がある。

b　ロイヤルティ（チャージ）

　ロイヤルティの算定方法は各企業の本部によりさまざまだが、代表的なものとして次のような算定方法に分類される。

- 売上歩合方式：加盟店の売上高に一定の率を掛けて得られた金額を徴収する方式
- 粗利分配方式：売上高から売上原価を控除した加盟店の売上総利益に一定の率を掛けて得られた金額を徴収する方式
- 定額方式：毎月、一定金額をロイヤルティとする方式

　通常、ロイヤルティの計算は本部主導で行われる。本部は、加盟店に提供しているITシステムにより集計された売上高や売上総利益を用いてロイヤルティの計算を行い、加盟店へ報告・請求を行う。

　なお、小売業における代表的チェーンであるコンビニエンス・ストア・チェーンでは、図表2-7-2-2のような方法が各企業で採用されている。

図表2-7-2-2　ロイヤルティの算定方法

会社名	算定方法	ロイヤルティ料率（例）	
		加盟店が土地・建物を用意する契約	本部が店舗の土地・建物を用意する契約
㈱セブン-イレブン・ジャパン	粗利分配方式	売上総利益に43％の率を乗じた金額	売上総利益に対してスライドチャージ率を乗じた金額
㈱ローソン	粗利分配方式	総粗利益高の34％	総粗利益高の50％もしくは45％
㈱ファミリーマート	粗利分配方式	営業総利益の35％もしくは38％	営業総利益の48％

c　家賃、広告宣伝費等

　加盟店が店舗物件を自ら保有するほかに、本部が店舗物件を加盟店に賃貸するケースや、加盟店に代わって店舗の賃貸借契約者となり加盟店に転貸するケースがある。加盟店が本部から賃借する場合、本部は加盟店に対し、賃貸店舗の家賃を請求することになる。また、本部主導の広告宣伝活動に係る費用についても、加盟店が負担すべき金額を請求する。

　これらの請求額は、通常、本部へのロイヤルティ料率に含まれており、本部が店舗の土地・建物を用意するフランチャイズ契約は、加盟店オーナーが土地・建物を用意する契約に比べてロイヤルティ料率が高くなる。

d　水道光熱費

　店舗運営により生じる水道光熱費については、通常、本部へのロイヤルティ計算とは別に、実費相当額の一部もしくは全部を加盟店が負担する。

(2)　内部統制上の留意事項

　本部は多数の加盟店の運営をサポートする立場にあるとともに、加盟

店との間で密接な取引を行っている。また、加盟店のサポート業務を適切かつ効率的に行うため、共有化されたITシステムを利用するケースも多い。

こうした環境のもと、フランチャイズビジネスにおける重要なリスクとこれに対応する統制は次のとおりである。

- フランチャイズ契約に基づくロイヤルティ料率の設定・変更が適切に行われない。
- 加盟店での売上金管理が適切に行われない。
- 加盟店に対する債権・債務管理が適切に行われない。
- フランチャイズビジネスの基盤となるITシステムの信頼性が確保されない。

① ロイヤルティ料率の設定・変更

フランチャイズ展開する小売業では、日々、加盟店の契約手続や契約タイプの変更、ロイヤルティ料率の変更等が行われる。通常、これらの契約条件は手作業でシステム登録され、いったん登録された後は継続的にシステムによりロイヤルティ等の金額が計算される。

よって、加盟店からのロイヤルティ収入の計算・計上の基礎となる契約条件のシステム登録は収益計上額に重要な影響を与えるため、本部では、手作業による登録が契約書に基づいて正確に行われているかどうかのチェックを行われ、されに、登録内容は上席者による承認が行われる体制を構築する必要がある。

② 加盟店売上高と売上金の照合

加盟店では、通常、日々の売上金を本部の銀行口座に入金する。毎日入金を行うことにより、店舗で現金を保管することによる盗難等のリスクを回避するとともに、本部は、各加盟店の日々の現金売上高と実際の入金額のチェックを行うことができる。

小売業では現金商売が基本であるため、現金売上高と売上金の検証

は、売上高と現金及び預金の検証に欠かせない統制といえる。本部では、システムの自動照合により各加盟店の日々の現金売上高と入金額の照合を行い、エラーが生じた場合は本部から加盟店への問い合わせ等によりエラーの原因調査が行われる体制を構築する必要がある。

③ オープン・アカウント残高の管理

オープン・アカウント残高（加盟店貸借勘定）は、本部と加盟店の債権債務を計上する科目であるが、季節的影響や曜日の関係、店舗の特徴によって、債権残（加盟店貸勘定）になることも債務残（加盟店借勘定）となることもあり、通常、本部は各加盟店残高の管理を行っている。債権残高が大きい場合には、回収が滞っている場合があるため、長期債権の回収管理も必要となる。

④ ITシステムに関する内部統制

本部は、加盟店の運営をサポートするため、ITインフラを整え加盟店に提供している。結果として、加盟店の仕入、販売、現金（売上金）および在庫の管理、さらには加盟店からのロイヤルティ収入の計算に至るまで、高度にシステム化された運営が行われている。

したがって、関連するITシステムの信頼性を確保することが重要となる。一般的に本部では、IT全般統制としてIT環境の概括的な把握や評価を行うとともに、ITシステムへのアクセス権限の管理状況やITシステムの変更の管理状況についてチェックする必要がある。

3 フランチャイズビジネスにおける会計処理と開示

フランチャイズビジネスにおける会計の特徴は、オープン・アカウント制度を通じた、本部と加盟店間の取引の処理にある。この関係を図示すると次のとおりである。

図表2-7-3　本部と加盟店間の取引のイメージ

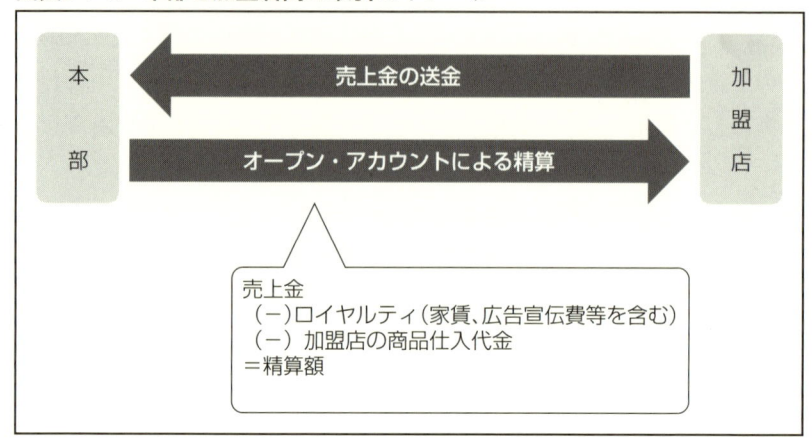

```
本部 ←――― 売上金の送金 ――― 加盟店
    ――― オープン・アカウントによる精算 →
```

売上金
（－）ロイヤルティ（家賃、広告宣伝費等を含む）
（－）加盟店の商品仕入代金
＝精算額

(1) 売上金

加盟店の売上金は定期的に本部に送金される。送金時は加盟店では債権（オープン・アカウントの借方）が計上され、本部では債務（オープン・アカウントの貸方）が計上される。

(2) ロイヤルティ（家賃、広告宣伝費等を含む）

ロイヤルティは、通常、本部が毎月計算し加盟店に報告するとともに、オープン・アカウントを利用して精算が行われる。

(3) 加盟店の商品仕入

加盟店は本部のITシステムを利用して本部を経由して商品仕入を行い、本部は加盟店に代わり供給業者に仕入代金の支払いを行う。よって、加盟店は仕入時に本部への債務（オープン・アカウントの貸方）が計上され、本部では未収もしくは立替えによる債権（オープン・アカウントの借方）が計上される。

第7節　フランチャイズチェーンの概要

(4) 仕訳例

設例を用いて、本部と加盟店間の取引の会計処理を解説する。

【設例】

（前提条件）
- 加盟店のＸ１年１月の売上高は100であった。
- 加盟店のＸ１年１月の本部経由の商品仕入高は30であった。
- 加盟店のＸ１年１月の売上総利益は70であった。また、ロイヤルティの計算は粗利分配方式であり、料率は30％である。

（仕訳例）

① 加盟店での売上計上

（本部）

仕訳なし

（加盟店）

（借）	現金預金	100	（貸）	売上高	100

② 加盟店から本部への売上金送金

（本部）

（借）	現金預金	100	（貸）	オープン・アカウント	100

（加盟店）

（借）	オープン・アカウント	100	（貸）	現金預金	100

③ 加盟店の商品仕入および本部による仕入代金の支払い

（本部）

（借）	オープン・アカウント	30	（貸）	現金預金	30

（加盟店）

（借）	商品仕入	30	（貸）	オープン・アカウント	30

第2章　会計と内部統制

④　ロイヤルティの計上

（本部）

| （借） | オープン・アカウント | 21 | （貸） | 受取ロイヤルティ | 21 |

（加盟店）

| （借） | 支払ロイヤルティ | 21 | （貸） | オープン・アカウント | 21 |

⑤　オープン・アカウントによる精算

（本部）

| （借） | オープン・アカウント | 49 | （貸） | 現金預金 | 49 |

（加盟店）

| （借） | 現金預金 | 49 | （貸） | オープン・アカウント | 49 |

(5)　開示例

　本部における加盟店との取引に関連する勘定は、一般的に、貸借対照表および損益計算書において次のように表示される。

【開示例】

貸借対照表

科　　目	金　額	科　　目	金　額
（資産の部）		（負債の部）	
流動資産		流動負債	
現金預金	×××	買掛金	×××
加盟店貸勘定[※1]	×××	加盟店借勘定[※2]	×××
・・・・・	×××	・・・・・	×××

損益計算書

営業収入	
加盟店からの収入[※3]	×××

売上高[※4]	×××
営業総収入	×××
売上原価[※4]	×××
売上総利益[※4]	×××
営業総利益[※5]	×××

※1 本解説におけるオープン・アカウントの表示科目。各加盟店における残高が借方（債権）の場合、流動資産に区分される。
※2 本解説におけるオープン・アカウントの表示科目。各加盟店における残高が貸方（債務）の場合、流動負債に区分される。
※3 本解説における受取ロイヤルティ等の加盟店からの収入。
※4 本部の直営店事業に係る損益項目。
※5 フランチャイズ事業（加盟店からの収入）および直営店事業を合算した営業総利益。

(6) 会計上の留意事項

フランチャイズビジネスでは本部が加盟店の店舗資産を用意する契約もあるため、本部が所有する加盟店向け固定資産の減損処理にも留意が必要となる。

通常、減損のグルーピングは各店舗単位とするのが一般的である。また、本部の収入は店舗の売上高ではなく加盟店からのロイヤルティ収入であるため、ロイヤルティ収入と店舗や本部の経費負担を考慮して減損兆候の判定を行うと考えられる。よって、本部直営店の固定資産と加盟店向けの固定資産では、減損の兆候判定の際の営業活動における損益やキャッシュ・フローの尺度が異なることに留意が必要といえる。

第8節
IFRS 導入が小売業に与える影響

1 小売業の特徴と IFRS 上の論点

　小売業の大きな特徴として、取り扱う商品が多岐にわたるため、取引先によって取引の契約形態は非常に複雑であること、同じ小売業でも業態により特殊な取引慣行が依然として残っていることが挙げられる。
　これらを整理すると以下のような国際財務報告基準（以下「IFRS」という。）上の論点が挙げられる。

図表2-8-1-1　小売業における IFRS 上の論点

特　徴	IFRS 上の論点
●店頭での引渡しのほか、配送、通信販売などがある。	●店頭引渡し以外の収益認識のタイミング
●条件付き買取仕入契約、売上仕入契約、委託販売契約、賃貸借契約などの取引形態がある。	●収益の総額表示と純額表示
●ポイント制度による販促活動や友の会による顧客の囲込みを行う。	●ポイントの会計処理（カスタマー・ロイヤリティ・プログラム） ●商品券回収損失引当金の会計処理 ●広告宣伝費の会計処理

第8節　IFRS導入が小売業に与える影響

●一般に店舗を設けて行う事業である。	●有形固定資産の減価償却方法／耐用年数等 ●減損会計 ●リース会計
●商品の取扱品目が非常に多い。	●売価還元法の適用の可否

また、小売業の業務の流れとの関連でみると次のようになる。

図表2-8-1-2　小売業の業務の流れと会計処理の関係

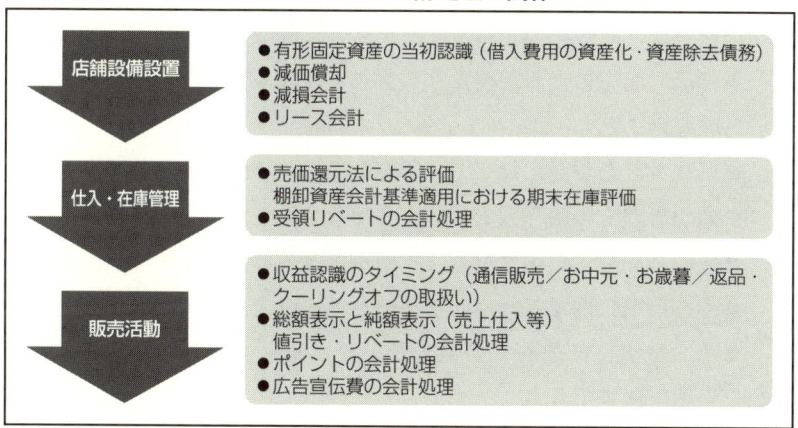

店舗設備設置	●有形固定資産の当初認識（借入費用の資産化・資産除去債務） ●減価償却 ●減損会計 ●リース会計
仕入・在庫管理	●売価還元法による評価 　棚卸資産会計基準適用における期末在庫評価 ●受領リベートの会計処理
販売活動	●収益認識のタイミング（通信販売／お中元・お歳暮／返品・クーリングオフの取扱い） ●総額表示と純額表示（売上仕入等） 　値引き・リベートの会計処理 ●ポイントの会計処理 ●広告宣伝費の会計処理

以下では、小売業を営む会社がIFRSを導入する際に検討すべき主要な論点について説明する。

2　個別の論点の解説

(1) 収益認識のタイミング（IAS18）

① 商品配送・通信販売（ギフト販売）

通常の小売業のビジネスモデルでは、店頭で代金と引換えに商品の引渡しがなされ売買取引は完結するが、予約注文や取寄せ等の顧客からの要望や欠品等の状況に応じ、商品を後日配送することもある。

また、近年、消費全体が低迷する中でカタログショッピング、テレビショッピング等の既存の媒体に加え、インターネット上のWeb通販の売上が伸びてきている。こうした通信販売は手軽に注文可能で、取扱品目が非常に多いことから今後も増加し、いわゆる店頭外売上の比率は高まっていくことが見込まれる。

このように顧客からの受注、商品配送および商品受取りにタイムラグがある場合でも、実務上は多くの企業において商品の出荷基準で収益を計上していることが考えられる。ただし、IFRSでは物品販売からの収益は、次の条件が満たされた場合に認識されるとされている。

- 物品の販売に伴う重要なリスクおよび経済価値を企業が買手に移転したこと
- 販売された物品に対して、所有と通常結びつけられる程度の継続的な管理上の関与も実質的な支配も企業が保持していないこと
- 収益の額を、信頼性をもって測定できること
- その取引に関する経済的便益が企業に流入する可能性が高いこと
- その取引に関連して発生したまたは発生する原価を、信頼性をもって測定できること

したがって、IFRSの適用にあたっては、商品売買契約の内容について個別に吟味し、重要なリスクと経済価値の移転が出荷時でなされているかは慎重に検討する必要があると考えられる。

図表2-8-2-1　収益認識時期のイメージ

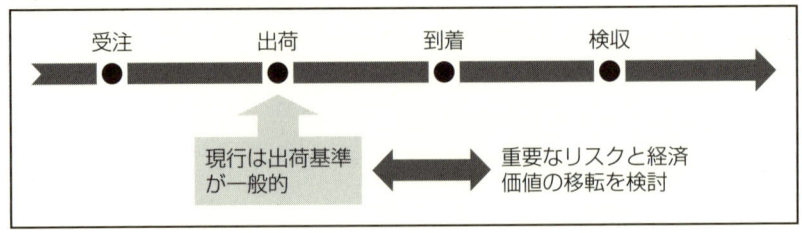

② お中元・お歳暮

　同様の論点として、特にお中元・お歳暮の売上の計上時期も挙げられる。お中元・お歳暮においては店頭で注文を受ける際に代金を受領しているケースがほとんどであることから出荷基準よりさらに早い受注段階で収益を計上している企業も多いと考えられる。確かに代金回収のリスクはないものの、いまだ商品の引渡義務は履行されておらず前述の収益認識の条件を満たしていない。

　IFRSを適用した場合、受取人にいつ商品が届くのかを企業側が把握する必要がある。

図表2-8-2-2　収益認識時期のイメージ

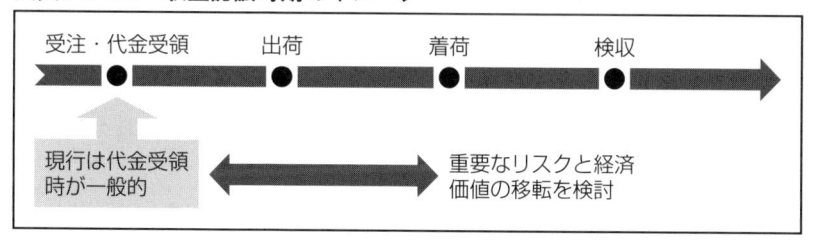

```
受注・代金受領    出荷      着荷      検収
    ●          ●        ●        ●
  ↑
現行は代金受領      ←→    重要なリスクと経済
時が一般的                 価値の移転を検討
```

③ 返品・クーリングオフの取扱い

　商品売買契約上、買手が契約を解除し当該商品を返品する権利（クーリングオフ）を有することがある。小売業においてもテレホンショッピング等にみられるように試用販売で買手が限定的な返品権を持つ契約は珍しくはない。このような場合、商品の納品時点で収益を計上し、返品されたときに収益を取り消す企業が多いと考えられる。

　IFRSでは、返品の可能性を信頼性をもって見積ることができない場合は、出荷あるいは検収時には重要なリスクが移転していないとみなされ、買手が購入意思を示すかクーリングオフ期間の終了など返品されないことが明確になるまで収益認識ができないことになる。

(2) 総額表示と純額表示

百貨店やスーパーマーケット等では、商品が顧客に販売されると同時に仕入先からの商品仕入が計上される、いわゆる売上仕入（消化仕入ともいう）と呼ばれる商品売買契約を締結することがある。また、その店舗内に多数のテナントを誘致し、不動産賃貸借契約に準じて一定の固定額や売上高の一定割合等を賃貸料として収受することもある。

特に売上仕入契約においては、契約の形式にかかわらず商品の在庫リスクや商品保管リスクを百貨店等が負うか否かという点で、取引の実態判断が会計上の論点となると考えられる。

IFRSでは、こうした売上について総額表示とするか純額表示とするかは、企業が本人として取引を行っているのか、代理人として取引を行っているのかで判断するとしている。売上仕入に関しては、顧客への販売代金を売上高として計上するとともに仕入先からの仕入代金を売上原価として総額表示している企業が多いといえるが、商品販売に伴う取引の重要なリスクと経済価値にさらされていない取引については、代理人取引と判断し、商品の販売代金と仕入代金の差額を手数料収入等として計上する純額表示とすることが適切と考えられる。

【設例】

売上仕入契約の商品（原価6,000円）を10,000円で現金販売した。

（総額表示の場合の仕訳例）

（借）	仕入（売上原価）	6,000	（貸）	買掛金	6,000
	現金	10,000		商品売上	10,000

（純額表示の場合の仕訳例）

（借）	現金	10,000	（貸）	買掛金	6,000
				手数料収入	4,000

(3) 値引き・リベート

　小売業においては、その流通過程でさまざまな商慣行が存在している。一定の期間を定めて得意先があらかじめ契約により定めた量や金額を超えた仕入を行った場合、得意先に対しリベートを支払うことがあるが、この性格をどのようにとらえるかによってリベートを売上高から控除している企業と販売費として処理している企業があると考えられる。

　IFRSでは、収益は受領したまたは受領可能な公正価値で、すなわち値引きやリベート額を控除後の金額で測定することが求められる。値引きやリベート額を過去の実績などに基づいて期末時点で合理的に算定できる限りでは、値引きやリベートが得意先における販売促進費などの経費の補填であることが明らかな場合を除き、売上高からの控除が適切と考えられる。一方、値引きやリベート額が合理的に算定できない場合は、収益を信頼性をもって測定できないため、販売時点で収益認識できないと考えられる。

(4) 棚卸資産の評価（IAS2）
① 売価還元法

　小売企業の多くは、売価還元法によって棚卸資産の評価を行っている。

　IFRSでは、原価配分方法として、個別法、先入先出法および平均法がすべての棚卸資産に適用されなければならず、性質および使用方法が類似するすべての棚卸資産には、同じ原価配分方法が適用されなければならないとされている。なお、最終仕入原価法も適用は認められていない。

　また、原価の測定技法として、原則は実際原価法であり、売価還元法はその適用結果が原価と近似する場合にのみ簡便法として認められているため、実務上は売価還元法による評価が原価と近似していることをどのように立証するのかが大きな論点となる。

② 簿価切下額の戻入れ

　日本基準では棚卸資産の評価にあたり、簿価切下額の戻入れに関して洗替法と切放法の両方が認められている。一方、IFRSでは、正味実現可能価額の評価は毎期行うこととされており、過去に認識した棚卸資産の簿価切下額をその原因となった従前の状況がもはや存在しない場合または経済的状況の変化により正味実現可能価額が増加したという明確な証拠が存在する場合には、戻し入れなれければならないため、結果として洗替法のみが認められている。

(5) 引当金（IAS37・IFRIC13）
① ポイント制度

　大手家電量販店等においては、顧客囲込みの一環として他社との差別化のためにポイント制度を広く利用している。ポイントは発行元の家電量販店等での商品購入の際に現金同様に使用できる権利等を有しているが、日本基準では実務上、発行ポイントの会計処理方法としては、次のいずれかが採用されている。

- ポイントを発行した時点で費用処理（または売上のマイナス処理）
- ポイントが使用された時点で費用処理するとともに、期末に未使用ポイント残高に対して過去の実績等を勘案して引当処理
- ポイントが使用された時点で費用処理（期末の未使用ポイント残高は引当計上しない）

　IFRSでは、このようなポイント・サービスをカスタマー・ロイヤリティー・プログラムと呼び、ポイントは当初販売時に引き渡された商品またはサービスに直接関連する費用ではなく、将来引き渡される別個の商品またはサービスであるとして、ポイントを当初販売取引の別個の構成要素として認識することを求めている。

　すなわち、販売時点において、販売金額を①付与されたポイントに見合う額を控除した金額と②付与されたポイントの価値に見合う額に分解し、①の金額を収益計上する一方で②の金額は実際にポイントが

第8節　IFRS導入が小売業に与える影響

使用されるまで負債（繰延収益）として計上することとされている。繰延収益はポイントの公正価値で評価されるため、この公正価値をどう見積るかという難しい論点が生じ、割引率や将来の消化率、失効率等の複数要素について公正価値を測定できる場合には、それぞれを区分して収益を認識する必要がある。

② 商品券回収損失引当金

未使用の商品券は使われるまで負債に計上し続けなければならないが、日本基準では法人税法の取扱いを参考にして、会計上も商品券の販売年度終了の翌日から3年を経過した日に負債計上を中止し、収益計上する実務が広く行われている。このような処理を一般的に商品券の雑益処理と呼ぶが、このように収益に計上された後も引き続き顧客は商品券を使用することができるため、百貨店等は負債計上を中止した商品券に対しても将来使用が見込まれる額を商品券回収損失引当金として計上することを検討しなければならない。

IFRSでは、負債計上を中止した商品券に係る会計処理には触れていないが、法人税法に準拠した会計処理は基本的には認められないことに留意が必要である。

(6) 広告宣伝費の会計処理（IAS38）

日本基準では、広告宣伝用の看板等を資産計上することや、通信販売を主とする場合に通販カタログ等のうち、消費者に提供されていない未配付のものを資産計上する実務が考えられる。また百貨店等において翌期に開催される催事に係ることが明らかなダイレクトメール等の広告宣伝費については、支出時に前払費用として計上し、当該催事が行われた期に費用に振り替えるケースもあると考えられる。

IFRSでは、物品に係る広告宣伝費は企業が広告宣伝活動のための当該物品にアクセスできる権利を得たとき（必ずしも物品の引渡時ではない）に、サービスに係る広告宣伝費は当該広告宣伝に関連する役務を受

347

けたときに、それぞれ広告宣伝費として費用計上する必要があり、実態に応じた会計処理が求められる点に留意する必要がある。特に顧客向けの商品カタログについては、印刷業者がカタログを引き渡せる段階になった時点で広告宣伝費を認識しなければならず、看板等についても広告宣伝目的であると判断される場合には、同様の処理をすべきと考えられる。

(7) 固定資産、リース（IAS16・17・23・36）
① 減価償却

日本基準では、多くの小売企業において実務上、明らかに不合理であると認められる場合を除き、法人税法の規定を参照したうえで耐用年数を決定していることが考えられる。

IFRSでは、耐用年数は企業が当該資産を使用すると予想される期間、もしくは当該資産から得られると予想される生産数または類似単位数とされていることから、実際の使用期間の見積りが必要となり、法人税法のみに基づく耐用年数の決定は認められない。百貨店等においては、営業政策上、定期的なリニューアルが行われるが、リニューアルが予定されている固定資産の耐用年数の見積りにはこうしたリニューアルの予定期間を織り込む必要があると考えられる。また、IFRSでは、残存価額、耐用年数、減価償却方法は少なくとも各事業年度末に見直す必要があることにも留意が必要である。

② 固定資産の減損

日本基準では、減損損失の認識にあたって、まず帳簿価額と割引前将来キャッシュ・フロー（CF）を比較し、割引前将来CFが帳簿価額を下回らない限り、減損損失を認識しない。

IFRSでは、減損の兆候がある資産の回収可能価額と帳簿価額を比較し、回収可能価額が帳簿価額を下回った部分を減損損失として認識するが、回収可能価額のうち使用価値は割引後CFで算定されるた

め、日本基準よりも減損損失の計上の可能性が高くなると考えられる。また、IFRSでは、のれんを除き資産の減損損失の戻入れを検討するため、固定資産システムにおいて従前の償却パターンでの帳簿価額を保持し続ける必要が生じるなど留意が必要である。

③ 借入費用の資産化

一口に小売業といっても大規模小売店舗である百貨店からコンビニエンスストア等の小規模のものまでさまざまであるが、建設に相当の期間と多額の資金を要する場合も少なくないといえる。

日本基準では、自家建設の固定資産に関して借入資金に係る支払利息を資産化できるとされているが、IFRSでは、適格資産の取得、建設または製造を直接の発生原因とする借入費用は当該資産の取得原価の一部として資産化しなければならず、適格資産と直接的な関係が識別できない借入等に関する借入費用も資産化率を用いて資産化しなければならない。一般目的借入金が含まれる点や資産化すべき借入費用の範囲なども相違しているため留意が必要である。

④ 賃貸不動産の時価注記

日本基準においても平成22年3月期から、企業会計基準第20号「賃貸等不動産の時価等の開示に関する会計基準」に基づき時価情報の開示が求められることとなったが、開示対象、採用する時価がIFRSでの開示と異なっている。

IFRSでは、投資不動産の取得後の測定方法として、公正価値モデルと原価モデルの選択を認めており、前者を採用した場合、原則、すべての投資不動産を公正価値で評価し、公正価値の変動から生じる差額を発生した期の損益として処理する。後者の場合は、毎期、減価償却および減損テストを行いつつ公正価値の測定と開示も必要となるため、実務上の負担は前者と実質的には変わらないとされている。日本基準では、IFRSの原価モデルとほぼ同様の会計処理が採用されてい

るため留意が必要である。

⑤ 資産除去債務

　小売業においては、多店舗展開をするため賃借物件を活用するケースが多くみられ、退店する際の賃借契約に基づく原状回復費用を見積計上することが会計上の論点となる。日本基準においても資産除去債務会計基準に基づき原状回復義務に伴う資産除去債務の計上が求められることとなったが、資産除去債務の範囲や測定がIFRSと異なっている。

　IFRSでは、有形固定資産に含めるべき資産除去費用や原状回復費用の見積額は有形固定資産の取得原価を構成し、資産除去債務の計算にあたって貨幣の時間価値に重要性がある場合は貨幣の時間価値と負債特有のリスクを反映した税引前割引率を使用して割引計算しなければならない。また、CFの見積額や割引率等の資産除去債務の算定の基礎となる前提が変動した場合、資産除去債務に反映する必要がある。

　なお、原価モデルを適用した場合、この変動による影響額は資産の帳簿価額に加減算し、帳簿価額が増加するときには減損の兆候がないか慎重に検討を行う必要がある。

⑥ ファイナンス・リースの判定

　日本基準では、ファイナンス・リースの判定においては、数値基準としては現在価値基準と経済的耐用年数基準が示されている。

　IFRSでは、所有権の移転という法的・形式的な要件を問わず、店舗資産の所有に伴うリスクと経済価値のすべてが実質的に借手に移転する場合、ファイナンス・リースとしてリース資産・負債の計上が必要とされている。

第8節　IFRS導入が小売業に与える影響

3　まとめ

　以上、主要な論点に限って日本基準とIFRSの相違をみてきたが、IFRSの導入は、小売業に対し関連する数多くの会計処理について日本基準からの大きな変更を強いる可能性があるといえる。小売業における契約は複雑多岐にわたり、IFRSの適用にあたっては、取引の実態、契約内容等を慎重に検討し、適切な会計処理を採用していくことが肝要と考えられる。

図表2-8-3　まとめ

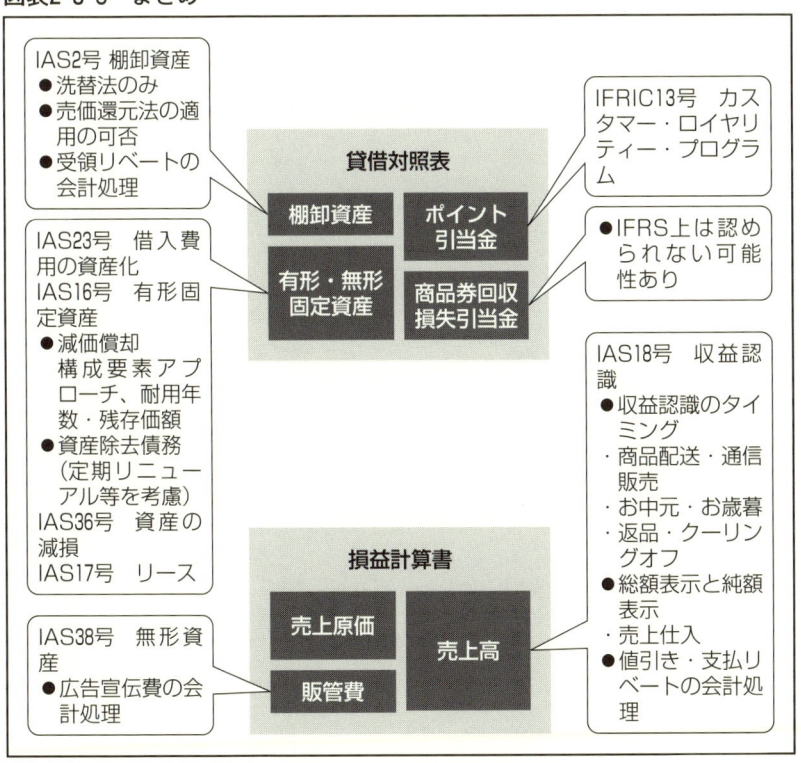

- IAS2号　棚卸資産
  - 洗替法のみ
  - 売価還元法の適用の可否
  - 受領リベートの会計処理

- IAS23号　借入費用の資産化
- IAS16号　有形固定資産
  - 減価償却構成要素アプローチ、耐用年数・残存価額
  - 資産除去債務（定期リニューアル等を考慮）
- IAS36号　資産の減損
- IAS17号　リース

- IAS38号　無形資産
  - 広告宣伝費の会計処理

【貸借対照表】
- 棚卸資産
- 有形・無形固定資産
- ポイント引当金
- 商品券回収損失引当金

【損益計算書】
- 売上原価
- 販管費
- 売上高

- IFRIC13号　カスタマー・ロイヤリティー・プログラム
  - IFRS上は認められない可能性あり

- IAS18号　収益認識
  - 収益認識のタイミング
    ・商品配送・通信販売
    ・お中元・お歳暮
    ・返品・クーリングオフ
  - 総額表示と純額表示
    ・売上仕入
  - 値引き・支払リベートの会計処理

第3章

監　査

第1節 会計監査の種類

1 会計監査の目的

　わが国における全会社数は総務省の統計では約150万社（平成18年調査）となっている。これらの会社のうち、一定の条件を満たす会社には公認会計士または監査法人による会計監査が義務づけられている。
　また、このうち上場会社が約3,700社（平成22年12月末現在）存在するが、これらの会社には金融商品取引法に基づく監査が必要とされている。
　今日の株式会社では出資者と経営者との分離を前提として制度設計が図られている。
　この制度設計のもとにおいて、経営者は定期的に出資者に経営の状況を「財務諸表」（これを含んだ「計算書類」「有価証券報告書」等の書類）により報告することが求められる。この財務諸表の記載内容の信頼性を担保する手段として、利害関係のない第三者によるチェックとして会計監査が求められることになる。
　したがって、会計監査の目的は、対象となる会社等の財務情報の適正性につき意見を表明し、その信頼性を保証することにあるといえる。

2 監査の種類

　監査対象の観点から監査の種類を分けると、業務全般を対象とする業務監査と会計データを対象とする会計監査とに分けられる。
　また、監査実施者が監査対象となる会社に属しているか否かという観点からは、内部監査と外部監査とに分けられる。
　内部監査につき、会社法において大会社では取締役の執行を監視する「監査役」の設置が義務づけられている。また、経営者の指揮下に「内部監査人」を設置している場合も多く、公認会計士による外部監査とともに監査役、内部監査人を連携させた監査（三様監査）を行う例もみられる。

【会社に属しているかの観点からの分類】

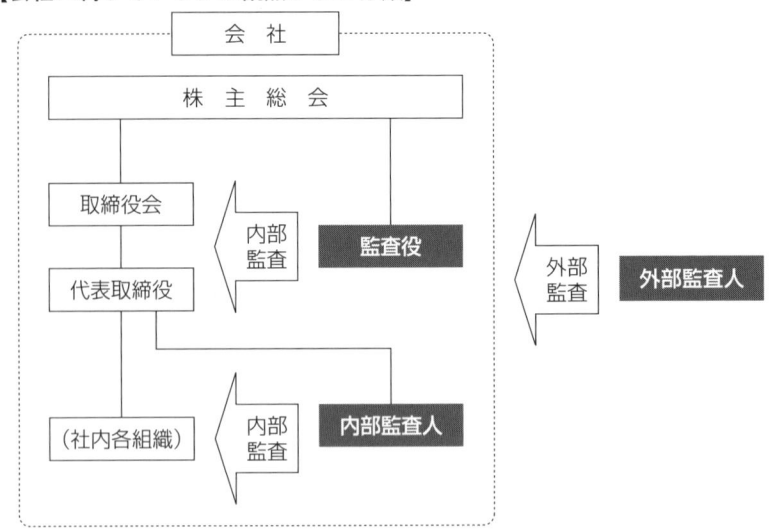

監査役 （監査役会）	株主から取締役の業務執行の監査を委託される。会計監査人を設けない場合においては自らが会計監査をも行い、会計監査人が存在する場合においても会計監査人の監査の方法・結果の相当性の確認を行うことが必要になる。
内部監査	会社内部の組織として経営者により任命される。社内における適正な業務の実施チェックや効率化の推進を行う。

公認会計士による監査は外部監査として、もっぱら会計監査をさす。

3 法定監査

法定監査は法律の規定によって義務づけられているものである。代表的なものとしては、会社法に基づく監査と金融商品取引法に基づく監査があるが、これ以外にもさまざまな法定監査があり、主なものは次の例のとおりである。

例

- 信用金庫
- 労働金庫
- 農林中央金庫
- 信用協同組合
- 私立学校法人（国・地方公共団体から補助金を受けるもの、寄付行為等認可申請の場合）
- 労働組合
- 特定目的会社
- 投資法人
- 投資事業責任組合
- 受益証券発行限定責任信託
- 独立行政法人、地方独立行政法人
- 大規模一般社団法人、大規模一般財団法人
- 国立大学法人

第3章 監 査

- 大学共同利用機関法人
- 政党交付金の交付を受けた政党
- 地方公共団体
- 農業信用基金協会
- 消費生活協同組合
- 放送大学学園

　上記の例のほか、海外の証券取引所等に株式を上場している会社の監査や上場申請する会社の監査などがあり、そのほか、業種によってはその属する業法により法定監査が義務づけられている場合もある。

第 2 節
会社法監査

1 会社の機関

会社法においては、その機関設計としてさまざまな組織形態の採用が可能となっている。

会社法における機関設計

	機　関	公開会社	非公開会社
大会社	取締役	※1	○
	取締役会	◎	○
	監査役	※2	○
	監査役会	○	○
	三委員会	○	○
	会計監査人	◎	◎
大会社以外	取締役	※1	○
	取締役会	◎	○
	監査役	○	○
	監査役会	○	○
	三委員会	○	○
	会計監査人	○※3	○※3

（◎設置必須、○選択可能）
※1　公開会社では取締役会を設けなければならない。
※2　大会社かつ公開会社では、監査役会または三委員会を設けなければならない。
※3　委員会設置会社の場合、会計監査人は必須

第3章 監査

　大会社以外かつ非公開会社の取締役会設置会社（委員会設置会社を除く）で、会計参与を設置する場合は監査役も不要になる。なお、会計参与は原則としていずれの区分の会社も任意に設置可能。

　大会社および委員会設置会社は、会計監査人を置くことが義務づけられている（会社法327、328）。

　また、定款に定めることにより、すべての株式会社は会計監査人を置くことができる。

会計監査人設置会社	●大会社（資本金5億円以上または負債総額200億円以上） ●委員会設置会社 ●定款で会計監査人の設置を定めた場合

　比較的多くの会社で採用されている、取締役会・監査役会・会計監査人という機関設計を前提とすると、会社の機関と監査の関係は下図のようになる。

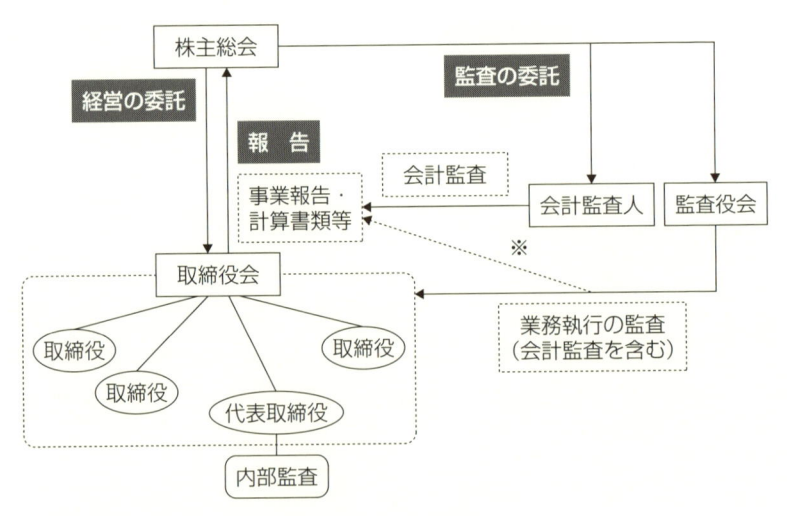

※会計監査人の監査の方法・結果の相当性の確認

2 会社が作成すべき書類と会計監査

会社は計算書類(貸借対照表、損益計算書、株主資本等変動計算書、個別注記表)および事業報告ならびにこれらの附属明細書を作成することが義務づけられている(会社法435Ⅱ)。

この計算書類(および附属明細書)につき、会計監査人設置会社においては、会計監査人による会計監査が義務づけられる(会社法436Ⅱ)。

(会計監査人の監査対象)
● 計算書類(貸借対照表、損益計算書、株主資本等変動計算書、個別注記表)およびその附属明細書
● 臨時計算書類
● 連結計算書類(連結貸借対照表、連結損益計算書、連結株主資本等変動計算書、連結注記表)

なお、会計監査人の資格は、公認会計士または監査法人でなければならないとされている(会社法337)。

会計監査人を置かない場合においては監査役が計算書類および附属明細書の会計監査を行うことになる。

また、委員会設置会社ではない会計監査人設置会社は監査役を置かなければならないとされ、監査役を置いている会社においては事業報告とその附属明細書が監査役の監査対象となる。なお、計算書類等について監査役は会計監査人の監査の相当性に言及することになる。

第3節
金融商品取引法監査

1 財務諸表監査

　金融商品取引法においては、有価証券の募集または売出しを行う場合、一定の場合を除いて、内閣総理大臣への有価証券届出書の提出が義務づけられている（金商法4Ⅰ、5Ⅰ）。一度有価証券届出書を提出した会社、上場会社、店頭売買銘柄発行会社などは毎事業年度ごとに有価証券報告書を提出しなければならない（金商法24Ⅰ）。

| 発行市場 | ⇒ | 有価証券届出書の提出義務 |
| 流通市場 | ⇒ | 有価証券報告書の提出義務 |

　また、金融商品取引所に上場されている有価証券等を発行する会社が、金商法に基づいて提出する財務計算に関する書類には公認会計士または監査法人の監査証明を受けなければならないとされている（金商法193の2）。

　すなわち、有価証券報告書等に含まれる財務諸表については公認会計士または監査法人の監査が必要ということになり、これによって証券市場における財務情報の信頼性が担保されることになる。

第3節　金融商品取引法監査

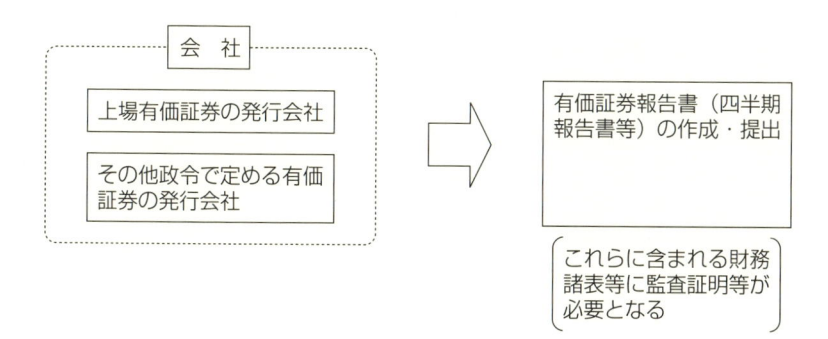

```
┌─────会　社─────┐
│ 上場有価証券の発行会社 │    ⇒   有価証券報告書（四半期
│ その他政令で定める有価 │        報告書等）の作成・提出
│ 証券の発行会社    │
└───────────┘
                      ｛これらに含まれる財務
                        諸表等に監査証明等が
                        必要となる｝
```

　有価証券報告書に含まれる会計監査の対象となる財務諸表（および連結財務諸表）は次のとおりである。

> - 財務諸表（貸借対照表、損益計算書、株主資本等変動計算書、キャッシュ・フロー計算書（※1）、附属明細表）
> - 連結財務諸表（連結貸借対照表、連結損益計算書、連結包括利益計算書（※2）、連結株主資本等変動計算書、連結キャッシュ・フロー計算書、連結附属明細表）
> ※1　連結財務諸表を作成している場合は作成不要。
> ※2　平成23年3月31日以降終了する連結会計年度より。連結損益計算書、連結包括利益計算書に代えて、連結損益および包括利益計算書を作成している場合もある。
> なお、それぞれの財務諸表には注記事項も含まれる。

　また、上場会社等の場合、有価証券報告書以外に四半期報告書の作成・提出（金商法24の4の7）も義務づけられており、これに含まれる四半期連結財務諸表（連結を作成していない場合は四半期財務諸表）は会計監査人によるレビューを受けることが義務づけられている。

> - 四半期連結財務諸表（四半期連結貸借対照表、四半期連結損益計算書（※1）、四半期連結キャッシュ・フロー計算書（※2））
> ※1　3か月情報は任意開示。
> ※2　第1四半期および第3四半期においては作成を省略可能。

363

2 内部統制監査

　近年の証券取引市場における不適切な事例の発生等を踏まえ、証券市場がその機能を十分に発揮するためには投資家に適正な情報を開示することが必要との観点から内部統制報告制度が導入された。

　上場会社等においては、内部統制報告書の提出が義務づけられている（金商法24の4の4）。これには公認会計士または監査法人による監査を受けることとされている（金商法193の2Ⅱ）。

(1) 内部統制とは

　会社の経営者は経営目的を達成するため、さまざまな経営資源を組織し、組織の業務の適正を確保するための体制を構築している。

　「財務報告に係る内部統制監査基準・実施基準」では内部統制とは、以下の4つの目的が達成されているとの合理的な保証を得るために業務に組み込まれ、組織内のすべてのものによって遂行されるプロセスとされている。

- 業務の有効性および効率性
- 財務報告の信頼性
- 事業活動に関わる法令等の遵守
- 資産の保全

【内部統制】

- 業務の有効性および効率性
- 財務報告の信頼性
- 事業活動に関わる法令等の遵守
- 資産の保全

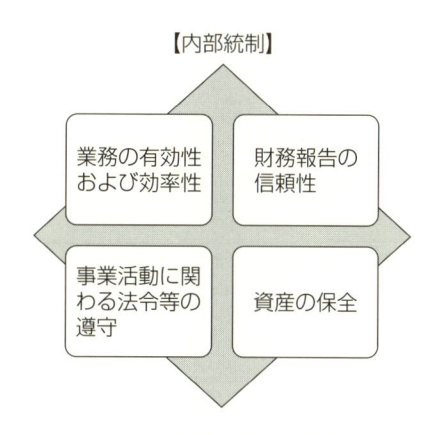

業務の有効性および効率性	事業活動の目的の達成のため、業務の有効性および効率性を高めること
財務報告の信頼性	財務諸表および財務諸表に重要な影響を及ぼす可能性のある情報の信頼性を確保すること
事業活動に関わる法令等の遵守	事業活動に関わる法令その他の規模の遵守を促進すること
資産の保全	資産の取得、使用および処分が正当な手続および承認の下に行われるよう、資産の保全を図ること

　内部統制監査ではこのうち「財務報告の信頼性」を確保するもののみが対象となるが、「財務報告の信頼性」は実際には他の3つと密接に結び付いており、実質的には4つの目的すべてが関わっている。

　また、同基準においては内部統制の基本的な構成要素として、統制環境、リスクの評価と対応、統制活動、情報と伝達、モニタリング（監視活動）およびIT（情報技術）への対応の6つが示されている。

　これらは内部統制の目的を達成するために必要とされる内部統制の構成部分であり、内部統制の有効性の判断の基準となっている。

第3章 監査

内部統制のモデル

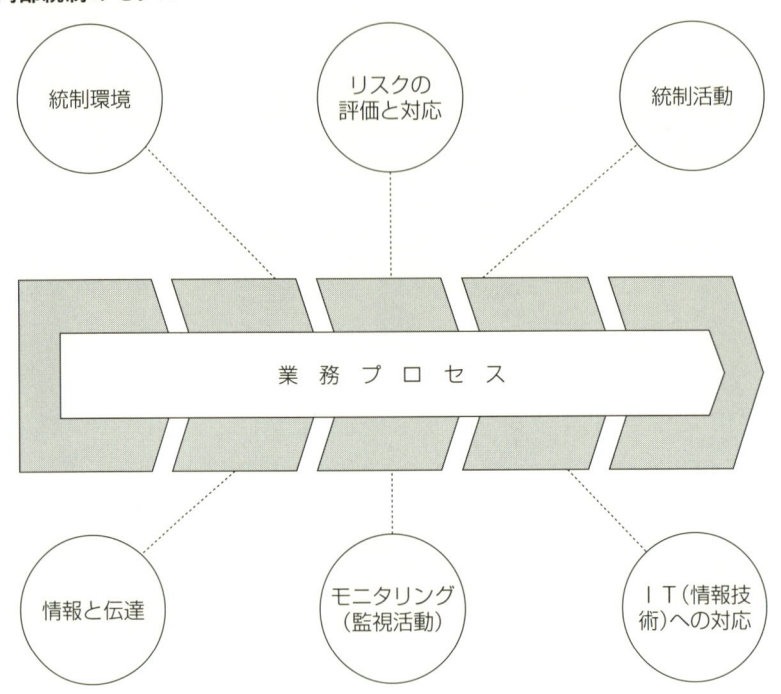

統制環境 / リスクの評価と対応 / 統制活動

業務プロセス

情報と伝達 / モニタリング（監視活動）/ IT（情報技術）への対応

(2) **内部統制監査**

　経営者は経営目的達成のために自ら内部統制の整備運用を図るが、また同時に「財務報告における記載内容の適正性を担保する」ために、自らが構築した内部統制システムを「財務報告に係る内部統制基準・実施基準」に照らして、適切に整備運用されているかを評価し、「内部統制報告書」という形で報告する。

　内部統制監査においては、この経営者による評価を前提として、これに対する監査人の意見を表明することになる。

　また、内部統制監査は原則として同一の監査人により、財務諸表監査と一体となって行われるとされている。

　財務諸表監査においては、監査人は必要な範囲で自ら内部統制の整

備・運用状況を評価するが、内部統制監査においては、監査人は直接的には内部統制の整備・運用状況の検証は行わない。

しかしながら、内部統制監査の過程で得られた監査証拠は、財務諸表監査の内部統制の評価における監査証拠として利用され、逆に財務諸表監査の過程で得られた監査証拠が内部統制監査の証拠として利用されることもあるなど、両者は密接に関連している。

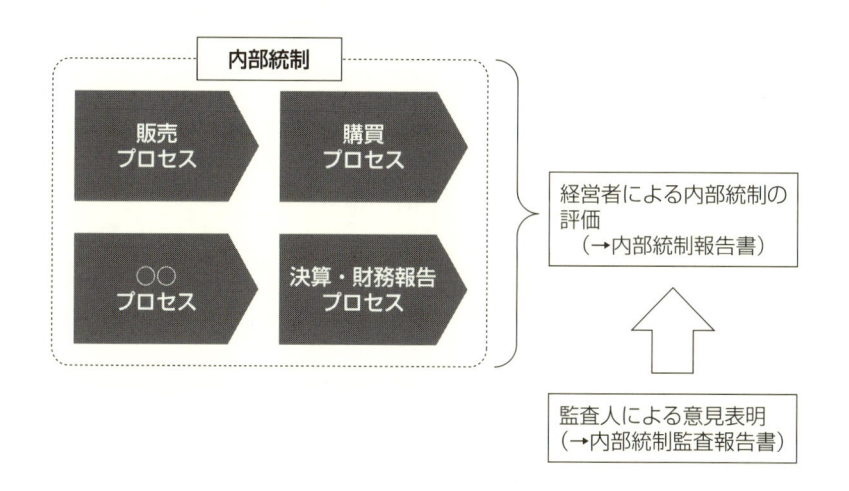

```
                    内部統制
        ┌─────────────────────────┐
        │  販売        購買        │
        │  プロセス    プロセス    │        経営者による内部統制の
        │                          │ ──→    評価
        │  ○○        決算・財務報告│        （→内部統制報告書）
        │  プロセス    プロセス    │
        └─────────────────────────┘
                                            ↑
                                    監査人による意見表明
                                    （→内部統制監査報告書）
```

(3) 会社法における内部統制と監査

内部統制の整備そのものは会社法でも定められている。「内部統制」という直接的な表現ではないが、これに該当するものが、次のように定められている。

取締役会の権限として「取締役の職務の執行が法令及び定款に適合することを確保するための体制その他株式会社の業務の適正を確保するために必要なものとして法務省令で定める体制の整備」（会社法348Ⅲ④）があり、これは各取締役に委任することができないとされている。

この具体的な内容については、会社法施行規則98条に定められている。

① 取締役の職務の執行に係る情報の保存および管理に関する体制

② 損失の危険の管理に関する規程その他の体制
③ 取締役の職務の執行が効率的に行われることを確保するための体制
④ 使用人の職務の執行が法令及び定款に適合することを確保するための体制
⑤ 当該株式会社ならびに親会社および子会社から成る企業集団における業務の適正を確保するための体制

取締役が2名以上いる場合は、さらに業務の決定が適正に行われることを確保するための体制も含まれる。

また、監査役が設置されている場合にはさらに次の項目も追加されている。

① 監査役がその職務を補助すべき使用人を置くことを求めた場合における当該使用人に関する事項
② ①の使用人の取締役からの独立性に関する事項
③ 取締役および使用人が監査役に報告をするための体制その他の監査役への報告に関する体制
④ その他監査役の監査が実効的に行われることを確保するための体制

これらに対する監査については、前述のように監査役（または監査委員会）が取締役等の職務の執行を監査し、また、会計監査を含む業務監査を行うことになる。

すなわち、監査役（または監査委員会）は、業務監査の一環として、財務報告の信頼性を確保するための体制を含め、内部統制が適切に整備および運用されているかを監視しているということになる。

第4節
内部監査

1 内部監査の定義

　内部監査の定義は、内部監査人協会（The Institute of Internal Auditors）が公表した「専門職的実施のフレームワーク」では、次のとおりとされている。
　「内部監査は、組織体の運営に関し価値を付加し、また改善するために行われる、独立にして、客観的なアシュアランスおよびコンサルティング活動である。内部監査は、組織体の目標の達成に役立つことにある。このためにリスク・マネジメント、コントロールおよびガバナンスの各プロセスの有効性の評価、改善を、内部監査の専門職として規律ある姿勢で体系的な手法をもって行う。」

2 内部監査の機能

　内部監査の定義に述べられているように、内部監査の機能としてはアシュアランスおよびコンサルティング活動ということになる。

第3章 監 査

アシュアランス（保証）	経営方針に沿った仕組み（＝内部統制）に基づいた活動が適切に行われているかどうか
コンサルティング	上記に不備・欠陥がある場合の改善の提言

　内部統制を構成する各業務プロセス（販売プロセス、購買プロセス等）においては、仕組みの整備として、規程、マニュアル、職務分掌、組織等が設けられ、それらが実際に適切に運用されていることが前提となる。それらの仕組みが整備されているかどうか、また適切に運用されているかどうかを確かめることがアシュアランス活動である。

　さらに仕組みの不備がある場合や運用が適切でない場合にそれを指摘するのみならず、改善方法やさらにより良い方法の相談・提案等を行うことがコンサルティング活動である。

　なお、内部統制の各業務プロセスにおいては、上長による定期的なレビューやチェックという形でモニタリング活動が含まれているが、内部監査はさらに経営者としてのガバナンスの観点からのモニタリング活動と位置づけられる。

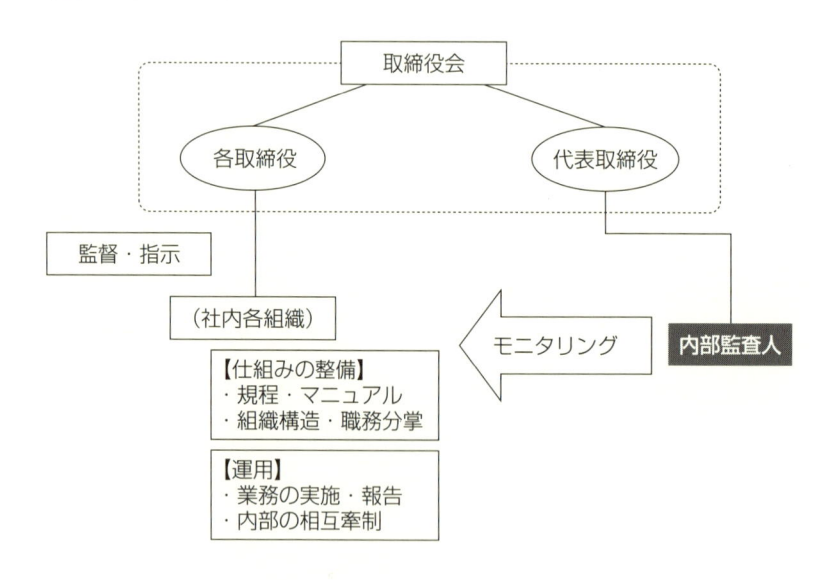

3　内部監査の実施

　内部監査は、経営者の関心に沿って、企業活動の一部の事項・局面を選択して実施され、通常、年度計画に従い事業年度単位で実施されることが多い。

　経営者は自らのモニタリングに必要とする内部監査の対象範囲・レベルを定め、必要となる内部監査コストの水準を決定することになる。

内部監査と監査役監査、会計士監査の違い

	内部監査	監査役監査	会計士監査
法的根拠	なし	会社法	会社法、金商法※
目　的	経営者のため	株主のため	株主・投資家保護
対　象	企業活動全般（全社的な内部統制および経営者の要請による個別業務）	取締役の職務執行計算書類および事業報告等	財務諸表等（上場会社の場合は内部統制報告書も）
特　徴	内部統制におけるモニタリング活動	モニタリングが適切に行われているかを監査	大会社・上場会社が対象

※ここでは一般事業会社における法定監査のみを想定

第 5 節
小売業における監査の着眼点

　小売業を営む企業の監査を実施するに際し、内部統制評価上および実証手続上で重視すべきポイントは次のようになる。

図表3-5-1　小売業における監査上のポイント

着眼点	考えられる監査手続
現預金・金券類の取扱い	① 現預金実査 ② 現預金残高確認 ③ 金券類（商品券等）の残高検証 ④ その他（残高比較等）
棚卸資産の取扱い	① 視察 ② 立会 ③ 計算突合
ITの利用	(IT全般) ① システムの開発、保守に係る管理 ② システムの運用・管理 ③ 内外からのアクセス管理などのシステムの安全性の確保 (IT業務処理) ① マスタファイル管理 ② 入力情報の完全性、正確性、正当性等を確保する統制 ③ エラーデータの統制

1 現金・金券類の取扱い

(1) 内部統制評価上の留意点

　小売業においては、不特定多数の最終消費者に対する店頭販売を中心としており、主な代金決済方法が現金取引であることから、各店舗における現金取扱量が多額となるのが通常である。また、店頭では現金のみならず、換金性の高い種々の金券類も多額に取り扱われる。

　したがって、従業員が日常的に多額の現金・金券類を取り扱うことに伴う紛失・盗難・不正等のリスクや、取引量が多いことによる釣銭や金券類の受け渡し間違い等の誤謬が発生するリスクに対応するべく、内部統制を適切に構築することが重要である。

　財務諸表監査および内部統制監査上、これらのリスクおよび対応する内部統制をどの程度重視するかについては、さまざまな要素を考慮して監査人が判断することになると考えられるが、留意すべき典型的なポイントには、次のものが挙げられる。

- レジ操作による不正を防止、発見できるようなシステム上の機能があるか。
- 現金実査を実施しているか。売上金のみならず、釣銭準備金や両替機内の現金、さらには商品販売と引き換えに回収した金券類も同時に実査対象としているか。
- 現金および回収した金券類の実査結果と会計帳簿上の残高とを照合し、一致を確かめているか。
- 現金および回収した金券類の過不足（実査結果と会計帳簿上の残高との不一致）が発生した場合に、発生原因の調査分析、上席者への報告、承認を得たうえでの仕訳修正など、適切な対応がなされているか。
- 現金を銀行預金口座へ預け入れるにあたり現金輸送サービスを利用している場合、現金の授受関係を明確にしているか。また、月末や決算期末などには当該外部委託先から残高証明書を入手し、その管理下にある現金残高の実在性を検証しているか。
- 未発行の金券類（商品券等）について、受払管理簿による適切な受払管理を

行っているか。また、実地棚卸を行い、受払管理簿および会計帳簿上の残高と照合し、一致を確かめているか。
- 商品券の発行と回収について、商品券管理システム等を利用した適切な番号管理や発行年度別の受払管理を行っているか。
- 特に本社の預金残高について、通帳や残高証明書を入手することにより、経理担当者が会計帳簿残高との一致を確認および差額分析を行い、上席者の承認を得ているか。

(2) 実証手続実施上の留意点

現預金に係る主たる実証手続としては、「実査」および「確認」が挙げられる。

店舗数、釣銭準備金を保有するレジ数、両替機の数が多数にのぼる場合や、各店舗における実査対象となる現金残高が多額にのぼる場合が多いと考えられるが、監査手続の実施範囲については、内部統制の有効性等を考慮のうえで監査人が判断し、決定することとなる。

① 現金実査

売上金が多額であるために実査に長時間を要する場合には、実査を一時中断する可能性も考えられる。この場合には、現金を実査済分と実査未済分とに区分してそれぞれ封印するなど、実査完了まで監査人の管理下に保管することが必要となる。

釣銭準備金についてはレジから回収して実査を行う。また、会社が、売場別・レジ別の釣銭準備金残高を明記して保管責任者の署名・押印を得た「釣銭準備金預り証」等を作成している場合もあるので、これを利用して実在性を検証する手法も考えられる。

両替機内の現金については、両替機から回収して実査を行うか、両替機の設置場所に赴いて実査を行う。

なお、店舗における現金実査は、現金保管エリアの管理状況を観察するよい機会でもある。当該エリアへの入室制限の状況、金庫室や金

庫の鍵の管理状況、警備システム等を利用した防犯対策などを、ヒアリングや観察により把握することも有用である。

② 現預金残高確認

現金輸送サービスを利用している場合には、当該外部委託先から残高証明書を入手し、期末日現在にその管理下にある現金残高を検証することが必要である。

また預金残高についても銀行等から監査人自ら残高証明書を入手し検証する必要がある。

③ 金券類（商品券等）の残高検証

商品券などを自社発行する場合、未発行の商品券等の実査を行い、管理簿および会計帳簿上の残高と照合することにより、実在性を検証する手法が考えられる。また、受払管理簿を閲覧し、受払管理簿そのものの管理状況の確認を行うことも有用である。

④ その他

上記のほか、対前年等の残高比較を行い、増減要因を明らかにすることも有用な手続である。

また、各店舗等で必要以上に多額の現金を保有していないかという視点もポイントとなる場合がある。適正水準以上に現金を保有している場合には、現金の架空計上が行われている可能性もある。

2 棚卸資産の取扱い

期末に棚卸資産を有する企業にとって、棚卸は企業が期末の在庫有高を確定するとともに、会計期間の売上原価を確定する重要な業務であり、監査人の行う棚卸の立会は企業の行う業務が自ら設定したルールに

従って、適切に行われているかを確認する重要な監査手続となる。

特に小売業では、棚卸資産の評価にあたり簡便的な売価還元法が採用されることが多いため、棚卸は、期末日における在庫の実際残高を会計期間の残高および損益に反映させるために必要な業務である。

棚卸の手順は次のとおりである。まず、原則として期末月に企業の従業員(昨今は外部専門業者による場合もある)による検数が実施される。そして検数結果を集計したうえで帳簿残高との突合が行われ、両者の差額として棚卸減耗損が計算され、計上される。なお、棚卸減耗損の発生する原因としては、ロスや受払取引の計上漏れ等が考えられる。

(1) 内部統制評価上の留意点

棚卸に関しては、主に次のような内部統制評価上のリスクおよび留意点が挙げられる。

① 棚卸前

棚卸前には、全店舗のすべての棚卸資産の検数が、漏れなく正確に行われるための体制が構築されないリスクが考えられる。当該リスクに対して、次のような留意すべき点が挙げられる。

- 棚卸資産の入出庫に関する統制が適切に整備されているか。
- 各店舗間の棚卸資産の移動が適切に管理されているか。
- 各店舗において棚卸に関して同一の有効なオペレーションを採用しているか。
- 外部の棚卸の専門業者を利用する場合には、業者の作業結果が適正であることを確認できる体制が構築されているか。

② 棚卸実施時

実在するすべての棚卸資産に対して漏れなく正確に検数が実施されないリスクが考えられる。当該リスクに対して、次のような留意すべき点が挙げられる。

- 棚卸対象か否かの区分が適切に行われているか。
- 棚卸対象となっている在庫を漏れなく把握できる状況になっているか。
- 棚卸の検数の正確性を確保する体制が整備されているか。

③ 棚卸実施後

棚卸の結果把握された実際在庫金額および棚卸減耗損が正確に帳簿に反映されないというリスクが考えられる。当該リスクに対して、次のような留意すべき点が挙げられる。

- すべての店舗の検数の結果が本部へ集約される体制となっているか。
- すべての店舗の棚卸に係る作業および統制の結果が本部へ報告される体制となっているか。

また棚卸資産が適切に評価されないというリスクもあり、当該リスクに対しては事前に滞留状況を把握したうえで、棚卸実施時点で現物の状況を検証することが考えられる。

(2) 実証手続実施上の留意点

棚卸に係る主たる実証手続としては、「立会」が挙げられる。棚卸の立会に関しては、次のような手続実施上の留意点が挙げられる。

① 棚卸前

棚卸立会前における実証手続実施上の留意点としては、a.企業の棚卸計画の確認、b.立会店舗等の選別が挙げられる。

　a　企業の棚卸計画の確認

棚卸の立会前に企業作成の棚卸計画を入手し、企業が行おうとしている棚卸作業が監査上必要な要件を具備しているかを検討しておくことは、重要な事前の手続である。

企業は棚卸計画に沿って棚卸を実施するため、仮に棚卸計画が監査において求められる棚卸資産の実在性、網羅性、評価の妥当性を担保できない場合、棚卸自体が意味を失う可能性がある。

したがって、監査人は棚卸計画を事前に確認し、企業の棚卸方法が適切なものであることを確かめておく必要がある。

b　立会店舗等の選別

在庫の実際残高を確定するためには、期末日に在庫が保管されているすべての店舗等に対して企業が棚卸を行い、監査人はそのすべてに立ち会うことが最善の方法である。

しかしながら、同規模の店舗等を複数箇所に展開し、一つの店舗等に多品種・大量在庫を抱えている場合には、企業と監査人双方の人的資源の制約の存在により、企業が自ら期末日にすべての店舗等の棚卸を行い、監査人がすべての店舗等に立ち会うことは実務上困難な場合が多い。

そこで、企業は内部統制が有効であることを前提に、棚卸実施日を期末日以外の日に分散させることや、外部の棚卸専門業者に棚卸の検数を委託する等により効率的に棚卸を実施することがある。

一方、棚卸が期末月でない場合、監査人は内部統制が有効であることを前提に、立会対象店舗以外も同様の統制が機能していると想定し、監査の効率性の観点から一部の店舗等を選別し立会を行うことも考えられる。また監査人は内部統制が有効に機能していることを確認し、棚卸日から期末日までのロールフォワード手続を行う必要がある。

② 棚卸時

棚卸時における実証手続実施上の留意点としては、a.在庫の整理状況の確認、b.棚卸対象の網羅性の確認、c.棚卸の実施状況の確認が挙げられる。

a　在庫の整理状況の確認

企業が行う棚卸で最も起こりやすい誤りは在庫の検数間違いである。これは事前の在庫整理不足によって発生する可能性が高いと考えられる。

小売業では、顧客が購買の過程で在庫を自由に動かすこともできるため、日常的に現場に関わっている店舗等の従業員であっても、扱う在庫が多品種・大量であるため、別の在庫が混在しているなどの場合、検数間違いを起こすことがある。また、昨今は外部の業者が検数を行うことも多く、日常的に店舗等の在庫の扱いに慣れていない外部の人間が、在庫の整理状況が悪い中で正確に検数を行うことは困難を伴うと考えられる。

したがって、監査人は企業の在庫整理状況を立会の初期段階で把握し、企業が検数間違いの起きやすい状況の発生を未然に防いでいるかを確認する必要がある。

また破損している在庫、陳腐化している在庫等の不良品が明確に正常な在庫品と区分され、適切に評価の対象とされていることを監査人が確認することも重要である。

b 棚卸対象の網羅性の確認

棚卸において、次に検討しなければならない点は、適切な棚卸対象資産の選定・把握である。すなわち、棚卸対象（または棚卸対象外）資産が、誤って棚卸対象外（または棚卸対象）資産とされてしまうことである。

小売業においては、一つの店舗または一つのフロア内に、棚卸対象である自社在庫と棚卸対象外である売上仕入在庫や委託在庫が混在していることがある。これらの棚卸対象在庫と棚卸対象外在庫の区分について、第三者が外見で判断することは困難であることが多いと考えられる。もちろん、営業時にバーコード等により資産の種別を管理することは可能であるが、時間的制約のある棚卸時には当該把握は困難を伴う。

したがって、棚卸時に対象在庫と対象外在庫は明確に区分されるよう事前に一定のルールを設ける必要性がある。例えば、棚卸対象外資産にはシール等により対象外を明記したり、棚卸対象外の在庫を保管している場所には紐等により対象外であることを視覚的に明

確にする等の手法が考えられる。こうしたルールを棚卸立会の現場にて監査人が確認することは、重要な手続である。

　また、ロケーション図等を入手し、ロケーション図にない場所に在庫が保管されていないか、棚卸対象資産の保管場所はすべてロケーション図に記入されているか等を確認することも、棚卸の網羅性を確保する重要な監査手続である。特に店舗においては、在庫保管場所が複雑である場合があり、監査人は什器の裏や棚の下等、店頭からみえない在庫保管場所が適切にロケーション図に反映されているか、そこに保管されている在庫が棚卸対象か否かが明示されているかに留意する必要がある。

c　棚卸の実施状況の確認

　棚卸においては、牽制目的で同一在庫を別々の検数者が複数回数えること等により、検数の正確性を担保することが重要である。しかしながら、一つの店舗等に多品種・大量の在庫を有している場合には、時間的制約のある棚卸においてすべての在庫を複数回数えることは、実務上困難なケースが想定される。

　よって一度の検数により、正確性が監査上必要な精度にまで保たれているかを確認することはとても重要である。

　検数の正確性を確認するためには、棚卸中に検数作業を観察し、検数方法を確認することが重要な手続である。検数実施者の作業方法いかんにより、正確性の精度が変化するため、適切な検数作業がなされていることを観察することで、監査人は検数の正確性に関する心証を得ることが必要となる。また、企業側の検数実施および検数確認終了後、監査人自ら抜取り検査を行い、棚卸検数結果と照合することで、検数の正確性に関する監査上の心証を得ることが可能となる。

(3)　**棚卸終了後**

　棚卸終了後における実証手続上の留意点としては、a.棚卸結果の確

認、b.棚卸減耗損の確認が挙げられる。

a　棚卸結果の確認

　　監査人自ら立会を行った店舗等に関しては、監査人が行った検数結果が帳簿残高に適切に反映されているかを確認する必要がある。

　　ここで、原則として監査人はすべての店舗等の棚卸に立ち会うべきである。しかしながら、監査資源上の制限等により立会を行うことができなかった店舗等に関しては、企業の行った棚卸結果を入手し、実際棚卸残高が正確に把握されたかを確かめる必要がある。

b　棚卸減耗損の確認

　　棚卸の実施により、棚卸資産の帳簿残高と実際残高との差額が棚卸減耗損として算定される。

　　監査人は、棚卸減耗損について発生金額および発生原因を把握する必要がある。棚卸減耗損の発生原因は前述したとおり種々あるが、どの店舗等でどのような理由により棚卸減耗損が発生したかを把握し、在庫の実在性および網羅性に重要な問題がなかったことを確認することが監査人に求められる。

3　ITの利用

　小売業においては、他業種と比較し多品種の商品を取り扱うため、購買発注、在庫管理、販売にあたりEOS/EDI、POSシステムなどのITを利用し業務の効率化を図っている。

　ここでは、内部統制評価上の留意点としてとらえるが、内部統制上も当該ITの有効性を評価し依拠することで、IT全般統制およびIT業務処理統制の両面において効率的な内部統制を構築でき、その評価業務にあたっても効率化を図ることができる。

第3章 監　査

(1) **IT 全般統制**

　IT に係る全般統制とは、業務処理統制が有効に機能する環境を保証するための統制活動を意味しており、通常、複数の業務処理統制に関係する方針と手続をいい、具体的には次の項目が挙げられる。
- システムの開発、保守に係る管理
- システムの運用・管理
- 内外からのアクセス管理などのシステムの安全性の確保

　IT を利用したシステムにおいては、いったん適切な内部統制（業務処理統制）を組み込めば、意図的に手を加えない限り継続的に機能する性質を有しているが、その後のシステム変更段階で適切な内部統制が組み込まれなかったり、プログラムに不正な改ざんや不正なアクセスが行われるなど、IT 全般統制が有効に機能しない場合には、適切な内部統制（業務処理統制）を組み込んだとしても、その有効性が保証されなくなるため、全般的な統制活動を適切に整備することが重要となる。

　a　システムの開発、保守に係る管理

　　　経営者は、システムの開発、保守に係る管理手続（開発、保守に係る権限や職責の明確化、起案・テスト・本番・移行時の承認等）について、明文化した文書（規程）を作成し、この規程に基づいた運用を行う必要がある。監査上は、開発、保守に係る権限や事前承認の手続等が規程で明確に文書化されており、規程に基づく運用がなされていることを確かめる必要がある。

　b　システムの運用・管理

　　　経営者は、システムの障害や故障等によるデータ消失に備えて、システムの運用、管理に係る適切な管理手続（バックアップの取得対象、取得のタイミング、保管場所等およびジョブ・スケジュールの登録・変更、ジョブ実行監視の手続等）について、明文化した文書（規程）を作成し、この規程に基づいた運用を行う必要がある。監査上は、システムの運用、管理に係る手続等が規程で明確に文書化されており、規程に基づく運用がなされていることを確かめる必

c　内外からのアクセス管理
　　　経営者は、システム等の不正使用、改ざん、破壊等を防止するため、アクセス制限に係る適切な管理手続（ユーザーID・権限の登録・変更・削除、棚卸等）について、明文化した文書（規程）を作成し、この規程に基づいた運用を行う必要がある。監査上は、アクセス制限に係る管理手続が規程で明確に文書化されており、規程に基づく運用がなされていることを確かめる必要がある。

(2)　IT業務処理統制

ITに係る業務処理統制とは、業務を管理するシステムにおいて、承認された業務がすべて正確に処理、記録されることを確保するために業務プロセスに組み込まれたITに係る内部統制であり、具体的には下記の項目が挙げられる。
●マスタ・ファイル管理
●入力情報の完全性、正確性、正当性等を確保する統制
●エラーデータの統制

これらの業務処理統制は、手作業により実施することも可能であるが、システムに組み込むことで、より効率的かつ正確な処理が可能となるものである。

　　a　マスタ・ファイル管理
　　　仕入先マスタや商品マスタ等のデータが常に最新の状態に保たれ、適切に維持・継続されるようにコントロールされている必要がある。このため登録内容についての事前の承認を行い、登録後も登録リストを検証し、事前承認内容との相違がないかチェックを行う必要がある。
　　　ただし、売価については日々更新されるものであり、一日当たりの更新回数も店舗に陳列されている商品の品種に応じて多くなる。そのため、日々の商品マスタの売価の更新について、その都度承認

手続が必要となると日常の業務に支障をきたすこととなる。そこで、各店舗の担当者による不適切な売価の設定を防止すべく、下記のような対応が考えられる。

- 担当者または事業部ごとに格下げの予算が設定されており、その予算の範囲内で日々の売価の設定を行う。また、予算を超える売価の設定については、より厳密な手続を定める。
- 基本売価の一定割合までについては担当者レベルでの売価の設定が可能としており、それを超えるような売価の設定については、より厳密な手続を定める。

b　入力情報の完全性、正確性、正当性等を確保する統制

入力情報の完全性、正確性、正当性等を確保する手段がとられている必要がある。小売業の場合、データ量が膨大になるため、POSシステムにより、商品のバーコードを読み取り数量を入力すると、売上金額が自動的に計算・集計され、売上金額の計算・集計の誤りを防ぐことができる。

また、POSシステムで集計された売上データは、POSシステムから基幹システムへ自動転送され、さらに基幹システムから会計データへの自動仕訳を通じて、会計システムへの誤った仕訳を防ぐことができる。POSシステムに一度取り込まれた売上情報は、集計過程を経由してそのまま会計システムへと直結する。したがって、店舗別・日別といった各集計過程での重複計上または計上漏れに対応した統制が必要となる。

例えば、店舗別の売上情報を日別に集計するにあたり、特定の店舗の売上情報が漏れないように店舗ごとの売上情報を処理(取込み)した結果につき1店舗ずつ処理済み印を押印し、証跡を残す方法が考えられる。また、1日分の全店舗の処理(取込み)が終了した時点で入力情報である各店舗の売上の合計額と出力情報である1日の売上の合計額を照合するといった手続が考えられる。これらの統制は入力情報または出力結果を対象として行われるが、統制により防

止されるエラーが異なる性質のものである以上、両者を組み合わせて実施することが望ましい。

c　エラーデータの統制

例外処理（エラー）の修正と再処理については、システムによらないコントロールが必要になる場合がある。例えば、各店舗のPOSシステムを通さないで売上管理システムへ直接修正入力される場合、入力に関するアクセス制限、修正内容の事前承認および事後確認の手続が必要となる。

例えば、本節「❶現金・金券類の取扱い」で記述した現金過不足が例外処理に該当する。また、各店舗の売上の集計過程においてエラーが発生することや、会計システムへ転送されるにあたってエラーが発生することが考えられる。通常、このようなエラーは、一連の業務の下流になるほど会計に与える影響が大きくなるため、修正内容の承認、原因調査といった厳密な手続が必要となる。

第4章

経営分析

第1節
KPI

　近年、KPI（Key Performance Indicators）と呼ばれる考え方が注目されており、KPIとは「重要業績評価指標」または「重要目標達成指標」として組織の目標を達成するための重要な業績評価の指標を指す。なお、これには財務指標だけではなく非財務的指標も含まれる。
　一般的および小売業におけるKPIとしては、次のものが挙げられる。

図表4-1-1　一般的な財務指標

手法	内容
収益性分析	売上高粗利益率、売上高営業利益率、販管費及び一般管理費比率
成長性分析	売上高成長率、粗利益成長率、営業利益成長率、経常利益成長率
効率性分析	売上債権回転率、仕入債務回転率、自己資本利益率（ROE）、総資本利益率（ROA）
安全性分析	流動比率、固定比率、自己資本比率、借入金依存度、固定長期適合率
流動性分析	固定資産回転率、株主資本回転率、総資本回転率

図表4-1-2　小売業におけるKPI

属性	内容
財務・非財務	売場面積/面積当たり売上高
財務・非財務	入店客数/1人当たり売上高
財務	店舗別売上高
財務	月別売上高
財務	品目別売上高

第2節
全業種平均と業界平均の比較

1 概　要

本節では、小売業におけるKPIについて全業種（全業種から小売業の金額を除いたものを全業種平均とする）と小売業を比較し、小売業の特徴を分析する。

図表4-2-1はKPIの比較一覧である。以下、図表における数値は単位未満を四捨五入したものである。

図表4-2-1　小売業の指標比較

	全業種－小売業	小売業	差額
売上高粗利益率（％）	20.7%	27.7%	7.0%
売上高営業利益率（％）	2.0%	1.3%	▲0.7%
販売費及び一般管理費比率（％）	18.7%	26.4%	7.8%
1人当たり営業利益（百万円）	0.76	0.42	▲0.34
売上債権回転率（回）	6.2	13.7	7.4
仕入債務回転率（回）	6.5	8.2	1.7
自己資本利益率（ROE）（％）	1.6%	2.8%	1.2%
自己資本比率（％）	33.7%	28.0%	▲5.7%
借入金依存度（％）	36.9%	40.9%	3.9%
固定長期適合率（％）	85.9%	91.6%	5.7%
固定資産回転率（回）	1.9	3.7	1.8

第2節　全業種平均と業界平均の比較

減価償却費÷売上高	3.1%	1.4%	▲1.7%

（注）次に記載する各決算期の数値を利用
- 2009/08/31…㈱ファーストリテイリング
- 2010/02/20…㈱しまむら、ユニー㈱
- 2010/02/28…㈱髙島屋、J.フロントリテイリング㈱、㈱セブン＆アイ・ホールディングス、イオン㈱、スギホールディングス㈱
- 2010/03/31…㈱三越伊勢丹ホールディングス、㈱サンドラッグ、㈱マツモトキヨシホールディングス、㈱ヤマダ電機、㈱エディオン、㈱ケーズホールディングス

2　売上高粗利益率

全業種、小売業、および各小売業態別の売上高粗利益率は次のようになる。

図表4-2-2-1　全業種および小売業の売上高粗利益率

	全業種－小売業	小売業	差額
売上高粗利益率（%）	20.7%	27.7%	7.0%

売上高粗利益率：売上総利益÷売上高

図表4-2-2-2　各小売企業別の売上高粗利益率

百貨店	㈱三越伊勢丹ホールディングス	27.9%
	㈱髙島屋	30.5%
	J.フロントリテイリング㈱	24.4%
スーパー／コンビニ	㈱セブン＆アイ・ホールディングス	34.3%
	イオン㈱	35.3%
	ユニー㈱	36.6%
ドラッグストア	㈱サンドラッグ	23.1%
	スギホールディングス㈱	25.9%
	㈱マツモトキヨシホールディングス	27.4%

家電量販店	㈱ヤマダ電機	25.3%
	㈱エディオン	23.7%
	㈱ケーズホールディングス	22.0%
製造小売	㈱しまむら	32.1%
	㈱ファーストリテイリング	49.8%

　小売業は全業種に比べて売上高粗利益率は高い傾向にある。中でも総合スーパーと製造小売の売上高粗利益率が著しく高くなっている。ともにPB（プライベートブランド）により商品展開を行っており、粗利段階で利益を多く生み出せる商品構成・価格設定が可能であることがその要因であると考えられる。

3　売上高営業利益率、販売費及び一般管理費比率

　全業種および小売業の売上高営業利益率、販売費及び一般管理費比率、1人当たり営業利益は次のようになる。

図表4-2-3

	全業種ー小売業	小売業	差	率
売上高営業利益率（％）	2.0%	1.3%	▲0.7%	▲35%
販売費及び一般管理費比率（％）	18.7%	26.4%	7.8%	41%
1人当たり営業利益（百万円）	0.76	0.42	▲0.34	▲44%

売上高営業利益率：営業利益÷売上高
販売費及び一般管理費比率：販売費及び一般管理費÷売上高
1人当たり営業利益（百万円）：営業利益÷従業員数の2期平均

　売上高粗利益率が全業種より上回る傾向にあるのに対し、売上高営業利益率は全業種より下回っている。すなわち、他業種に比べ販売費及び一般管理費が売上高に対して比率が高いことを意味している。これは小

売業においては人件費、広告宣伝費、賃借料が多額になる傾向があるためである。

(1) 人件費

小売業は製造業等と異なり、接客により営業が成り立っている。よって、製造業のようにオートメーション化によって人員削減することは困難であり、その結果、他業種よりも人件費率が高くなっているといえる。これは、1人当たり営業利益が売上高営業利益率以上に低い値となっていることからも明らかである（全業種に比べ売上高営業利益率は35％低いのに対し、1人当たり売上高は44％と低くなっている）。

総務省統計局で開示されている産業別の従事者数では従事者全体の21.1％が卸売・小売業に従事しており、このことからも人員数が多いことがうかがえる。

(2) 広告宣伝費

小売業は最終消費者への販売を行うという特徴から、広告宣伝の対象者は広く広告宣伝費が多額になるという傾向がある。その形態は、テレビ、新聞、雑誌、インターネット、ダイレクトメール等、多岐にわたっている。

(3) 賃借料

小売業は店舗数が多く、面積が広いこともその特徴である。よって、不動産を保有している場合、賃借料比率が低くなると考えられる。

4 売上債権回転率、仕入債務回転率

全業種、小売業、および各小売業態別の売上債権回転率、仕入債務回転率は次のようになる。

第4章　経営分析

図表4-2-4-1　売上債権回転率・仕入債務回転率

	全業種－小売業	小売業	差額
売上債権回転率（回）	6.2	13.7	7.4
仕入債務回転率（回）	6.5	8.2	1.7

売上債権回転率：売上高÷売上債権の2期平均

仕入債務回転率：売上原価÷仕入債務の2期平均

図表4-2-4-2　会社別売上債権回転率・仕入債務回転率

		売上債権回転率	仕入債務回転率
百貨店	㈱三越伊勢丹ホールディングス	12.8	9.6
	㈱髙島屋	8.7	7.0
	J.フロントリテイリング㈱	16.1	9.5
スーパー/コンビニ	㈱セブン＆アイ・ホールディングス	26.7	17.5
	イオン㈱	6.5	5.4
	ユニー㈱	22.3	7.0
ドラッグストア	㈱サンドラッグ	34.6	7.0
	スギホールディングス㈱	63.0	7.2
	㈱マツモトキヨシホールディングス	37.5	5.3
家電量販店	㈱ヤマダ電機	53.7	21.0
	㈱エディオン	24.7	13.2
	㈱ケーズホールディングス	35.7	11.6
製造小売	㈱しまむら	400.6	16.7
	㈱ファーストリテイリング	47.9	6.0

売上債権回転率は一般的には売上債権回収の効率性を示す指標である。小売業においては売上債権回転率が高くなる傾向にある。小売業は最終消費者への販売という特徴から、販売代金をその場で現金により回収することが一般的であるため、掛け売上よりも現金売上が大部分を占める。その結果、売上債権金額は他業種に比べ低くなり、売上債権回転率が高くなるのである。

これに対し、仕入債務は他業種と同様に掛けにより支払いが行われることがほとんどであるため、仕入債務回転率は高くはなっていない。

以上のように小売業においては売上債権回転率と仕入債務回転率に大きく差が出るのが特徴的である。

5 自己資本利益率（ROE）・自己資本比率・借入金依存度・固定長期適合率

全業種および小売業別の自己資本利益率（ROE）・自己資本比率・借入金依存度・固定長期適合率は次のようになる。

図表4-2-5　自己資本利益率（ROE）・自己資本比率・借入金依存度・固定長期適合率

	全業種－小売業	小売業	差額
自己資本利益率（ROE）（%）	1.6%	2.8%	1.2%
自己資本比率（%）	33.7%	28.0%	▲5.7%
借入金依存度（%）	36.9%	40.9%	3.9%
固定長期適合率（%）	85.9%	91.6%	5.7%

自己資本利益率：当期利益÷自己資本の２期平均
自己資本比率：自己資本÷総資産
借入金依存度：有利子負債÷総資産
固定長期適合率：固定資産÷（自己資本＋固定負債）

利益水準が低いにもかかわらず自己資本比率が高いということは、自己資本が少ないことを表している。

この要因は小売業に小規模事業者が多いためであると考えられる。財務総合政策研究所の法人企業統計調査（平成20年度）によると、資本金１億円未満の会社のその産業に占める売上構成比率は、小売業が63.2%であるのに対し、全産業（小売業を除く）は43.2%と低くなっている。小規模事業者の資金調達は株式ではなく借入れにより行われることが通

常であるため、小規模事業者が多い小売業は、自己資本利益率・借入金依存度・固定長期適合率が高くなり自己資本比率が低くなる傾向にあるといえる。

6 固定資産回転率・減価償却比率

全業種および小売業別の固定資産回転率・減価償却比率は次のようになる。

図表4-2-6-1　固定資産回転率・減価償却比率

	全業種－小売業	小売業	差額
固定資産回転率（回）	1.9	3.7	1.8
減価償却費比率（%）	3.1%	1.4%	▲1.7%

固定資産回転率：売上高÷固定資産の２期平均
減価償却比率：減価償却費÷売上高

固定資産回転率が高く、減価償却費比率が低いということは売上に対して固定資産が少ないことを表している。

多店舗展開をしているにもかかわらず減価償却費比率が低くなっているのは、賃貸等により店舗を増加させていることを意味すると考えられる。

図表4-2-6-2

動産・不動産賃借料÷売上高・動産・不動産賃借料÷減価償却費

	全業種－小売業	小売業	差額
動産・不動産賃借料÷売上高(%)	1.7%	2.5%	0.8%
動産・不動産賃借料÷減価償却費	56.0%	185.4%	129.4%

参考文献

朝永久見雄『小売り』（日本経済新聞出版社、2009年、第2版）
渥美俊一『21世紀のチェーンストア』（実務教育出版、2008年）
太田達也『減損会計と税務』（中央経済社、2003年）
懸田　豊・住谷　宏『現代の小売流通』（中央経済社、2009年）
片桐　正『利益を確実にアップさせる！＜入門＞「在庫管理」』（かんき出版、2000年）
鎌野邦樹『不動産の法律知識』（日本経済新聞社、2005年）
川嶋幸太郎『なぜユニクロだけが売れるのか』（ぱる出版、2008年）
川嶋幸太郎『ファストファッション戦争』（産経新聞出版、2009年）
木下安司『コンビニエンスストアの知識』（日本経済新聞社、2002年）
国友隆一『無印良品が大切にしているたった一つの考え方』（ぱる出版、2009年）
小島健輔『ユニクロ症候群』（東洋経済新報社、2010年）
小宮路雅博『流通総論』（同文館出版、2010年）
桜井多恵子『リミテッド社はなぜ世界最大になれたか』（商業界、1989年）
白土　健、岸田　弘『フランチャイズ・ビジネス概論』（創成社、2009年）
建野堅誠『日本スーパー発達史年表』（創成社、1995年、増補版）
月泉　博『最新　業界の常識　よくわかる流通業界』（日本実業出版社、2008年）
月泉　博『ユニクロVSしまむら』（日本経済新聞社、2006年）
得平　司『図解入門業界研究　最新家電量販業界の動向とカラクリがよ～くわかる本』（秀和システム、2010年）
中野　安『アメリカ巨大食品小売業の発展』（御茶の水書房、2007年）

参考文献

西口　元ほか編『フランチャイズ契約の実務』（新日本法規出版、2000年）

松尾武幸・佐山　周『図解　アパレル業界ハンドブック＜Ver.4＞』（東洋経済新報社、2007年）

松下久美『ユニクロ進化論』（ビジネス社、2010年）

安本隆晴『ユニクロ！監査役実録』（ダイヤモンド社、1999年）

柳井　正『一勝九敗』（新潮社、2003年）

矢作敏行『小売国際化プロセス　理論とケースで考える』（有斐閣、2007年）

山名一郎『よくわかる家電量販店業界』（日本実業出版社、2005年）

結城義晴『小売業界大研究』（産学社、2010年）

渡辺敬二『小売企業の経営学』（中央経済社、2000年）

若林孝三『解説とQ&Aによる　借地権の税務　法人税の取扱いを中心として』（財団法人大蔵財務協会、2008年）

アーンスト・アンド・ヤングLLP、新日本有限責任監査法人日本語版監修『IFRS国際会計の実務　中巻・下巻』（レクシスネクシス・ジャパン、2010年）

NHK「仕事学のすすめ」制作班編『柳井正　わがドラッカー流経営論』（日本放送出版協会、2010年）

社団法人全国スーパーマーケット協会『スーパーマーケット業界用語集2000』（社団法人全国スーパーマーケット協会、2006年、第6版）

社団法人金融財政事情研究会『第11次　業種別審査事典　第8巻』（社団法人金融財政事情研究会、2008年）

新日本有限責任監査法人『完全比較　国際会計基準と日本基準』（レクシスネクシス・ジャパン、2009年）

新日本有限責任監査法人編、財団法人日本不動産研究所編『資産除去債務の実務　対象債務の抽出と会計処理』（中央経済社、2010年）

新日本有限責任監査法人・新日本アーンストアンドヤング税理士法人・アーンストアンドヤング・トランザクション・アドバイザリー・サー

ビス株式会社編『不動産取引の会計・税務Q&A　第2版』(中央経済社、2009年、第2版)

ストアーズ社『百貨店調査年鑑　2010年版』(ストアーズ社)

三越本社コーポレートコミュニケーション部資料編纂担当編『株式会社三越100年の記録―デパートメントストア宣言から100年　1904―2004―』(三越、2005年)

日本公認会計士協会東京会編、切敷丈裕『業種別会計実務　デパート・スーパー業』(第一法規出版、1973年)

日本税理士会連合会編　渡辺昌昭『法人税実務問題シリーズ　借地権―税務処理・申告・調査対策』(中央経済社、2010年、第8版)

日本税理士会連合会編　山本清次『法人税実務問題シリーズ　無形固定資産・繰延資産　―税務処理・申告・調査対策』(中央経済社、2008年)

新日本有限責任監査法人　小売業研究会「業種別会計の基礎　その17　小売業」(『週刊経営財務　No.2967、2968』、税務研究会)

日経MJ編『日経MJトレンド情報源＜2010年版＞』(日本経済新聞出版社、2009年)

参考ウェブサイト

環境省　http://www.env.go.jp/
経済産業省　http://www.meti.go.jp/
厚生労働省　http://www.mhlw.go.jp/
公正取引委員会　http://www.jftc.go.jp/
国土交通省　http://www.mlit.go.jp/
消費者庁　http://www.caa.go.jp/
内閣府　http://www.cao.go.jp/
農林水産省　http://www.maff.go.jp/
財務総合政策研究所　http://www.mof.go.jp/
株式会社ファーストリテイリング　http://www.fastretailing.com/jp/
株式会社ワールド　http://corp.world.co.jp/
株式会社ポイント　http://www.point.co.jp/
社団法人日本フランチャイズチェーン協会　http://www.jfa-fc.or.jp/
株式会社セブン-イレブン・ジャパン　http://www.sej.co.jp/
株式会社ローソン　http://www.lawson.co.jp/
株式会社ファミリーマート　http://www.family.co.jp/
ザ・フランチャイズ　http://frn.jfa-fc.or.jp/
日本チェーンストア協会　http://www.jcsa.gr.jp/
日本百貨店協会　http://www.depart.or.jp/
株式会社髙島屋　http://www.takashimaya.co.jp/
株式会社三越伊勢丹ホールディングス　http://www.imhds.co.jp/
J.フロント リテイリング株式会社　http://www.j-front-retailing.com/index.php
全日本デパートメントストアーズ開発機構　http://www.ado.or.jp/adohtml/

参考ウェブサイト

CGC グループ　http://www.cgcjapan.co.jp/
日本流通産業株式会社　http://www.nichiryu.co.jp/
オール日本スーパーマーケット協会　http://www.ajs.gr.jp/
株式会社ヤオコー　http://www.yaoko-net.com/index.php
株式会社ライフコーポレーション　http://www.lifecorp.jp/
イオン株式会社　http://www.aeon.info/
合同会社西友　http://www.seiyu.co.jp/
株式会社セブン＆アイ・ホールディングス　http://www.7andi.com/
ユニー株式会社　http://www.uny.co.jp/
日本スーパーマーケット協会　http://www.jsa-net.gr.jp/
新日本スーパーマーケット協会　http://www.super.or.jp/
日本小売業協会　http://www.japan-retail.or.jp/
STORES　http://www.stores.org/
近畿経済産業局　http://www.kansai.meti.go.jp/
公益財団法人日本容器包装リサイクル協会　http://www.jcpra.or.jp/
財団法人家電製品協会　http://www.aeha.or.jp/
財団法人流通システム開発センター　http://www.dsri.jp/
J-Marketing.net　http://www.jmrlsi.co.jp/

事項索引

【欧文】

ABC 分析 …………………… *170*
BMS（Business Message Standard）…………………… *11*
CPFR（Collaborative Planning Forecasting and Replenishment）…………… *12*
DC センター ………………… *141*
EDI（Electronic Data Interchange）… *11, 120, 162, 138, 381*
EDLP（Everyday Low Price）…………………… *48, 86*
EOS（Electronic Ordering System）……… *11, 120, 138, 381*
High and Low price 戦略（ハイロー戦略）………… *48, 86*
IPO（新規株式公開）……… *106*
IT 業務処理統制 …………… *383*
IT 全般統制 ………………… *381*
JAN コード ……… *161, 164, 217, 248*
KPI（Key Performance Indicators）………………… *389*
PLU（Price Look Up）……… *252*
POS（Point of sale system）… *10, 162, 217, 248, 329, 381*
TC センター ………………… *141*

【い】

委託販売 …………………… *203*
一斉棚卸 …………………… *166*

【う】

売上仕入 …………………… *200*

【お】

オープン・アカウント残高（加盟店貸借勘定）……… *335*
オープン・アカウント制度 … *335*
オペレーティング・リース取引 …………………… *286*

【か】

会計監査 …………………… *355*
外商 ………………………… *22*
外商販売 ……………… *124, 208*
外部監査 …………………… *356*
買回品 ……………………… *139*
割賦販売法 ………………… *320*

家電リサイクル法（特定家庭用機器再商品化法）……17, 78
家電量販店 ……………………63

【き】

業種別分類 ……………………4
業態別分類 ……………………4
共通商品券 …………………226
共同仕入機構 ……………25, 39

【け】

計算書類 ……………………361
建設協力金 ……………273, 279
権利金 ……………272, 275, 277

【こ】

交差比率 ………………106, 171
コンビニエンスストア ………49

【さ】

サードパーティー・ロジスティクス（3PL）…………138
在庫回転期間 ………………171
在庫回転率 …………………171
先入先出法 …………………163
酒類販売業免許 ………………16
サプライチェーンマネジメント（SCM）…………11, 140
三様監査 ……………………356

【し】

敷金 ……………………272, 278
資金決済に関する法律 ………228
自社商品券 ………………26, 227
仕立券 ……………………26, 227
四半期報告書 ………………363
借地権 ………………………275
受贈 ………………24, 261, 266
循環棚卸 ……………………166
商品券 ………………………225
商品保証 ……………………181
商品マスタ ……………145, 254
食品リサイクル法（食品循環資源の再生利用などの促進に関する法律）……………17

【す】

スクラップ・アンド・ビルド
 ……………………………68, 260

【せ】

製造小売（SPA）……………3, 96
制度化粧品 ……………………88
セルフサービス方式 ………6, 20
セルフ方式 …………20, 34, 49
セルフメディケーション …91, 94
全国百貨店共通商品券 …26, 258
専門品 ………………………139

事項索引

【そ】

総合スーパー（GMS：General Merchandise Store）…34
総平均法 …………………163

【た】

大規模小売業告示（独占禁止法に基づく「大規模小売業者による納入業者との取引における特定の不公正な取引方法」）………16, 77
大規模小売店舗法（大店法）
………………………4, 14
大規模小売店舗立地法（大店立地法）………5, 14, 77, 84
棚卸 ………………………375
棚札方式 …………………165

【ち】

チェーンストア ……12, 37, 84, 85
中小小売商業振興法 ………15, 53
調剤 ………………………255
調剤事業 …………………87

【て】

定期借地権 ………………270
提携ポイント ……………244

【と】

独占禁止法（私的独占の禁止及び公正取引の確保に関する法律）………15, 54, 77
ドミナント戦略 …………68, 86
友の会 ……………………27, 319
ドラッグストア …………82

【な】

内部監査 …………………369
内部統制監査 ……………364
内部統制報告書 …………364
ナショナル・ブランド（NB）…12

【ね】

ネットスーパー …………35

【は】

バーコード方式 …………165
売価還元法 ………………163, 176
ハウスカード ……………26

【ふ】

ファイナンス・リース取引 …285
普通借地権 ………………270
プライベートブランド（PB）
………………12, 23, 39, 55, 139
フランチャイズ ………15, 50, 327

404

フランチャイズチェーン（FC）
　………………………50, 69, 86

【ほ】

ポイント制度 ………73, 238, 346
法定監査 …………………357
保証金方式 …………272, 278

【ま】

マーチャンダイジング（MD）
　………………………4, 23, 57, 95
マーチャンダイジングサイクル
　………………………………249
前払式特定取引業 …………320
まちづくり三法 ………………14

【も】

持出商品 …………………210
モニタリング ……………370
最寄品 ……………………139

【や】

薬事法 …………………18, 82, 83
薬局 ………………………82, 255

【ゆ】

有価証券届出書 ……………362
有価証券報告書 ……………362

【り】

リース取引 …………………283
リベート ………………39, 71, 87

【れ】

レールサイド型 ………………64
レセプトコンピュータ ………227

【ろ】

ロードサイド型 ………………63

事項索引

405

新日本有限責任監査法人について

新日本有限責任監査法人は、アーンスト・アンド・ヤングのメンバーファームです。全国に拠点を持ち、日本最大規模の人員を擁する監査法人業界のリーダーです。品質を最優先に、監査および保証業務をはじめ、各種財務関連アドバイザリーサービスなどを提供しています。アーンスト・アンド・ヤングのグローバル・ネットワークを通じて、日本を取り巻く世界経済、社会における資本市場への信任を確保し、その機能を向上するため、可能性の実現を追求します。
詳しくは、www.shinnihon.or.jp にて紹介しています。

アーンスト・アンド・ヤングについて

アーンスト・アンド・ヤングは、アシュアランス、税務、トランザクションおよびアドバイザリー・サービスの分野における世界的なリーダーです。全世界の14万1千人の構成員は、共通のバリュー（価値観）に基づいて、品質において徹底した責任を果します。私どもは、クライアント、構成員、そして社会の可能性の実現に向けて、プラスの変化をもたらすよう支援します。
「アーンスト・アンド・ヤング」とは、アーンスト・アンド・ヤング・グローバル・リミテッドのメンバーファームで構成されるグローバル・ネットワークを指し、各メンバーファームは法的に独立した組織です。アーンスト・アンド・ヤング・グローバル・リミテッドは、英国の保証有限責任会社であり、顧客サービスは提供していません。詳しくは、www.ey.com にて紹介しています。

本書または本書に含まれる資料（以下、「本書など」）は、一般的な情報提供を目的としており、特定の目的でのご利用、専門的な判断の材料としてのご利用、詳細な調査の代用等のために提供されているものではあ

りません。本書などを利用されることによって発生するいかなる損害に対しても、新日本有限責任監査法人を含むアーンスト・アンド・ヤングのいかなるメンバーも一切責任を負いません。

```
┌──────── サービス・インフォメーション ────────┐
│                                    ─ 通話無料 ─│
│ ①商品に関するご照会・お申込みのご依頼          │
│      TEL 0120(203)694／FAX 0120(302)640        │
│ ②ご住所・ご名義等各種変更のご連絡              │
│      TEL 0120(203)696／FAX 0120(202)974        │
│ ③請求・お支払いに関するご照会・ご要望          │
│      TEL 0120(203)695／FAX 0120(202)973        │
└────────────────────────────────────────────────┘
```

●フリーダイヤル（TEL）の受付時間は、土・日・祝日を除く
　9：00〜17：30です。
●FAXは24時間受け付けておりますので、あわせてご利用ください。

業種別会計シリーズ　小売業

平成23年7月20日　初版発行

編　者　新日本有限責任監査法人　小売業研究会
発行者　田　中　英　弥
発行所　第一法規株式会社
　　　　〒107-8560　東京都港区南青山2-11-17
　　　　ホームページ　http://www.daiichihoki.co.jp/

業種別小売　ISBN978-4-474-10275-0　C2034　(6)

© 2011 Ernst & Young ShinNihon LLC.
　All Rights Reserved.